教養としての「日本人論」

瓜生《うりゅう》 中《なか》

KADOKAWA

はじめに

仕事や留学で海外に行った経験のある人が、外国人から日本の歴史や文化について質問されて、上手く答えられなくて難儀をしたという話をよく聞く。確かに日本人は、欧米人や他の国民と比較しても自国の歴史に対する興味はあまり示さず、したがって自分たちの国や民族の歴史についてほとんど知らないというのが現状である。

ただし、織田信長や徳川家康などの武将の人気は高く、関連の書物を読み漁《あさ》って知識をひけらかしている人も少なくない。また、近年では古代史がブームになり、奈良などの遺跡を訪れたりして古代のロマンに浸る人もいる。

しかし、歴史の総体、通史について興味を持つ人は、専門家を別にしてあまりいないようである。先に述べた外国人の質問は日本の通史についてであり、それを通して日本という国はどういう国なのか、日本人はどういう民族なのかということを知りたいのだろう。それに対して織田信長や徳川家康の生涯やその人となりについて力説しても、相手はあっけにとられるばかりである。

日本人が自らの国家や民族に対してあまり興味を示さないことには、いくつかの理由が考えられる。一つは、同じ言語を用い、生活習慣や習俗をほぼ同じくする日本人は、日本列島という四方を海に囲まれた外界から遮断された場所に住んでいたということである。古くから朝鮮半島などから渡来人がやって来たが、彼らは形質的に日本人と異なるところがないうえ、当初から日本の習俗に同化していった。だから、日本人は特に異民族を意識することなく過ごすことができたのである。他の民族と接触することで初めて自国や自らの民族を意識するのであって、その点において、日本人は国家や民族を意識する機会がなかったということができるだろう。

またもう一つは、とりわけ近代において、日本人はまともな歴史教育を受けてこなかったということである。明治維新政府は神道を国教化（国家神道）し、小学校低学年から神話教育を徹底した。特に『日本書紀《にほんしょき》』の記述については、神話の部分も含めてすべて歴史的事実として教えられ、それに異をとなえることは許されなかった。何しろ天孫ニニギノミコトが高天原《たかまがはら》（天界）から日向《ひゅうが》（宮崎県）に天降《あまくだ》ったということも歴史的事実だというのだから、開いた口が塞がらない。

しかし、神話教育を中心とした歴史教育が軍国主義を助長し、太平洋戦争の精神的バックボーンとなったということから、敗戦後はＧＨＱ（連合国軍最高司令官総司令部）の指令（神道指令）により国家神道は解体され、神話教育も禁止された。さらに、ＧＨＱは神話教育禁止の流れの中で国史（日本史）自体を学校教育の場で教えることを禁止したのである。

昭和二七年（一九五二）にはサンフランシスコ講和条約が発効して日本は独立を回復し、GHQは撤退した。しかし、その後も学校教育の現場では神話教育はタブーとされ、日本の歴史自体も捗々《はかばか》しく教えられることはなかった。また、平成になってから高校では世界史を必修科目、日本史を選択科目とした。これは日本史離れをさらに助長することになったが、その一方で日本史の教科書を社会人が購入するなどの現象が起こった。これは自国の歴史を知らないことに対する劣等感、一種の罪悪感のようなものが作用した結果かもしれない。

確かに戦前の皇国史観《こうこくしかん》に基づく歴史教育は多くの弊害をもたらし、軍国主義を助長した。戦後、価値観が一変すると自国の歴史を見直そうというよりも、それを忌避する傾向が強まった。日本の歴史に対する警戒感が広がり、結果的に日本史を学ばず、日本の歴史を知らない人が増えることになったのである。

また、二〇二二年度から高等学校では「歴史総合」という科目が必修になった。「歴史総合」というタイトルから、世界史も含めた通史を学ぶイメージがあるが、実態は通史とは程遠いものである。この教科書には明治維新から現代までの動向が書かれているに過ぎないのである。これについては相当な批判があったが、文部科学省はそれを撥《は》ね退《の》けてこの教科を必修にしてしまった。

歴史は太古の昔から現代まで連綿として連なっている。そして、歴史的事象の積み重ねが現在のわれわれの時代を形成しているのである。だから、過去の歴史を遡《さかのぼ》らなければ、現在起こっていることが理解できない。ウクライナ紛争にしても北朝鮮のミサイル発射、さらには地球温暖化などについても問題に直面してただただ狼狽《うろた》え、場当たり的な対処しかできないのである。

歴史はわれわれに確固とした立ち位置（土台）を提供してくれる。歴史を学んで自らの立ち位置を確保すれば、現在、直面している諸問題も理解ができ、未来に向かって始動することができるだろう。

そのような認識に立って、本書では日本列島のはじまりから現代に至るまでさまざまな出来事をランダムに取り上げてみた。過去の出来事の素描に過ぎない。読者の皆さんには客観的な史実を参考にして、この素描に色をつけていただきたいというのが著者のたっての希望である。

二〇二三年一〇月

瓜生　中

教養としての「日本人論」目次

目次

第3章 仏教の日本的展開 161

第7章 明治維新と近代の日本

エピローグ　453

第1章

日本の国家と民族の起源

日本列島の形成

記紀《きき》の神話では太古の昔、世界は混沌《こんとん》とした状態で未《いま》だ天地もハッキリと分かれておらず、国土は魚のように浮いて漂っていた。そんなあるとき、天地の中に神が生まれた。『古事記《こじき》』によれば、天之御中主神《あめのみなかぬしのかみ》、高御産巣日神《たかみむすびのかみ》、神産巣日神《かみむすびのかみ》であり、つづいて宇摩志阿斯訶備比古遅《うましあしかびひこじの》神《かみ》と天之常立神《あめのとこたちのかみ》が現れたという。『日本書紀』では国常立尊《くにのとこたちのみこと》、国狭槌尊《くにのさつちのみこと》、豊斟渟尊《とよくむぬのみこと》といっている。

『古事記』では、この神々は「造化三神《ぞうかさんしん》」と呼ばれ、国土の創建に着手したとされる。また、この三神（『古事記』では五柱）は「別天津神《ことあまつかみ》」とも呼ばれ、『日本書紀』では「大変貴いお方は『尊』といい、それ以外のお方は『命』といい、ともにミコトと訓《よ》む」（『全現代語訳　日本書紀』宇治谷孟・講談社学術文庫）ことから、特別に貴い神とされている。

神産巣日神（『古事記』）の後、七代にわたって神々が生まれ、これらの神々を総称して神代《かみよ》七代《ななよ》と呼ぶ。そして、神代七代の最後が伊弉諾尊《いざなぎのみこと》（以下、イザナギという）と伊邪那美尊《いざなみのみこと》（以下、イザナミという）で、彼らが夫婦になって国生みに取り掛かった。二神は高天原（神々の住む天界）と地上の間に架かる天浮橋《あめのうきはし》という橋の上に立ち、天沼矛《あめのぬぼこ》という巨大な矛ではるか下界の大海を「コオロ、コオロ」と言って掻《か》き回した。

そして、矛を引き上げるとその先にドロドロした塩がついており、これがぽたぽたと海に落ちてオノゴロ島という小さな島になった。そこで、二神はこのできたばかりの島に降り立ち、子作りに励むことにした。

まず、島に地下の盤石に届くほどの巨大な柱を立てる。柱の周りを、それぞれ反対方向に巡って、再び出会った場所で契りを交わすことにしたところ、ちょうど柱の裏側の中央辺りで出会った。ところが、性交の仕方が分からない。すると、近くでセキレイのつがいが交尾をしている。二神はそれに学んで無事に契りを交わすことができたという。つまり、人間はセキレイに子孫繁栄の方法を学んだのである。

イザナギとイザナミは静々と柱の周りを巡り、出会ったところで男女の契りを交わした。このとき、イザナミが先に「ああ！　何という素晴らしい男性なのでしょう！」と感嘆の声を上げたという。こうして生まれた子どもは蛭子《ひるこ》といってクラゲのように骨がなく、三歳になっても足が立たなかった。そこで、二人は蛭子を葦舟《あしぶね》に乗せて海に流してしまった。蛭子は日本の沿海を一周して西宮《にしのみや》の岬に漂着したという。その蛭子をまつったのが、兵庫県の西宮戎《にしのみやえびす》神社の起源とされる（西宮神社の縁起より）。

二神は障碍《しょうがい》のある子どもが生まれた原因を高天原の神々に尋ねることにした。これに応《こた》えた神々が太占《ふとまに》を行って吉凶を占ったところ、イザナミの方から先に声をかけたのが原因であると決した。そして、神々はオノゴロ島に戻って、今一度交わりをやり直すように命じた。

復命した二神は島に還《かえ》り、再び柱の周りを巡って出会ったところで契りを交わした。すると、先ず淡路島《あわじしま》が生まれ、続いて四国や九州、本州、佐渡《さど》などの八つの主要な島が生まれた。『古事記』では大倭豊秋津洲《おおやまととよあきつしま》（本州）、伊予二名洲《いよのふたなのしま》（四国）、筑紫《つくし》（九州）、淡路、壱岐《いき》、対馬《つしま》、隠岐《おき》、佐渡を総称して「大八島国《おおやしま》」といい、日本の異称とした。

以上が記紀の巻頭を飾る日本列島形成にまつわる神話である。もちろん、これは神話の中の話で史実とは異なることは言うまでもない。しかし、世界のはじめが混沌（カオス）であったという記述は他国の神話でも語られることであり、また現代の科学による知見とも共通している。

現代の科学では、原初の地球は天地の分かれ目のない混沌とした状態だったが、宇宙のどこかで起こった大爆発の爆風で均衡が破れて天地が分かれたとされる。それは約四六億年前のことであった。その後、大量の雨が降って雨水の泡の中にバクテリアのような微生物が誕生した。これは記紀の神話で世界の始まりを「天地《あめつち》未だ（中略）分かれざりしとき」といい、続いて天地開闢《かいびゃく》（天地創造）の話が語られていることとリンクしている。

また、ギリシャ神話のヴィーナスは泡の中から生まれたといい、インド神話に登場するラクシュミー（吉祥天）も大海の泡の中から生まれたとされ、「大海生」の異名を持つ。現代人では遠く及ばない感性と創造力を持った古代の詩人たちが、想像力を駆使して現代科学に近い結論を出していたと見ることもできるのではないだろうか。

日本列島の成り立ち

日本列島はユーラシア大陸の東端に位置する弧状列島（列状に連なる島々）で、西を日本海《にほんかい》、東を太平洋、北をオホーツク海、南を東シナ海に囲まれる。列島の幅は広いところで約三〇〇キロメートル、南北の長さは三〇〇〇キロメートルあり、日本の国土の約七五パーセントは山地である。なんと地球上の活火山の約七パーセントが日本列島にあり、火山大国なのである。

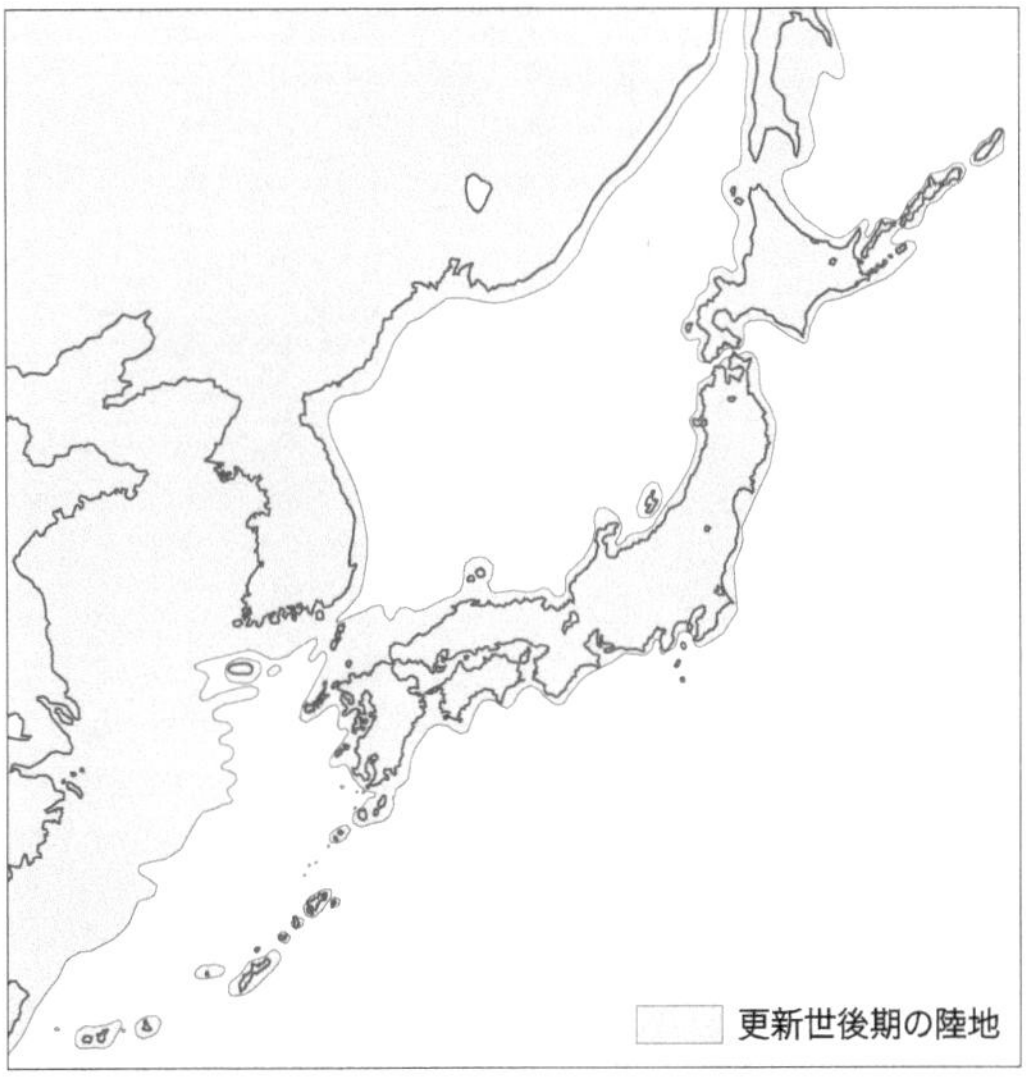

更新世後期の日本　現在の北海道や九州が大陸と繋がっていたと考えられている

　地殻的にはユーラシアプレートの東端、北米プレートの南西端に位置し、これら二つのプレートに太平洋プレートとフィリピン海プレートが潜り込む形になっている。　始《し》新世《しんせい》（約五六〇〇万年前から約三四〇〇万年前）ごろから列島の原型が形成されはじめ、中新世《ちゅうしんせい》(約二三〇〇万年前から約五三〇万年前)に、先に述べた太平洋プレートとフィリピン海プレートが潜り込む地殻活動によって、ユーラシア大陸から切り離されたと考えられている。

その後も地殻変動の影響で日本列島は沈降と隆起を繰り返した。地球が氷で覆われた氷期《ひょうき》には、結氷によって海面が下降して大陸と地続きになり、日本海は大きな湖のようになっていたと考えられている。しかし、今から約一万三〇〇〇年~一万二〇〇〇年前に氷期が終わると、海水面が上昇して日本海は東シナ海やオホーツク海と結ばれ、ほぼ現在の形の日本列島が形成された。

日本列島には、中部地方にフォッサ・マグナという新旧の地層が交わる部分があり、これを境に西日本と東日本は地質的に大きな異なりがある。さらに、大阪人、東京人などの違いがあるように、文化的にも大きく異なっている。

日本には、今も一一一の活火山があり、古来地震も多発してきた。『万葉集《まんようしゅう》』や記紀などには富士山《ふじさん》の噴火の様子が詠《うた》われており、鎌倉《かまくら》時代の『方丈記《ほうじょうき》』や『徒然草《つれづれぐさ》』には大地震の光景が詳細に描かれている。また、日本列島は全体に温暖な気候であるが、夏の暑熱や台風による豪雨、北日本の豪雪など耐え難い気象条件に遭遇することも少なくない。古くから日本人はこれらの自然条件や自然の脅威に抗《あらが》うことのできない神性を認めていたのである。哲学者の和辻《わつじ》哲郎《てつろう》はこのような風土の中で暮らしてきた日本人の民族性を「忍従的《にんじゅうてき》性格」と言っている。

日本人は縄文人か弥生人か？

今から一万年以上前、日本列島が大陸と地続きだった時代には、北方からマンモスやヘラジカ、南方からナウマンゾウやオオツノジカなどが渡ってきていた。長野県の野尻湖《のじりこ》でナウマンゾウの化石が発見されたのは、大陸と地続きだったことの証左である。人間もまた、このような動物を追って渡ってきたと考えられている。

縄文時代が始まったのは、一万四〇〇〇年から一万二〇〇〇年ぐらい前だと考えられているが、それ以前の日本列島にどのような人類が住んでいたのかは分からない。

ただ、古くから何らかの人類が日本列島にも住んでおり、大陸から来た人々と共存していたと考えられている。彼ら原住民族は大陸から陸路を辿《たど》ってやって来た**古モンゴロイド**[※1]といわれる民族と混血し、それが縄文人の原型であるという。静岡県の浜北人《はまきたじん》や、沖縄県の港川人《みなとがわじん》といった人骨が発見されており、彼らはわれわれ現生人類と同じ脳の容量を持つ「新人」である。

また、縄文時代晩期の紀元前五世紀から同四世紀頃になると、大陸から朝鮮半島を経由した海路で、多くの人々が渡来した。彼らは北方に展開した新モンゴロイドという人種で、先に定

※1　古モンゴロイド　モンゴロイドはいわゆる「蒙古人種」で古くからアジア大陸に広く分布していた。その後、氷期に北方の寒冷地に適応するように変化したのが新モンゴロイド、南部に残ったのが古モンゴロイドである。

住していた原住民族と渡来系のモンゴロイドがさらに混血を重ねた。

新モンゴロイドは寒冷地に適応するために身体も大きく、骨格も頑丈であり、新たな混血によって生まれたのが弥生人で、先に定住していた縄文人と比べて身長も高く、顔の骨格なども異なる特徴を具《そな》えていた。

また、彼らは稲作をはじめとする新たな文化をもたらした。このことによって、日本人の祖先は縄文時代の狩猟採集を中心とした獲得経済から抜け出し、稲作を中心として定住する生産経済の段階に入ったのである。この時代を弥生時代といい、紀元前四世紀ごろから紀元三世紀の中ごろまで続くことになる。こうした弥生人は、はじめ九州北部から近畿《きんき》地方に広がり、やがて本州全域に広がっていった。

ところで、明治になって天皇が国家の元首として絶大な権力を握ると、天津《あまつ》神《かみ》と国津《くにつ》神《かみ》の起源が取沙汰《とりざた》されるようになった。天照大御神《あまてらすおおみかみ》を皇祖神とする天皇家とその類縁である貴族は、天津神の子孫でその祖先は弥生人、その他の氏族や一般民衆は国津神の子孫で、縄文人を先祖とするというのである。

また、鉄剣など鉄器の製造が始まったのは弥生時代のことで、縄文時代は青銅器の時代だった。このことから鉄剣などが発見された古墳は天皇家（天津神）のもの、青銅器を持つ古墳はその他の氏族（国津神）のものというすみ分けができ、鉄剣が出土した古墳は天皇陵であるとのお墨付きが与えられた。

この説がとなえられた理由の一つは、明治時代の考古学が未発達であったこと、もう一つは皇国史観に基づいて天皇家の優秀性が喧伝《けんでん》されたことである。だから、縄文時代よりも発展した弥生人が、皇族の祖先であると安易に結論付けられた。

また、明治時代には日本人の祖先はコロボックルであるという説もあった。コロボックルとは、アイヌの叙事詩ユーカラに出てくるフキの葉の下にいる二〇センチメートルほどの小人の神で、言うまでもなく神話に現れる神である。埼玉県の吉見百穴《よしみひゃっけつ》というところには丘陵の斜面に直径約一メートル、奥行二～三メートルほどの穴が二一九穿《うが》たれている。この穴の中に、彼らコロボックルの家族が住んだとしたのである。確かに住居跡とすれば、体長二〇センチメートルぐらいの小人しか住めないだろう。しかし、そんな人間が存在したとするのは牽強付会《けんきょうふかい》もいいところだ。明治の初年には、そんな子どもだましの議論が真剣に闘わされていたのである。

明治時代には曲がりなりにも学者を自任する人たちが、そんな幼稚な考えをまことしやかに述べていた。しかしその後、日本でも考古学が発展してコロボックル説は否定され、大正時代《たいしょう》には七世紀頃の墳墓の跡であろうという結論に達した。ちなみに、かつては四〇〇以上の岩窟《がんくつ》が掘られていたが、太平洋戦争中に地下軍需工場を造るため、約半数の穴が破壊された。

潮だまりの文化

前述したように、日本列島は周囲を海に囲まれた弧状列島で、西はユーラシア大陸と遮断され、東は太平洋が果てしなく続いており、他の陸地からは完全に孤立している。しかし、ユーラシア大陸から九州に向かうような形をした朝鮮半島との距離は近く、博多《はかた》から釜山《プサン》までは二〇〇キロメートル余りである。加えて途中には対馬など中継する島もある。

このような地の利を活《い》かして、早くから大陸や朝鮮の人々が日本に渡来し、日本人も大陸や朝鮮に出向いていった。『漢書《かんじょ》』「地理志《ちりし》」には倭《わ》（日本）が早くから**楽浪郡《らくろう》**※1に定期的に使者を派遣したことが記されている。また、『後漢書』「東夷伝《とういでん》」には、紀元五七年に倭《わ》の奴《な》国の王が後漢《ごかん》の都洛陽《らくよう》に使者を派遣し、光武帝《こうぶてい》から**印綬《いんじゅ》**※2を賜ったことが記録されている。

その後も朝鮮半島を経由して大陸との交流は続いた。建築や土木、暦法などの高い文化を携えて渡来した人々の多くは、成功を収めて巨万の富を得、その財力を背景に豪族に成り上がった者もいた。

平安《へいあん》時代には刀伊《とい》の入寇《にゅうこう》があり、鎌倉時代には二度の元寇《げんこう》があったが、これらの異民族の侵入には、後に、「神風」といわれる暴風雨に見舞われて事なきを得たことがよく知られている。つまり、これ以降日本人は太平洋戦争で原爆を落とされ、各地の都市が空襲に遭うまで、異民族に攻撃されるという経験がなかった。来訪する異民族とは、文化を媒体として平和的な交流を行ってきたのである。

そして、流入した高い文化は東側に捌《は》け口のない日本列島に滞留することになった。近年の学者は「潮だまりの文化」と言っている。つまり、西からもたらされた文化は、東に捌け口がない地理的状況から、日本列島に留《とど》まり続けるというのである。そして日本人は、伝来した文化を自分たちの生活様式に合った、使い勝手の良いものへとアレンジしていった。

近年、日本の文化の特徴をとらえて「ものづくり文化」ということがよく言われる。しかし、日本人の特性はオリジナルを作るのではなく、オリジナルを基にして、日本人に合った利便性の高いものを作ることに真骨頂が見られる。われわれの身の回りを見ても、よく考えると日本オリジナルのものは非常に少ないことが分かる。

たとえば、漢字は中国からもたらされて日本の文化に最も影響を与えた。五世紀ごろに和邇《わに》(王仁)という学者が『論語《ろんご》』と『千字文《せんじもん》』を携えて来日し、その読み書きを指導したと伝え

※1　楽浪郡　前漢の武帝が紀元前一〇八年に衛氏《えいし》朝鮮を滅ぼして朝鮮半島においた四郡の一つ。現在の北朝鮮の平壌《ピョンヤン》付近と考えられており、中国風の高い文化を誇っていたと考えられている。

※2　印綬　印は文書の秘密を守るために用いられる封印。綬は印の上部の穴に通して摘まみ上げるための紐。天明四年(一七八四)、福岡県志賀島の農民が耕作をしていたところ、偶然に発見したもので、「金印」と呼ばれている。印には「漢委奴国王」と刻まれており、日本の国王が光武帝から「国王」の称号を授かったことが分かる。

られている。律令制《りつりょう》の下では、官吏になるには大学寮へ入り、漢字や漢学に精通することが求められた。しかし、漢字の習得は難渋を極めたようで、大学を出て官吏になっても満足に読み書きできる者は少なかったようである。そこで、役所には朝鮮人などの渡来人が多くいて、彼らが書類の作成や解読の補佐をしていた。記紀の編纂《へんさん》にも多くの渡来人が関わっており、記紀の中には古代の朝鮮語も少なからず見られる。

漢字の習得に苦労した日本人は、まず漢字の音で日本語を表す表音文字の万葉仮名を考案した。平安時代になると、漢字の崩し字から平仮名を生み出し、さらには漢字の部首の一部を抜き出して片仮名を創り出した。仮名文字は、次第に女性が使う文字として広まり、『源氏物《げんじもの》語《がたり》』や『枕草子《まくらのそうし》』などの女流文学を生み出すことになったのである。

仮名文字のほかに、日本人が改変した意外なものとしては、神社の鳥居が挙げられる。鳥居は日本固有のものとされ、記紀の神話には天照大御神が岩戸隠れをしたときに、岩戸の前にT字型の止まり木を据え、その上に鶏を止まらせて鳴かせ、朝の到来を告げさせたとある。この止まり木を「鶏の止まり居るところ」ということで「鳥居」と名付けたとされる。

これはあくまでも神話上の命名譚《たん》で、鳥居の起源についてハッキリしたことは分からない。しかし、近年の研究ではインドや中国に起源を求める見解が有力である。インドでは釈迦《しゃか》の墓所などにストゥーパという仏塔が建てられたが、その仏塔の正面に「トラーナ」という門が設けられた。このトラーナの音に「鳥居」の字を当てたのが鳥居の起源であるという。

また、中国では陵墓の入り口に六角柱、あるいは八角柱の高さ二メートルほどの「華表《かひょう》」という門が設けられた。室町《むろまち》時代や江戸《えど》時代に建てられた石鳥居の銘には「華表」の文字を刻んだものも見られ、この華表が鳥居の起源であるというのである。

さらに、神社の信仰自体も、大陸から伝えられた外来の信仰であるとする説がある。確かにそのアニミズム的、シャーマニズム的信仰形態は、世界中で行われている原始的な信仰形態である。あるいは、縄文時代や弥生時代に大陸からやって来た人々がもたらしたものなのかもしれない。

日本人は島国根性か？

四方を海に囲まれた日本列島は紛れもない「島国」である。そして、国土の七割を山地に覆われ、狭小な土地に住むことを余儀なくされてきた日本人の特性は「島国根性」であると言われる。つまり、狭い土地に住み続ける日本人は視野が狭い、料簡《りょうけん》が狭いということである。

確かに日本人は「島」に住んでいるが、古くからすべての日本人が「島」の住人であることを自覚していただろうか。もちろん周囲が一キロメートルにも満たない小さな島の住民は、ぐるりと周囲の海を見渡せば、自分たちが島に住んでいることを認識することができるだろう。

しかし、海から遠く離れた内陸地帯に住んでいる人々は海など見たことはない。だから、山国に住んでいる人たちは、自分たちは山国に住んでいると思っており、関東《かんとう》平野のような平野の住人は原野や森の住人と思っていた。そして、海浜の住人にも島国という認識はなかったと考えられる。

また、明確な主権や国境を持つ「国家」という概念は、近世のヨーロッパで形成されたものである。一五世紀に始まった大航海時代以降、各国間で秩序が乱れて戦争が多発するようになった。その結果、各国は軍事力の増強を図るとともに官僚制をそなえた行政組織を整備して国単位の統一支配体制を強化した。そして、このころからヨーロッパ各国では平時にも常備軍が配備されるようになった。

また、この時期、ヨーロッパでは飢饉《ききん》や疫病にも見舞われ経済、社会、政治のあらゆる領域で深刻な危機に陥った。そんな状況の中、一六一八年にはボヘミアの新教徒がハプスブルク家による旧教の強制に反発したのをきっかけに紛争が起こり、フランスやスウェーデンも巻き込む大規模な国際紛争に発展した。

この戦争は三〇年に及んだことから「三十年戦争」と呼ばれているが、一六四八年にヨーロッパ各国が参加してウェストファリア条約を結び、ようやく終結した。ヨーロッパ各国が参加して講和が成立したことは、主権国家体制の確立を意味するもので、各国の国家意識が高まった。

このように官僚制の下に行政組織を整え、軍備を備えた国家を「主権国家」といい、これが近代国家の原型となり、やがてアジアやラテンアメリカなどの世界に広まっていったのである。そして、幕末に日本にやって来た欧米列強諸国は、日本を主権国家体制の枠組みの中に収めるために開国を迫ったのである。

しかし、長きにわたって鎖国体制をとってきた日本には、国境や国家という意識が未だ確立していなかった。国境ということがようやく意識されたのは、一七九二年にロシアの女帝エカチェリーナ二世が派遣したラクスマンが根室《ねむろ》港にやって来て以来のことである。

それまで、オホーツク海を挟んだ両国の国境は曖昧《あいまい》で、アイヌやシベリアの原住民は交易のために自由にオホーツク海や間宮《まみや》海峡を行き来しており、間宮林蔵《りんぞう》（一七七五〜一八四四）も自ら発見した間宮海峡を通ってシベリア東部へと渡った。

しかし、幕末にイギリスやアメリカなど欧米列強がいわゆる「黒船」を率いて訪れると、大砲を搭載した近代的な蒸気船の威容に圧倒された日本人は、初めて旧来の「神国」とは異なる国家意識を持ったのである。この時点で朱子《しゅし》学者の佐久間象山《さくましょうざん》（一八一一〜一八六四）らが「海防論」をとなえ自国防衛の重要性を訴えた。それと同時に長州藩の吉田松陰《よしだしょういん》や水戸藩の藤田東湖《ふじたとうこ》などが、神国思想に基づく尊王攘夷《そんのうじょうい》論を展開した。これによって国家意識が高まったことは事実である。そして、咸臨丸《かんりんまる》で海を渡った勝海舟《かつかいしゅう》らによって、はじめて日本が「島国」であることが実感されたのである。

しかし、圧倒的多数を占める一般民衆には「島国」という意識が芽生えることはなかった。

明治以降、地図が普及し、教育制度も整備されると、日本人の多くが世界の中の日本を確認することができるようになり、それと同時に日本が世界の中の小さな「島国」であるという認識を共有したのである。

一つ釜の飯を食う

イザナギとイザナミは国生みと神生みに励んだが、最後に火の神を生んだとき、イザナミはホト（女陰）を火傷《やけど》し、それが原因で間もなく亡くなったとされる。残されたイザナギは深い悲しみに沈み、日々亡き妻を思っては涙に暮れていた。そんな生活をするうちに、黄泉国《よみのくに》のイザナミを訪ねてみたいと思うようになり、あるとき意を決して黄泉国を訪問した。

暗く長いトンネルを通って行くと、一番奥に御簾《みす》が掛かっているのが闇の中でわずかに確認できる。すると、御簾の中から声が聞こえてきた。懐かしいイザナミはイザナギの来訪をいたく喜んでいる様子である。

そこでイザナギは、もう一度現世に帰って一緒に神生みに励もうではないかと持ち掛けた。するとイザナミは「あなたは、黄泉国に来られるのが遅すぎました。私はもう黄泉国の食物を食べてしまったので、あなたの住む現世には戻ることはできません。私はもう寝る時間です。どうか寝姿を見ないでください」と言って引き下がった。

このように言われたイザナギはしばらくその場に立ち尽くしていた。しかし、どうしてもイザナミの姿を見たくなったイザナギは、髪に挿していた爪櫛《つまぐし》の歯を一本折ってそれに火を灯《とも》して御簾の中を覗《のぞ》いてみた。すると、そこには腐乱して無数のウジがわいた世にも恐ろしいイザナミの姿があった。

このおどろおどろしい光景を目の当たりにしたイザナギは、それこそ百年の恋も冷めて一目散に逃げだした。これに対してイザナミは見ないでくれと戒めたにもかかわらず自分の寝姿を見たイザナギに腹を立て、醜く残忍な地獄の使者たちに命じてイザナギを追わせた。使者たちは執拗《しつよう》にイザナギを追い、最後にはイザナミ自身も追跡に加わったが、イザナギはなんとか逃れることができた。脱出したイザナギは千曳岩《ちびきのいわ》という一〇〇〇人がかりでやっと動かせるような大岩で、この黄泉国の入り口を塞いだ。

このとき黄泉国の出口まで追いかけてきたイザナミは「あなたがそんな仕打ちをなさるのなら、私はあなたの治める国の民を一日に一〇〇〇人絞め殺しましょう！」と怒り狂って叫んだ。一方、イザナギは「お前がそんな酷《ひど》いことをするなら、私は毎日一五〇〇人の子どもが生まれるようにしよう」と応えた。以降、この世では毎日五〇〇人ずつ人口が増えるようになったという。

イザナミはもう黄泉国の食べ物を食べてしまったから現世には戻れないと言った。これは最近ではあまり言われなくなったが「一つ釜《かま》の飯を食う」ということではないかと考えられる。

古来、日本には家族や親戚《しんせき》縁者などで同じ食事をすることによって同族となるという考え方があった。

祭りのときには神饌《しんせん》（神に供える神聖な食事）を供え、氏子たちも同じものをいただく直会《なおらい》が現在の神社でも行われている。今は直会というと祭りの後の打ち上げのように思われていて、神饌とは別にそれこそ和洋中いろいろなものを食べているが、神に供えた神饌と同じものを食べるのが、本来の直会の姿である。

人と神が同じものを食べることを神人共食といい、そうすることによって神のエネルギーを体内に取り込む効果があると考えられている。共食といっても、先に食べるのはもちろん神である。神が召し上がったことを確認してから氏子が食べる。そして、このとき神に対して「いただきます」と言うのである。ところで、神が神饌に手を付けたことはどうやって知るのだろうか。これについてはいろいろな方法があるようだが、静岡県のある神社では次のようにして神が食べ始めたことを知るのだという。

木製の椀《わん》に熱い吸い物などを入れて蓋《ふた》をして、神と氏子たちの前に供え、一同しばし沈黙を保ち、神に供えた椀に全神経を傾ける。そうしていると木製の椀が膨張して、蓋がずれる微《かす》かな音が聞こえる。それが、神さまが召し上がった音というわけで、氏子たちも一斉に「いただきます」と言って食べ始めるのだという。

また、神饌の場合は文字通り「一つ釜」で飯を炊く。今も一斗炊きとか四斗炊きなどという

伊勢神宮外宮の忌火屋殿　神に捧げる食事をつくる台所。忌火とは清浄な火のことを意味し、木材の摩擦熱で起こした火を用いて調理する

とんでもない大きな釜で飯を炊いているところがある。一斗は約一八リットル、生米の重さにして約一五キログラムである。四斗炊きなら六〇キログラムで米俵一俵分。このような大釜で炊いた飯を数十人、あるいは一〇〇人以上で神とともに食べて、氏子一同の連帯を高めるのである。

また、神酒《みき》についても、一つ釜で炊き上げた米飯を一つの甕《かめ》で醸造したものを飲む。伊《い》勢《せ》神宮《じんぐう》には御酒殿神《みさかどののかみ》という酒の神をまつる御《み》酒殿《さかどの》という社があり、かつては実際にここで酒を醸造していた。しかし、今では伊勢神宮でも他の醸造所で造られた神酒を供えており、まして一般の神社では酒税法の関係もあって、自家醸造は行っていない。

そして、一つ釜の飯を食うということは、氏神を中心とした共同体（ムラ）の同族になることを意味するのであり、共同体の一員になれば何らかの役割を負わされ、そこには責任も生じるのである。日本はムラ社会を中心とした国家であり、その状況はすでに記紀が編纂された当時には形成されていたと考えられる。ということは、事情はともあれ他のムラからお呼びがかかっても、一つ釜の飯を食べたムラを放擲《ほうてき》して他のムラに行くことはできないのである。

今も見られる同族意識

日本人は縄文時代の後期から数戸、あるいは数十戸の単位でムラ（共同体）を形成してきた。そして、ムラの祖先の霊と、近くの山や川、木や岩などの自然物に宿る精霊とが融合したものを氏神として崇《あが》め、その氏神のもとに結束を固めて同族意識を育《はぐく》んできた。

演歌歌手の北島三郎《きたじまさぶろう》の「兄弟仁義」という歌の冒頭に、実の兄弟よりも強い「義兄弟」との結びつきを歌う歌詞がある。この場合の義兄弟は婚姻によって生じた関係ではなく、盃《さかずき》を交わして生じた兄弟分のことである。このような家族以外の集団に対する同族意識は太平洋戦争中に流行した「同期の桜」という軍歌にも象徴的に表れている。この歌は激戦期に特攻隊に駆り出された予科練（海軍飛行予科練習生の略）の兵士が華々しく散っていく姿を桜に喩《たと》えたもので、殊に特攻隊員の間で流行した。この同期の桜も当然のことながら一つ釜の飯を食べた。

そして、「同期の桜」や「一つ釜の飯を食った仲」という言葉は終戦後、高度経済成長の時代にもよく使われた。同じ会社に在籍することに同族意識を持ち、中でも同期入社の者はさらに強い同族意識を抱いて結束したのである。今ではどちらもあまり耳にしなくなったが、若い人でも「同期」という言葉はよく使うようで、同期には特別の同族意識を持っているらしい。「一つ釜の飯を食った仲」という言葉こそ廃れたものの、ある特定の集団にたいする同族意識はまだまだ健在のようである。

大伴家持と一つ釜の飯

能登《のと》半島の中央に位置する気多大社《けたたいしや》という古社は、大伴家持《おおとものやかもち》（七一八？〜七八五）が参拝した社として知られている。奈良時代の貴族で歌人としても名高い大伴家持が越中守《えっちゅうのかみ》、つまり、越中国の国司をしていたときにこの神社に参拝したのである。当時の律令制度で、各国の国司は毎年国内の主要な神社五、六社を参拝することが義務になっていた。

参拝の目的は、中央政府（朝廷）から送られて来た種籾《たねもみ》を配ることにあった。そして、その主要な神社には、国内の神社が種籾を受け取りに訪れ、さらに各神社には農民が種籾を取りに行き、春の苗代づくりのときには、自分たちの種籾に混ぜて播《ま》くのである。

つまり、天皇が食べる米を作ったのと同じ田から採れた種籾を、農民各自の種籾に混ぜて米を作ることによって、天皇と同じ米を食べ、国民の同族意識を高めようとしたのである。大化の改新以降、日本の国体（国のあるべき姿）は天照大御神の子孫（歴代天皇）が国を治めることに求められ、国民は天皇の子、あるいは家族という考え方が生まれた。

だから、国司が種籾を配って歩くことは、国民の同族意識を高めて中央集権制度を確立するために極めて重要な役割を果たしていたのである。つまり、家族や特定の仲間が一つ釜の飯を食べて同族意識を高めるということが、国家全体に及ぶ壮大な目標になったのである。

しかし、この制度はあまり国民の理解を得ることはできなかったようで、しかも、平安時代に律令制度が緩むと有名無実のものとなった。いわゆる不良国司が増えて、与えられた国司の役目を忠実に務めるものが少なくなる。都から遠く離れた地に遣わされた国司の中には、農民から高率の租税を取り立てたり、賄賂《わいろ》を受け取ったりして蓄財に専念し、公務は可能な限り手抜きをしようとするものが多くなった。

だから、国内を巡って種籾を届けるなどという手間のかかる仕事には、サボタージュを決め込んだのである。それで、国司たちは主要な神社に種籾を国府まで取りに来るように命じたが、神社の方では不良国司をバカにして多忙などを理由に受け取りに来ない。そこで苦肉の策で国府の敷地内や隣接した土地に小さな社を設《しつら》えて国内の主要な神社をまつり、そこに中央から送られた種籾を供えてお茶を濁した。平安時代の後半になると、このような国府の敷地内などにまつられた神社を「総社《そうじゃ》」と呼ぶようになった。

穢れを忌み嫌う日本人

最近は余り耳にしなくなったが、かつては子どもたちが他人の身体に触れて両手の親指と人差し指を合わせてから離し「えんがちょ切った」と言う光景がよく見られた。汚いものに触れたりしたとき、その穢《けが》れと縁を切る意味があると考えられる。

この「えんがちょ切った」の行為は平安時代の絵巻などにも見え、古くから日本人が穢れに触れたときに行っていた呪《まじな》いのようなものである。汚いものを触ったり見たりするのを嫌うのは、人間の本性に根ざすもので万国共通である。しかし、綺麗《きれい》好きといわれる日本人はとくに穢れを忌み嫌う。

『古事記』の中で亡くなったイザナミを訪ねて黄泉国に行った夫のイザナギは、おどろおどろしい穢れに遭ってほうほうのていで逃げ帰ってくる。そして、筑紫の阿波岐原《あわぎはら》というところの川で、身体を洗い清めて穢れを祓った。これが今も神道で行われている「禊祓《みそぎはらえ》」の起源であるという。

イザナギが禊祓を行ったとき、穢れから禍津日神《まがつびのかみ》が生まれ、禍津日神がもたらす禍《わざわい》（穢れ）を直すために、直毘神《なおびのかみ》が生まれたという。直毘神とは穢れから元の清浄な状態に戻す力を持った神である。本居宣長《もとおりのりなが》は日本の古道《こどう》（随神《ずいじん》の道）は「直毘」にあるとし、常に正しい行動を行うことによって心身の清浄が保たれると言った。

また、水には心身を清浄にする力があると信じられている。キリスト教徒の洗礼やヒンドゥー教徒の沐浴《もくよく》も、心身を清浄にするために行われる。日本では寺社に手水舎《ちょうずや》が設けられていて、寺社に詣《もう》でる人はここで手を洗い、口を漱《すす》ぐ。本来は全身に水を浴びて禊を行うべきところを簡略化したのである。神に近づく前には、心身を清浄にしておかなければならないのである。

そして、神前に進むと**「二《に》拝《はい》二《に》拍《はく》手《しゆ》一《いつ》拝《ぱい》」**※1をして、神に恭敬の意を捧げる。このとき、「祓え給い、清め給え、神《かむ》ながら守り給い、幸《さきわ》え給え」ととなえる。すでに手水舎で清めた後に、さらに心身を清めなければ神に近づいて祈願をすることはできない。このように、神道では「祓い」ということが最も重要なのである。

また、平安時代の貴族の間では「物忌《ものいみ》」ということが盛んになり、「忌日《いみび》」というものが定められた。「物忌」とは穢れに触れたときに自邸に蟄居《ちっきょ》して、よろず行いを慎むこと。「忌日」は行動を慎む日（期間）のことで、その日や期間は各人各様に決められており、人によっては年間一〇〇日以上の忌日が設定されていることもあったらしい。これは今の星座占いのようなものである。

忌日を設定するのは**陰陽師《おんみようじ》**※2で、彼らは卜占《ぼくせん》などによってそれぞれの人の忌日を占った。忌日には外出や人との面会を避け自邸に蟄居して行動を慎むのが原則とされ、この期間は仕事もできないのであるが、当時の上級貴族には差し迫った仕事というものがなかった（『源氏物語』より）。

また、忌日とともにそれぞれに定められていたのが鬼門《きもん》である。ある日には特定の方角に行くことがタブーとされたのである。そこで貴族たちは「方違《かたたが》え」ということを行って鬼門を避けた。たとえば、その日に鬼門となっているA地点に行かなければならないとき、前もってB地点の友人宅などに泊まり、当日は友人宅から鬼門に当たらないA地点に向かうのである。

また、忌日などとともに重要なのが「穢れ」である。死に接することは最大の穢れとされ、特に親兄弟などの血のつながりの深い親族の死に際しては、一年間喪に服さなければならなかった。その期間は常に黒の喪服を着用することが義務付けられたが、親等が離れるほど喪服の色が薄くなった。だから、傍目《はため》には喪服の色でどの親族が亡くなったかが分かったのである。

今も喪中の人は神社に入ってはいけないと言われるように、神に近づくことはタブーとされ

※1　二拝二拍手一拝　かつて伊勢神宮では「八度拝」あるいは「八開手《やひらで》」といい、最初に礼拝して拍手《かしわで》を打ち、また、礼拝して拍手を打つことを繰り返し、最後に礼拝するのが正式な参拝作法だった。また、九州の宇佐八幡宮では「二拝四拍手一拝」といわれ、はじめに二拝して四回拍手を打ち、最後に一拝する。このように、古くは各神社ごとに参拝の作法も異なっていた。しかし、明治になって神道を国教とすると、学校や事業所などで集団で参拝することが多くなった。そこで、拍手を八回も打っていたのでは時間がかかることから、二拝二拍手一拝とし、国民的統一を図った。

※2　陰陽師　中国の陰陽五行説に基づいて形成されたもので、天体の運行や十干十二支などの組み合わせによって吉凶などを判断する。すでに奈良時代には陰陽寮が置かれ、平安時代になると貴族の間で大流行して安倍晴明のような陰陽師がもてはやされた。

た。さまざまな制約があり、喪中の生活はさながら仏道修行をしているようでもあった。そして、夫を亡くした女性は落飾して尼僧となり、夫の菩提《ぼだい》を弔いながら余生を過ごすのが一般的であった。

死の穢れと共に禁忌されたのが妊娠や月経に伴う血の穢れである。現代の観点からすると女性差別に他ならないのだが、ここでは歴史的事実として、あえて述べておきたい。

喪中の人が鳥居を潜ることができないのと同じように、妊婦や月経中の女性も神社に参拝したり神事に参加したりすることはタブーとされていた。また、出産に際しては離れたところに産屋《うぶや》（産室）を建てて隔離され、月経中の女性もまた、普段の生活空間からは厳格に離されたのである。このように、死の穢れと共に血の穢れも問題にされ、それが女人禁制の要因となった。

また、古くは人が亡くなると、死体をすぐに普段の生活の場所から殯屋《もがりや》（殯宮《ひんきゅう》）という即製の建物に移した。ここで鎮魂を行った後に埋葬するのだが、この鎮魂の儀礼を「殯」と呼び、葬送儀礼の中の重要な要素の一つだった。

これには死体が伝染病の媒体になるなど衛生上の問題もあるだろうが、人は死ぬとすぐに穢れたものになるという観念もある。それはイザナギがイザナミの腐乱した死体を見て逃げ出したように、時が経つと人間の肉体は穢れたもの、汚いものになることは間違いない。死を穢れと見做《みな》したのは、そのような体験によるところが大きいだろう。

また、伊勢神宮には古くから罪汚れや縁起の悪い言葉を良い言葉に言い直す「忌み言葉」というものがあった。たとえば、「死」を「直り物」、「血」を「汗」、「病気」を「慰《やすみ》」といった。ちなみに、伊勢神宮では早くから仏教を排していたので、「僧」を「髪長《かみなが》」、「仏」を「中子《なかご》」、「寺」を「瓦葺《かわらぶき》」とする言い換えも行われていた。

日本には早くから言霊《ことだま》の信仰があり、不適切な言葉を発すると何らかの悪い結果をもたらすと考えられていた。「猿」のことを「エテコウ」というのもその表れで、「猿《さる》」は「去る」に通じるので「失う」というマイナスのイメージがある。そこで「去る」を「得る」に言い換えた。「コウ」は「公卿《くぎょう》」の「公」である。また、「スルメ」を「アタリメ」というが、これも「スル」が「摩《す》る」、使い果たす、失うという意味に通ずることから、「当たる」という縁起のいい言葉に言い換えたものである。

最近ではあまり気にならなくなったようだが、「死」という言葉が禁忌とされ、家庭内でも「死」という言葉を発したり話題にしたりすることは憚《はばか》られた。これも死を穢れと見做す観念のあらわれである。

また、古くは貴族の家には穢れたものを処理する者が雇われていたという。彼らは貴族の敷地内や門前などで鳥や動物が死んでいるのを見つけると、その死体をすぐさま片付ける役目を担っていた。このような役柄を担った人々は「ほうり」と呼ばれたが、「ほうり」とは「抛《ほう》る」「放擲する」という意味で、鳥獣などの遺体を抛ったことからこのように言われ、後には

「祝」という字が当てられた。穢れたものを放り投げると祝福すべき状態になることから、この字が当てられたようである。

鳥獣などの死体の穢れを処理するものが専属の神職となったことからも分かるように、日本人にとって穢れは大きな問題だったのである。

お上に逆らわない日本人

「上」は「神」であり、「神坐《かみくら》」とは神の坐《いま》す場所の意味で、そのことから上席の者の坐《すわ》る場所を「上座」というようになった。また、平城京や平安京が開かれて壮麗な宮城（皇居）が建設されると、宮城のことを「上」というようになり、転じて宮城の主《あるじ》、すなわち天皇のことを「上」というようになった。

そして、時代が下って江戸時代に徳川幕府が強大な権力を確立すると、江戸城や幕府（国家機関）のことを「お上」と呼ぶようになった。家康以来、幕府は統制を強め、幕府の意向や取り決め（法度《はっと》）は絶対で、それには絶対に逆らうことができないという国民的なコンセンサスが形成された。つまり、武士であれ農民や町人であれ、お上に逆らえば碌《ろく》なことにならないという認識で一致していたのである。

このような、国民的なコンセンサスは明治になって権力者が替わっても維持された。今度は天皇及び新政府が「お上」と呼ばれるようになったのである。そして、第二次大戦後、新憲法が発布されて一応の民主化が達成されても「お上」という認識は温存されているようだ。

以前、「水道局の方から来ました」と言って修理を偽作して法外な金銭を要求するという詐欺事件が流行《はや》った。詐欺の言う「方」は「方角」の意味だが、これを聞いた善良な市民は「水道局」そのものと受け取って詐欺師の為《な》すが儘《まま》になったのだろう。また、近年多発している振り込め詐欺も、銀行や税務署などの公的機関の名を出し、市民はこれにすっかり騙《だま》されるのである。

とにかく、日本人は国家権力や公的機関に極めて弱い民族である。今では若い人を中心に「お上」という言葉は死語になりつつある。しかし、国家権力や公的機関と結び付いた「お上」の観念は健在のようである。

報道などによると、欧米人などで振り込め詐欺などに引っかかる人間はほとんどいないようである。これにあっさり引っかかるのは、日本人特有の民族性ということができるだろう。そのような特異な民族性を育《はぐく》んだのは、日本人がほぼ同一民族で、特に民族意識というものを持ち合わせておらず、他者（他民族）に対する警戒心が希薄であるということにあるのではないだろうか。

また、税金や公共料金を払わなかったり、滞納したりするのは世間体が悪い、さらには、犯罪であるという意識を多くの日本人が持っているようだ。たとえばＮＨＫの受信料は公共料金ではないが、これを払わないのは世間体が悪い、罪に問われるという意識があるようだ。最近ではNHKの受信料の不払いを党是とする政党もあったが、それでもNHKが成り立っているのは「お上には逆らわない」という日本人の民族意識によるところが大きいのではないか。

山への憧憬

日本は国土の七割以上を山地が占める山国である。そんな環境の中で太古の昔、恐らく縄文時代のころから、山に畏敬の念を抱き信仰を持ってきたと考えられている。

山に対する信仰は世界中に見られ、例えばインドのヒマラヤ、中国の崑崙山《こんろんざん》、ギリシャのアトス山、モーセが十戒を受けたとされるシナイ山などが信仰の対象となっているが、これらの山は日本でいえば富士山のような地域や民族にとっての象徴的な山である。一方、日本では富士山や岩木山《いわきさん》などはもとより、共同体（ムラ）のすぐ近くにある山も信仰の対象となっている。ここに日本の山岳信仰の特性がある。

日本では古くからムラで亡くなった人は近くの山の麓《ふもと》に葬り、その魂はしばらくの間山中を巡った後に山頂から天に昇り神になると考えられてきた。日本の神の原点は祖霊《それい》（先祖の霊）であり、その祖霊とムラの近くにある山自体や川、大樹や巨岩などが融合したものである。時代が下るとこのような神は「氏神《うじがみ》」、あるいは「産土神《うぶすながみ》」と呼ばれて、さらには村の「鎮守」

三輪山　奈良県桜井市。大神神社の神体山となっている

とされて信仰の中心になったのである。

「氏神」は血縁を元にした神であり、「産土神」は地縁を元にした神であるが、時代が下ると「氏神」という呼称で統一されるようになった。そして、その氏神を中心にした共同体（ムラ）の構成員が「氏子《うじこ》」と呼ばれるのである。

天皇家も、もとは親族を中心に共同体を形成する一氏族で、自家の氏神を信仰していた。そして、彼らの祖先神と太陽が結びついたのが天照大御神《あまてらすおおみかみ》である。そして、五世紀ごろから天皇家は大和《やまと》政権を形成し、他の氏族を圧して権力を握るようになったことから、天照大御神は国家的な神として君臨するようになったのである。

氏神は通常、年に一度天界から山頂に

降臨してくる。そのとき、ムラビト（氏子）たちは神饌《しんせん》（神に供える御馳走《ごちそう》）を供え、寿詞《ほぎごと》（祝詞《のりと》）を奏上したり、舞を奉納したりして最大級のもてなしをする。そうすると神がこれに応えて五穀豊穰《ほうじょう》などの幸いをもたらしてくれると信じられていた。

この降臨した神を迎えて饗応《きょうおう》することを「祭り」といい、後にこれが恒例化して「例祭《れいさい》」と呼ばれるようになった。しかし、祭りはもともと時を定めて行われていたのではなく、旱魃《かんばつ》や水害などといった災害に見舞われたときや疫病が流行したときなどに、これを神の怒りととらえ、それを鎮めるために神を迎えて精一杯のもてなしをしたのである。

神奈備信仰――山に対する信仰

奈良の大神《おおみわ》神社は神社の背後にある三輪山《みわやま》を神体山として崇《あが》める信仰から創始された神社である。古くは神を「三輪《みわ》」といい、山自体に神霊が宿ると考えてこれを崇敬の対象としたのである。このような神体山は各地に存在しているが、この山自体に対する信仰は「神奈備信仰《かんなびしんこう》」と呼ばれ、日本特有の信仰である。

神奈備は「神が隠れる」という意味であるともいわれ、また、山は神がそこを目印にして降臨する依代《よりしろ》（神体）であるともいわれている。また、「奈備」は「靡《なび》く」という動詞に由来するとも考えられ、要するに神が自然と靡いてくるところという意味であるとも考えられている。

筑波山　茨城県つくば市。「西の富士、東の筑波」と称され、日本百名山の１つ。筑波山神社の神体山でもある

古くから山岳信仰が盛んな奈良県の大峰山《おおみねさん》には「靡き」と呼ばれるところが七五ヵ所もある。ここは広い山中でもとくに神霊が取り付くところと考えられるいわゆる「パワースポット」で、行者たちは靡きごとに護摩を焚《た》くなど祈願を欠かさない。

また、山頂付近には磐座《いわくら》と呼ばれる巨岩がある。これは神が降臨して腰掛ける（坐る）と考えられている磐で、多くの神社は磐座を中心に発展してきた。和歌山県の熊野《くまの》にある神倉《かみくら》神社という神社は標高二〇〇メートルの権現山中腹に鎮座している。そして、ゴトビキ岩という巨岩が今にもずり落ちそうな状態で載っかっている。このゴトビキ岩が神倉神社の磐座で、古代よりここを中心に祭祀《さいし》が行われてきた。

一方、大神神社の山内には穴の周りを磐で

囲った磐座がいくつもあり、その周辺では御酒《みき》を呑《の》むのに使われたかわらけの破片が大量に見つかっている。古くは神社は社殿を持たなかったため、磐座を中心にさまざまな祭祀が行われたのである。このような場所を古代斎場と呼んでいる。

右記のように、古くは山自体を神体と見做し神が降臨する神聖な領域と考えられていた。そして、山に対する素朴な信仰は現在でも継承されている。

かつて、著者がＪＲ水戸《みと》線に乗っていた、四月半ばのよく晴れた日の午後のことである。車窓からは筑波山《つくばさん》がよく見え、沿線の田んぼでは苗代作りが行われていた。そのとき、田んぼの中の耕耘機《こううんき》の横に立つ農家の方が、筑波山に向かって合掌しているのを見たのである。彼は筑波山の神に五穀豊穣を祈願していたに違いない。生きた神奈備信仰を見た気がして、大いに感動したことを鮮明に覚えている。

鎮守の杜に対する信仰

山に対する信仰と共に古くから日本人は木を大切にしてきた。鎮守の杜《もり》は神奈備信仰とリンクしたもので、山にいる神が降臨し鎮座するところである。今も日本各地には神社を囲むようにして鎮守の杜が見られる。

現在では「森」の字を当てることがほとんどだが、本来は「杜」の字を用いた。「森」は単

一般的な「鎮守の杜」 田や畑のなかで少し盛り上がったところに木が密集している（写真：photo AC）

なる森林であり、「杜」には神が宿る神聖な領域という意味があるようだ。また、「神社」と書いて「もり」と読ませる用例や、『万葉集』には「もり（盛）」という用例も見える。

『万葉集』の用例によれば「もり」は巨樹などが林立して盛り上がったように見えるところ、つまり、広い森林の中でもとくにこんもりとした場所を指す。また、神の住まい（神社）には、「神《かむ》さびた」場所が相応《ふさわ》しいとされている。「神さびる」とは古色を帯びた神々しい様子という意味で、千古の昔からの古木が生い茂る「もり」は、神が降臨するのに相応しいところである。

古くから森林は建築資材や燃料として伐採されて活用されてきた。しかし、森林の中には木を伐《き》っても良いところといけないところが、厳然と区別されている。そして、伐ってはならない森林が「杜」や「神社《もり》」として残されてきた。

たとえば、白神山地《しらかみ》の「ブナの森」などというように、今は木の生い茂ったところを「森」といって憚らない。しかし、白神山地の中にも「杜」と「森」が混在しているところがあることを忘れてはならない。特に古い巨樹や特異な樹形の巨木のあるのは神さびたところで、「杜」といわれる神聖な場所である。その他の場所の木は燃料などとして伐採が許される。

ところで、先にも触れたように今では「森《もり》」という言葉が多用されるが、古来、日本人は、木が繁っている場所には「林《はやし》」という言葉を使ってきた。「松林」「竹林」「雑木林」などとはいうが「松の森」とか「竹の森」とはいわないのである。白神山地のブナも地元の人は「ブナ林《ばやし》」といって「ブナの森《もり》」とはいわないようである。

西欧にも「森」と「杜」の区別はあるようだ。たとえば、英語のウッズ（woods）は精霊も何もいない単なる森林、フォレスト（forest）といった場合は精霊が棲む神聖な森林を表すようである。近年の日本ではマスコミを中心に混同して、ウッズもフォレストも構わず「森」の字を当てているようだ。

また、鎮守の杜のことを「社叢《しゃそう》」ともいう。社叢には太古の昔からの手つかずの自然林が残り、国の天然記念物に指定されているところも少なくない。そして、「千古斧《おの》を入れず」の大原則の下、枝一本たりとも伐ることは許されない。

石川県の能登半島の中部にある気多大社の社叢は神社の背後に約一万坪にわたって広がっており、国の天然記念物に指定されている。日本海側の暖地性植生の北限で「入らずの森」とされ、神職が奥宮で神事を行うとき以外は、何人《なんぴと》も入ることを許されない。

古来、日本人は木を建築資材や燃料として活用してきたが、一方で鎮守の杜の樹木については厳格な掟《おきて》を作って守ってきた。その結果として各地の神社に太古のままの社叢（鎮守の杜）が残っているのである。静岡県の三保《みほ》の松原《まつばら》が維持されてきたのも樹木崇拝、樹木信仰によるところが大である。

しかし、一方では古くから森林の伐採も行われていた。六九四年に藤原京《ふじわらきょう》ができるまでは天皇の御所は一代ごとに新築されていた。その度に樹齢一〇〇〇年を超えるような大樹が伐採されていたのである。

その結果、はやくから森林資源が枯渇し、すでに良材を求めることができなくなっていた。当時、東大寺《とうだいじ》再建の大勧進《だいかんじん》になった俊乗坊《しゅんじょうぼう》重源《ちょうげん》は、周防国《すおうのくに》（現在の山口県南部）の山奥から大木を伐り出し、少ない資材で大建築が可能な天竺様《てんじくよう》（大仏様）という建築様式を採用して、大仏殿や南大門を完成させたのである。一方で、春日大社《かすがたいしゃ》などの鎮守の杜が今に残されているのは、乱伐に対する反証だったのかもしれない。

また、静岡県の三保の松原は江戸時代まで現在の一・三倍ぐらいの広さがあった。室町時代に製作された「絹本《けんぽん》著色《ちゃくしょく》富士曼荼羅《まんだら》図」（富士宮《ふじのみや》の富士《ふじ》山本宮浅間《さんほんぐうあさま》大社《たいしゃ》蔵）を見てもその違いが分かるだろう。これは明治の初年に海軍の軍人が伐採して売却したといわれている。

さらに第二次大戦中には各地の鎮守の杜が軍の手で伐採されて禿山《はげやま》になった。戦時中の物資の欠乏を補うため仏像や梵鐘《ぼんしょう》などの金属の供出が行われたが、木材の供出も同じように行われたのである。国家神道の下、国民には神社への崇敬を強要しながら、神聖な鎮守の杜の木を伐るという矛盾した行動に出た。

さらには、戦後の高度経済成長期以降、高速道路の敷設のため、そのルート上にあった鎮守の杜は、お構いなく伐採された。気多大社の社叢が国の天然記念物に指定されたのは、昭和四二年（一九六七）のことである。白神山地のブナの林は、それに先立つ昭和四〇年（一九六五）に国の天然記念物に指定された。一九六〇年代以降、先進国では環境保護や公害反対の運動が盛んになり、各国で環境保護の法律が制定されたが、日本もこれに倣って環境保護に対する認識を新たにしたのである。

これまで見てきたように日本でも過去に乱伐の歴史があり、今も宅地造成や道路建設に伴う樹木の伐採は日々行われている。しかし、一方で日本人が樹木に対するある種の信仰を持っていることは間違いないだろう。今でも農家の庭先の木を伐るときに、神職を呼んでお祓いをしてもらうところが少なくないようである。

また、二〇一九年に新設された国立競技場では、木を豊富に使ったデザインが話題になった。近年は新築のビルでも、鉄筋コンクリートの本体に木をふんだんに用いた建物が多く見られる。

絹本著色富士曼荼羅図　下部に当時の「三保の松原」が見える（富士山本宮浅間大社所蔵）

施主や建築家が樹木崇拝、樹木信仰をどこまで理解しているかは別として、何らかのかたちで木が見直されていることは確かだろう。

日本人は元来自由奔放な民族である

男神《ひこかみ》に　雲立ち上り　時雨降り　濡れ通るとも　我や帰らめや
（男神の峰に雲が湧き上がり、時雨《しぐれ》が降ってびしょ濡《ぬ》れになっても、〈私は〉絶対に帰らない。今夜はとことん交わるつもりだから）
（『万葉集』巻九高橋虫麻呂《たかはしのむしまろ》歌集）

この歌は筑波山の麓で歌垣《うたがき》を行ったときの歌である。『万葉集』には「歌垣」の歌というのが多く収録されている。歌垣とは若い男女が山に集まって歌を詠《うた》い合い、最終的には男女がカップルになって性を謳歌《おうか》するものである。もともと天皇などが高い丘の上などに登って一円の地勢や民の生活状況を視察する「国見《くにみ》」に起源があると言われ、農民の間でも高みに登って周囲の田畑の状況を見てその年の豊凶を占う農耕行事に発展したらしい。これが若い男女の求婚や見合いの場となり、さらには性の解放の場ともなったようである。

「歌垣」の語は男女が垣根のように円陣を組んで「歌を懸け合った」ことに由来するといわれ、常陸《ひたち》（茨城県）の筑波山や摂津《せっつ》（大阪府）の歌垣山、肥前《ひぜん》（佐賀県）の杵島山《きしまやま》などが歌垣の山として知られている。恐らくこのとき男女が互いに手をつないで、西欧のフォークダンスのように踊ったのだろう。

性的欲求は人間の欲望の中でも最も抑えがたいものであるが、その性的衝動を発することによって人間はしばしば過ちを犯すのが常である。イザナミのようにいとも簡単に同意してくれれば良いが、同意なしに性行為に至れば立派な犯罪になって身を持ち崩すことになる。

だから、古来宗教や哲学は性的欲求の抑制に力を入れてきた。紀元前三世紀にギリシャのゼノンが提唱したストア学派（ストイシズム）は、理性を磨くことによって性的欲求を克服しようとした。これがストイック（禁欲主義）の語源である。仏教の戒律では出家者は男女が二人きりで話をすることすら禁じており、在家者も配偶者以外と交わることを固く禁じている。キリスト教やイスラム教などの宗教も性的欲求を厳しく戒めている。

性的欲求は人間が本性として兼ね備えているもので、容易には断つことのできない難物である。だから、歌垣のような解放の場を設けることも世界各地で行われてきた。日本では平安時代の末から鎌倉時代にかけて念仏が大流行し、各地で在家向けの念仏会が開かれるようになった。そして、念仏会には泊まり込みで男女が集まり、無礼講の場になったらしい。兼好法師《けんこうほうし》も『徒然草』の中で念仏会のときに横にいた女性に寄り添われて閉口したことを記している。

また、ギリシャ神話に登場する酒の神ディオニュソス（バッカス）は各地の村を巡って若い男女を連れ出し、山の中や草原に集めて裸体に近い状態で飲めや歌えの大宴会を開き、性を謳歌させたという。これをバッカス祭（バッカナール）といい、バッカスはインドまで行ってこの祭りの普及に努めたという。この祭りはすでに紀元前には風紀を乱すとして禁止されたようだが、紀元一世紀のポンペイの壁画にはバッカナールの光景を描いたものが見られる。

元来、「祭り」とは加護を求めて神を鄭重《ていちょう》にまつる厳かな儀礼だった。だから、村人だけで静かに行われる祭りも各家々で行われる年忌法要なども、「祭り」という意味では祇園祭や三《さん》社《じゃ》祭のような多くの人が参集する祭りと何ら変わらないのである。

柳田国男《やなぎたくにお》は奄美《あまみ》大島の古老が「今日は小さな神さまがお降りになります」と言っていたことを報告している。「小さな神さま」とは村人が静かにまつる神という意味なのだろう。そして、柳田は「祭り」と「祭礼」とを区別し、村々や家々で行われる静かなものを「祭り」、神輿や山車が出て多くの見物人で賑わうものを「祭礼」としている。

また、とくに「祭例」は「ハレの日」で日常的な「ケの日」とは異なる日である。その意味で祭礼はバッカナールと同じように、常識や因習などから解放される日でもある。今も行われている祭礼の中には江戸時代ごろまで男女の出会いの場であり、性的な解放の場であったものも少なくない。そして、今も祭礼は若い男女にとっては出会いの場である。

信仰の集まりである念仏会での女性の行動はいかにも不謹慎極まりない。しかし、かつて若者は念仏会などの法要を今でいうカラオケや合コンのような感覚で楽しみにしていたようである。だから、信仰はそっちのけで出会いを求めたのである。

また、浄土宗には五重相伝《ごじゅうそうでん》という特有の法会がある。七日間、寺に泊まり込んで浄土宗の秘法を授かるもので、今も浄土宗の寺院では行われている。この法会に参加すると「誉号《よごう》」という格式の高い戒名を授かることができる。

しかし、若者はこの法会も男女の出会いの場と考えていた。まして泊まり込みで、基本的には男女が雑魚寝《ざこね》するのであるから、勢い交わりを行うものも出てくる。僧侶《そうりょ》などを除いた多くの日本人は、仏教をはじめとする宗教を教えや学問としてとらえることはなく、法要なども儀礼として臨んだ。だから、念仏会も五重相伝も祭礼と同じで、日常とは異なるハレの日で、それは普段の倫理観にとらわれない無礼講の日だったのである。

江戸時代、幕府は社会の安寧秩序を保つために綱紀粛正に努めた。その結果、出雲阿国《いずものおくに》がはじめた女歌舞伎が取り締まりの対象となり、山東京伝《さんとうきょうでん》などの黄表紙作者（戯作者）も手鎖の刑などに処せられた。そして、念仏会や五重相伝も風紀を乱すものとして厳しく取り締まったのである。

また、江戸時代には「お伊勢参り」が空前のブームとなり、若い女性が着の身着のままで路銀も持たずに伊勢を目指したという。このころには各宿場に彼女たちを受け入れる旅籠《はたご》があり、そこにはまた彼女たちを目当てとする若い男性が集まった。女性たちは男性の相手をする見返りに、路銀をもらったり御馳走をしてもらったりして伊勢までたどり着くことができたという。

江戸時代は伊勢参宮をはじめ寺社巡りが空前のブームとなった。この時代、幕府はさまざまな形で統制を強めたが、寺社巡りに関しては寛容な態度を取った。というのは有力な寺社には多くの参詣者《さんけい》が集まり、その参詣者を目当てに旅籠や飲食店、土産物屋などが軒を並べた。寺社を中心に参詣者たちが落とす金は莫大《ばくだい》なものとなり、その地方の藩が潤い、ひいては幕府もその恩恵に与《あずか》ることができたからである。

また、有力な寺社の近くには旅籠や飲食店の他に必ず遊郭があった。当時、講などで参詣する人の多くは男性であり、彼らはお詣りを終えると精進落としと称して遊郭に繰り込んだのである。もちろん、純粋な信仰をもって寺社巡りをする人もあったが、そういう人は一握りで、ほとんどの男性は「花より団子」というか「信仰より遊郭」だったのである。

かつて伊勢神宮にも妓楼《ぎろう》八〇軒、遊女が一〇〇〇人もいる大規模な歓楽街が内宮《ないくう》と外宮《げくう》を結ぶ街道沿いにあった。しかし、明治維新を迎えて天皇家の皇祖神をまつる伊勢神宮が国家の宗廟《そうびょう》として神社界で超然たる地位を確立すると、お祓い通りや見世物横丁などとともに撤去の対象となった。

ちなみに、伊勢神宮に夫婦や男女のカップルで参拝することはタブーと言われてきた。内宮、外宮とも女神をまつっているので、男女で仲良く参拝すると両宮の祭神が嫉妬《しっと》して災厄をもたらすなどと、もっともらしい説明がなされてきた。しかし、実際には男性のお目当ては遊郭での精進落としにあり、妻や恋人同伴では遊郭に通うのに都合が悪いからである。

また、成田山新勝寺《なりたさんしんしょうじ》の精進落としの場は船橋《ふなばし》にあった。江戸時代には船橋に呉服屋が軒を連

おはらい町　伊勢神宮内宮前に位置し、飲食店や土産物店が並ぶ

ねていたといい、今でも古くからの呉服屋が残っている。これは妻や娘を家に置いて成田山に参詣した男たちが精進落としに遊郭に寄ると後ろめたさを感じ、罪滅ぼしに家で待つ妻や娘に着物を買って帰った。そこに目をつけた呉服屋が商魂逞《たくま》しく店を出したのである。

江戸時代、武士の間には儒教倫理が普及して男女の間には厳しい規制が敷かれた。しかし、江戸や大坂をはじめとする大都市に住む町人の間には、儒教倫理は浸透していなかった。だから、大都市の大衆は本性のままに生きることができたのだろう。

また、江戸時代には仏教的な「憂世」を「浮世」と捉《とら》え、人生を刹那《せつな》的な享楽のうちに過ごすという傾向があらわれた。その傾向は井原西鶴《いはらさいかく》の『好色一代男《こうしょくいちだいおとこ》』などをはじめとする文学に如実にあらわれている。ちなみに、西鶴は風俗をテーマに作品を作っていたが、幕藩体制が安定していた江戸時代前半の元禄《げんろく》時代のことであり、当時はまだ取り締まりの対象にならなかった。しかし、幕府や諸藩が財政的に逼迫《ひっぱく》して寛政《かんせい》の改革が行われた江戸時代後期になると、風紀の取り締まりが厳しくなっていく。

「江戸っ子は宵越《よいご》しの金を持たない」というのも、当時の人たちの、将来を考えずに刹那的に楽しく生きようとする態度のあらわれである。その意味で江戸時代は、冒頭に示した歌垣に見られるような日本人の奔放な性格が開花した時代ということができるのではないだろうか。

「武士道」と日本人

「武士道」は鎌倉時代に誕生した武家社会の中で育《はぐく》まれた武士の倫理・道徳で、武士として生きてゆくための処世術である。封建的主従関係を維持することが至上命令で、家臣は主君のためには命を賭《と》して戦うことが求められ、鍋島《なべしま》藩の『葉隠《はがくれ》』のような過激な思想も登場した。

新渡戸稲造《にとべいなぞう》（一八六二〜一九三三）は明治三二年（一八九九）に英文で『Bushido, The Soul of Japan』という書をアメリカで刊行し、翌年には日本で日本語訳の『武士道』が出版された。この本は欧米を中心に世界二〇ヵ国近くの言語で翻訳刊行され、世界的なベストセラーとなった。世界的には新渡戸の『武士道』が日本人の精神的中核と見做され、日本は「腹切りの国」などという物騒なレッテルを貼られてしまった。

しかし、武士道は戦闘が度重なった鎌倉時代から戦国時代までの武士の倫理で、常に死と隣り合わせにある武士階級にとっては必須の規範であった。ただし、圧倒的多数の一般民衆は村や町の武士とは異なる倫理観に立脚して生活していた。

また、室町時代の末に鉄砲が伝来するとそれまでの武士道も変容せざるを得なくなった。それまでの一騎打ちの原則が大きく変わって集団戦になったことから、特定の武士が殊勲を立てて君主の恩に報い、君主が褒賞として土地などを与える、いわゆる「御恩と奉公」の関係が希薄になったのである。

ちょうど、同じころヨーロッパでも一騎打ちを信条としていた騎士が火器の登場による戦術の変化から急速に没落して騎士としての役目を終えた。しかし、もともとカトリック教会の信任の下に身分を保障されていた騎士たちは、教会の有力者や大土地所有の富裕層と親密な関係にあり、彼らとの交流を通じて騎士たちも有力地主層になっていった。特にイギリスでは騎士たちがジェントリという地方地主層を形成し政治的にも大きな発言力を持つようになって、議会の形成に大きな力を発揮したのである。

日本でもすでに戦国時代には旧来の武士は役目を終えた。そして、慶長《けいちょう》五年（一六〇〇）の関《せき》ヶ《が》原《はら》の合戦以降、戦闘は途絶え、約二七〇年にわたって平和の時代を謳歌した。しかし、その中で武士が生き続けたのは、徳川幕府が整然とした幕藩体制を築いたことによる。武士は身分制度の最上位に位置付けられ、俸禄《ほうろく》によって生活を維持することになったのである。

そして、江戸時代に朱子学が幕府公認の学問になると、平和の世に生きる武士たちは儒教倫理によって自らを律し地位の保全を図るようになった。その結果、家父長的な家の倫理が確立し、人生、生活全般にわたって父親が絶対的な権威者として君臨するようになった。そして、武家の家督は世襲されるようになり、「お家」を守ることが至上命令となった武家にとって、家父長的な家の倫理は必要条件となった。

鎌倉時代の熊谷直実《くまがいなおざね》のような武勇を面目とする武士から見れば、江戸時代の武士はただ「お家」を守るだけの腑《ふ》抜《ぬ》けのような存在に堕してしまった。そして、そのような不甲斐《ふがい》ない武士に対する反発として出てきたのが『葉隠』で、これは日本版『ドン・キホーテ』ということができる。

「武士道」がとくに声高に言われるようになったのは明治以降のことである。第二章でも述べるが、維新政府は欧米列強に並ぶ近代国家を確立するために国民を集結させるアイデンティティーを必要とした。その一環として叫ばれたのが武士道であり大和魂《やまとだましい》であった。

しかし、江戸時代の武士の人口は五パーセント程度。参勤交代で武士が集まる江戸でも七パーセントほどだった。当時の日本の人口は二八〇〇万人ぐらいだったが、そのうち八五パーセントが**農民**※1で、あとは僧侶や神職、その他の職業を生業《なりわい》とするものだった。

だから、武士道は極《ごく》一握りの武士階級の信条を示すもので、大半の日本国民には何ら関わりのないものだったのである。しかし、新渡戸稲造のようなリベラリストが武士道を絶賛して弘《ひろ》め、キリスト教者の内村鑑三《うちむらかんぞう》も世界は「武士道の上に接木されたる基督教によって救はるる」（「武士道とキリスト教」）という訳の分からないことを言っている。

武士の本領は戦で武勲を立てること、つまり、敵を殺すことにある。人を救う、命を守ることを至上命令とする宗教（キリスト教）との融合はあり得ないことである。また、新渡戸のリベラリズムも人権擁護の立場に立つはずで人斬りの武士道とは背反する。

しかし、新渡戸は南部《なんぶ》藩の、内村は高崎《たかさき》藩（群馬県）の藩士の子として生まれ、物心ついたときから武士道の精神を叩き込まれた。二人とも札幌農学校でクラーク博士からキリスト教の薫陶を受けたはずだが、幼いころに身に付けた武士道の精神を払拭《ふっしょく》することはできなかったのだろう。

そして、今も保守的な人々の中には武士道や大和魂を公言して憚らない人が少なくない。

「大和魂」と日本人

大和魂という言葉は『源氏物語』に見えるのが初見で、そこでは近世とはかなり違った意味

※1　**農民**　統計では一括して農民としているが、その農民の中には林業や漁業、海運業、さらにはマタギなどの狩猟民や旅回りの芸人なども含まれていた。また、江戸時代後半の江戸の人口は一〇〇万人に達していたが、その九割以上はいわゆる町人で職人や商人などがほとんどだった。

になっている。『源氏物語』「少女巻《おとめのまき》」では光源氏《ひかるげんじ》が一二歳になった実子の夕霧《ゆうぎり》を大学寮に入れようとする。当時の大学は官吏になるための登竜門だったが、貴族の中でも上流の家の子弟は大学を出なくても高位高官に就くことができた。つまり、大学に行かないことは上流貴族のステータスで、天皇の皇子である光源氏のような最上流の貴族の息子が大学寮に進むことは異例中の異例だったのである（伊藤聡著『日本像の起源』）。

作中において、夕霧を大学寮に入れることに周囲からさまざまな批判が寄せられている。皇族や貴族の子弟は一四、五歳で元服を済ませて任官する習わしになっていたが、当時の大学は一五歳で入学して二一歳で卒業する規定になっていたため、大学を出ると二一歳での任官となり、同年代の子弟と官位の差が生じてしまう。とりわけ、摂関政治のさなかで、人事にも政治的な思惑が渦巻く中とあっては、任官の遅れは命取りにもなりかねなかった。

このような批判に対して光源氏は「なお、才《ざえ》をもととしてこそ、大和魂の世に用ゐらるる方も強う侍《はべ》らめ」と反論している。「才」とは「漢才《かんざい》」、つまり、漢文を読みこなす能力のことである。

平安時代の中期から後期はいわゆる「国風文化」が佳境に入った時期で、仮名文字が普及するなど、大陸の文化を排して日本独自の文化が花開いた。当の『源氏物語』も仮名交じりで書かれた女流文学で国風文化を代表するものである。

しかし、この時代にも漢文が忘れられたわけではなく『和漢朗詠集《わかんろうえいしゅう》』などの漢詩と和歌の詩歌集が編纂され、公文書は漢文で書かれていて、男性は漢文を用いていた。その「漢才」を系統的に学ぶことができるのが大学だった。光源氏は「才（漢才）」を修め、漢籍を通じて一流の教養人になることこそが「大和魂」であると考えていたのであり、そのことが世の中に能《よ》く用いられる、つまり出世栄達のための道だ、と述べているわけである。

これは当時の教養人の一般的な認識だったと考えられる。彼らは下級貴族出身の菅原道真が右大臣にまで上り詰めた要因が「漢才」を極めたこと、つまり、「大和魂」にあったことを痛感していたのである。

また、平安時代の歴史書『大鏡《おおかがみ》』には「やまとごころ」という言葉も見えている。国語辞典では「大和魂に同じ」とされるが、平安時代の用例では大和魂とはかなり異なったようだ。こちらは漢才などの学識や教養は身に付けていないが、何事につけても機に応じて対応できる、器の大きさを示す言葉のようである。

『大鏡』は、大宰権帥《だざいのごんのそち》だった藤原隆家《ふじわらのたかいえ》が刀伊《とい》の来襲を鮮やかに処理したと述べている。刀伊とは中国東北部を拠点にしていたツングース系の北方民族で「女真族《じょしんぞく》」と呼ばれ、後に華北に金《きん》という国を創建した。寛仁《かんにん》三年（一〇一九）高麗《こうらい》を襲った勢いに乗った刀伊が壱岐、対馬に来襲して略奪を恣《ほしいまま》にした上、多くの島民を殺傷するという暴挙に出た。

このとき、藤原隆家は直ちに大宰府の官人を警固所に派遣するとともに、島民や沿岸の住民を動員して防戦に当たった。このような隆家の迅速な対応によって、五〇隻余りに分乗した一〇〇〇人余りの女真軍を一週間ほどで撃退し、九州本島への侵入を許さなかった。

隆家は藤原道長《みちなが》の兄で関白・藤原道隆《みちたか》の四男で、道長の甥《おい》に当たる最上級の貴族である。そのことから、大学にも行かず若くして官位に就いたが、高貴な出自の割に出世には縁がなかった。これは叔父《おじ》道長との確執に加えて、若い頃に配下の武士に命じて、花山法皇《かざんほうおう》に矢を射かけて脅したことが災いしたのだという。

父の道隆は容貌《ようぼう》、体格ともに他を圧倒する偉丈夫で、立ち居振る舞いも優美にして、貴族の風格を遺憾なく発揮していた。しかし、大の酒好きで、上賀茂《かみがも》神社に参詣の折には、神社が特別に用意した特大の酒杯になみなみと注がれた酒を、社頭で九杯も飲み干したという。

家柄からいっても貴族としての風格からいっても申し分なかったが、関白にはなったものの政治には興味がなく、ただ、好きな酒を飲み倒して自由奔放な生き方をし、酒が原因で四三歳の若さでこの世を去った。

道隆の子の隆家も、父の形質や貴族としての素養を十二分に受け継ぎ、豪放磊落《らいらく》な性格だったようである。父の道隆が関白に昇り詰めたのに対して、隆家は花山法皇襲撃の咎《とが》で出雲権守《いずものごんのかみ》として左遷されたのを皮切りに、地方官を歴任した後、大宰府に追いやられた。

しかし、その大宰府で刀伊の入寇《にゅうこう》という事件に遭遇し、思いもよらない軍功を上げたのである。『大鏡』には、武芸の心得もなく戦の経験もない隆家が刀伊の入寇を防いだのは、「やまとごころかしこくおはする人」だったからであると結論付けている。

つまり、「やまとごころ」とは論理や些末《さまつ》的なことにこだわらない優美でおおらかな性格。機微をわきまえて臨機応変に如才なく振舞う包容力豊かな心根を指すものと考えられる。それは「大和魂」と違って修練によって身に付くものではなく、生来の性格であると同時に親からの遺伝や生活環境によって培われるものということであろう。

また、平安時代の上級貴族は酒宴や歌舞音曲などの遊びに興ずるばかりで、学問などには一向に興味を持たなかった。学問に専念する学者は敬遠され、むしろ、馬鹿にされる存在だったようだ。『源氏物語』の中にも粗末な衣服を着て髪は乱れ、訳の分からないことをもっともらしく語る学者が嘲笑《ちょうしょう》の的になっている。だからこそ、学問の家系から異例の出世を遂げた菅原道真は、他の貴族たちにとって許し難い存在だったのだろう。

ところが、江戸時代になると賀茂真淵《かものまぶち》や本居宣長といった国学者たちは「大和魂」と「やまとごころ」を同一視して、平安時代とは全く異なる定義付けをした。

平安時代の大和魂は光源氏が言っているように、「才（漢才）」、つまり、中国の文書を学んでその知識を習得して教養として身に付けることだった。しかし、もともと国学は漢才など外来の学問や知識を排して、純日本的なものを追求したことから、漢才を基本とする大和魂は真っ向から否定しなければならなかった。

大和魂について国学者や神道家はさまざまな定義を試みているが、結局のところ自国の魂を失わないでひたすら「君（天皇）」を仰ぎ尊ぶことという「尊王論」に帰着した。しかし、ここには「自国の魂」とは何か、なぜ「君」を仰ぎ見るのか、ということは示されていない。

国学は外来のものを排して自国の良さを探求する学問として打ち立てられた。だから、本居宣長のように『古事記』こそ日本の精神を代表するものであると絶賛したのであるが、『古事記』自体が漢文で書かれているのであり、漢文を理解しなければその精神を読み取ることができないという矛盾を孕《はら》んでいた。

しかし、ほとんどの国学者、とくに神道家はそのような矛盾にまったく気づかず、儒教的な理論を背景に、論理的にはまったく破綻《はたん》した大和魂論を展開した。

また、儒教では万物の根元である「天（天帝）」が仁義礼智を備えた「魂」を授けてくれると考える。この説に基づいて神道家の若林強斎《わかばやしきようさい》は、「天」は記紀の最初に登場する日本の国土創造の根幹を創った「天之御中主尊《あめのみなかぬしのみこと》」であるとし、その神が授けてくれる「御魂《みたま》」が「大和魂」であるとした。

そして、天之御中主尊の系譜は天照大御神、ひいては歴代天皇に連なっている。したがって、天を仰ぎ見る魂は天皇を仰ぎ尊ぶ心に繫《つな》がってくる。ここに「尊王」「忠君」の心が生まれてくるのはごく自然なことと説いた。

これは儒教の普遍的な神観念を日本の神話に登場する個別的な神にすり替えたもので、牽強付会も甚だしい論理である。しかし、このことが「大和魂」を本来まったく関係のない忠君愛国の精神に結び付け、それが幕末から戦前に至る「大和魂」の定義として独り歩きをすることになるのである。

また、平田篤胤《ひらたあつたね》（一七七六〜一八四三）は大和魂にことさらに武勇を強調し、そのことが討幕運動の精神的バックボーンになるとともに、日清・日露の戦争、太平洋戦争を牽引《けんいん》し、さらに戦後に至っても高度経済成長の精神的牽引役ともなったのである。そして、近世に至って武士道とも融合した「大和魂」は日本民族の象徴として喧伝されるようになり、今も民族主義、国粋主義をとなえる保守層の間で熱烈に支持されているのである。

情緒的な民族性

津田左右吉《つだそうきち》や和辻哲郎など多くの歴史学者や思想家が、日本人は情緒的な民族であると主張している。これは裏を返せば客観的、合理的な思考に欠けているという意味である。

紀貫之《きのつらゆき》は『古今和歌集』に漢文で書かれた「真名序《まなじょ》」に、仮名交じりの和文で書かれた「仮名序《かなじょ》」を添えている。その中で貫之は、歌というものは人が心に思い浮かべたことがそのまま言葉になって表されたものであるといい、「花に鳴く鶯、水に住む蛙の声を聞けば、生きとし生けるもの、いづれか、歌を詠まざりける」と言っている。

つまり、和歌は言葉を理論的に積み上げたものではなく、人間の素朴な心の発露だというのである。確かに詩歌は心の発露、人間の心情を叙述したものである。その点で貫之の主張は正《せい》鵠《こく》を射たものといえるだろう。

そして、その「叙情」の原点は『万葉集』の防人《さきもり》の歌など、庶民が詠った歌に見られるのである。また、『万葉集』の時代には「五七五七七」のような形式が確立しておらず、「五七」を基本として、長歌のように文字数や形式にとらわれることなく心情を吐露することができた。

しかし、『万葉集』も後期になると、中国の漢詩文の影響を受けて次第に定形化されるようになっていく。『古今和歌集』が編纂されたのは延喜《えんぎ》五年（九〇五）のことで、国風文化の黎《れい》明《めい》期だったが、未だ唐の文化が優勢で男性の文章は漢文が主流だった。とりわけ、天皇の命で編纂される勅撰《ちょくせん》和歌集などの序文は、漢文で書くことが求められたのである。

その勅撰和歌集に紀貫之が「仮名序」を添えたことは、外来の文化に対する抵抗と日本古来の固有の文化に対する矜持を示したものと考えられる。また、そのことによって心情を吐露するためには表意文字の漢字は不向きで、表音文字の仮名文字が適していることをアピールしたとも考えられる。

心情を吐露したいというのは人間の本性である。そして、心情を吐露したいという気持ちは子どもにも、読み書きができない人にも共通してあるものだ。その心情の吐露を幅広い階層の人に可能にしてくれたのが仮名文字なのである。

詩歌に見る日本人の情緒

ギリシャではホメロスの『イリアス』『オデュッセイア』、インドでは『マハーバーラタ』や『ラーマーヤナ』という「叙事詩」が確立したが、国文学者は日本には「抒情詩《じょじょうし》」のみがあって「叙事詩」がないという。

しかし、これは西欧人が散文と韻文という叙述の形式で分けたことによるもので、人間の本性から出た感情の表出を表したものは「詩」であり、「歌」である。神々の英雄譚などを記す記紀の神話は叙事詩といって良いのであるが、これが途中に挟んだ歌（韻文）以外、大半が散文で表記されていることから叙事詩ではないというのである。

たとえば、『古事記』でヤマトタケルノミコトの東征の場面には歌が多く掲載されており、特に今の浦賀《うらが》水道が大しけで渡れないために妃《きさき》のオトタチバナヒメノミコトが入水《じゅすい》して海を鎮めた。このときに二人が互いに贈り交わした歌は、まさに男女の愛情を遺憾なく発揮した抒情詩である。そして、ヤマトタケルノミコト東征の記述の散文の部分にもそのような潑溂《はつらつ》とした感情の吐露が見られるのだが、それらは散文であるが故に抒情詩とは言わないというのである。

柳田国男は「詩歌」について、人間は何らかの事象に触れて感動や悲しみ、苦しみの感情を抱いたとき、先《ま》ず声を発する。その声がやがて詩歌になって歌い継がれていくと言っている。

このことは人間ばかりではなくすべての生き物に共通して言えることで、『古今集』の「仮名序」を書いた紀貫之の言うように「生きとし生けるもの、いづれか、歌を詠まざりける」ということである。

また、ギリシャやインドでは、叙事詩の時代の後に神話的記述から抜け出して自然や歴史を客観的に捉えようとする機運が高まった。歴史ではヘロドトスが綿密な取材や考証を駆使して大冊『歴史《れきし》』を著した。さらに、客観的な自然観察は哲学を生み出し、その形而上学《けいじじょうがく》的思考はヨーロッパの近代哲学の基盤を築いたのである。

一方、日本人にはそういった形而上学的思考が生まれることはなかった。『万葉集』も後期になると七五調の定型になったが、これは唐の五言や七言の絶句や律詩を参考にしたもので、元来は語形などに囚《とら》われずに感情を吐露するのが日本人の得意とするところだった。明治になって正岡子規《まさおかしき》らが「自由律」を提唱したのも本来の日本の詩歌への回帰を示唆するものだった。

ただし、『万葉集』以来の七五調は日本人の性情にすっかり馴染《なじ》み、平安時代の和歌、室町時代の連歌を経て俳諧（俳句）に受け継がれた。江戸時代後半に活躍した俳人の与謝蕪村《よさぶそん》は『春風馬堤曲《しゅんぷうばていのきょく》』という「俳体詩《はいたいし》」を作って独自の自由律を試みた。この作品はロシアのプーシキンに見られる散文詩に比肩するもので、現代でも高く評価できる画期的なものだった。

このように時代を先取りした天才・蕪村も七五調は好んだようで、「春の海　ひねもすのたり　のたりかな」という五七五の句を残している。また、明治時代にはじまった唱歌や近年の横文字交じりのポップスは別として、現代の歌謡曲、特に演歌の歌詞は七五調を基本としている。

「もののあわれ」「わび」「さび」「粋」

本居宣長は『源氏物語』の本質を「もののあわれをしる」という一語で言い当てた。「もののあわれ」とは研ぎ澄まされた五感が折に触れて感じ取るしみじみとした情感や無常観で、『源氏物語』を中心に王朝文学の中に表れた日本的美意識であり、価値観である。

和辻哲郎は無常観的な哀愁であり、そこには「永遠の根源的な思慕」あるいは「絶対者への依属の感情」が含まれていると解釈している。鴨長明《かものちょうめい》の『方丈記』の冒頭には、「行く川の流れは絶えずして……」という有名な文句がある。これは戦乱や疫病、地震などの災害が打ち続く中で現実をありのままに受け止め、転変する世の中で生きていかなければならない諦《あきら》め、「諦観《ていかん》」の吐露である。

長明のように無常を消極的にとらえるペシミスティックな思考は、同じ鎌倉時代の吉田兼好や西行《さいぎょう》などにも見られ、「もののあわれ」と一体の日本人独自の無常観である。もともと仏教の「無常」は生々流転する世の中には永遠の存在はない、そのことをしっかりと受け止めて生きていくことを説いたものである。そして、無常を原点として積極的に生きていくことによって永遠の世界（悟りの世界）に到達することができるのであり、建設的観念なのである。

しかし、日本人は無常の真意を理解できず、そこからペシミスティックな独自の無常観を生み出してしまった。世の無常をしかと受け止めて努力すれば永遠の存在（悟りの世界）に至ることができるのであり、それは決して得られないものでも永遠の憧れの存在でもない。

また、和辻哲郎がいう『源氏物語』における「絶対者への依属の感情」とは、どんなに努力しても到達することのできない絶対者には、依属（従属）するより術《すべ》がないということだと考えられる。ここで和辻が「絶対者」という言葉で何を意味しようとしたかは不明であるが、この文脈から絶対者は「悟りの世界」ということになるだろう。

しかし、紫式部《むらさきしきぶ》にとっての絶対者とは、光源氏のような女性に対して圧倒的な優位に立って傍若無人に振舞う「男」だったことは容易に想像がつく。その「男」への諦観が見るもの聞くものに対する「もののあわれ」の情感としてあらわれたのだろう。

「もののあわれ」は『源氏物語』を中心とする平安時代後期に盛んになった女流文学の中で醸成された観念だった。そして、それは女性ばかりではなく、固定化した平安京だけを全世界として生きる貴族社会全体の風潮を示すものでもあった。

また、それは微妙な四季の移ろいの中で生きる日本人独特の感性から育まれた、日本流の消極的無常観ということもできるだろう。その無常観は西行や長明や、兼好が志向し、『平家物語《へいけものがたり》』では「諸行無常云々《うんぬん》」と謳われ、さらには、禅で説かれた「少欲知足《しょうよくちそく》」とも融合して、簡素な中に充足感を見出す美意識を生み出した。これを背景として龍安寺《りょうあんじ》の石庭など特異な庭園が誕生し、千利休《せんのりきゅう》はいわゆる「わび茶」を提唱したのである。

また、「わび」に対して「さび」という言葉があるが、両者は本来別の意味である。しかし、近代の国文学や美学では同義としてとらえられている。「わび」は侘《わび》しさの意味で貧困と孤独の中で如何《いかん》ともしがたい侘しさ、寂寥《せきりょう》感に耐えて充足感を覚える感覚である。一方、「さび」は文字通り「錆《さび》」から発したもので、骨董《こっとう》品などの古びたものに対する美意識である。

「わび」は武士の質実剛健とも共通するところがあり、利休などが提唱した「わび茶」の愛好者は豊臣秀吉をはじめ、有力な武士や大坂の豪商たちだった。彼らは有り余る財力を持ちながら、あえて簡素で狭小な茶室を建て、そこに籠《こも》っていわゆる「茶話」などに没頭したのである。そして、茶話の合間に提供される「茶懐石」は簡素を旨としたが、それは貧困の中で必要に迫られた簡素ではなく、贅沢《ぜいたく》の中の簡素だった。

近年、国文学者や美学者の中に農民の間に

千利休　茶聖と称される。わび茶を完成させ、数多くの弟子を抱えた（堺市博物館所蔵）

も「わび・さび」が普及し、彼らが貧困と孤独の中に充足感を見出していたという見方もあるようだ。しかし、時代によっても異なるが、農民は貧困に喘《あえ》いでいることが多く、貧困を憎んで生涯を終えていったことを忘れてはならない。

ただ、江戸時代になって江戸や大坂で都市が発達するといわゆる「民衆文化」が形成されるようになった。そして、都市の民衆は無常を基盤とする「憂世《うきよ》（現実の世界）」を「浮世《うきよ》」と捉え、ここでは無常観は悲観的なものではなく、かといって仏教本来の積極的な観念でもなくなった。

世の中が生々流転して留《とど》まるところを知らないのであれば、それに身を任せて生きていこうという態度になったのである。たとえば、歌舞伎の語源は「かぶく（傾く）」にあり、流行の最先端に乗じて常識や慣習などに一切とらわれないことを信条とした。長い太平の世を過ごしてきた日本人（特に、江戸や大坂を中心とする町人）は目的を失って一種のニヒリズムに陥っていったということができるだろう。

その一方で、江戸時代の後半には蘭学《らんがく》などの影響を受けて、西欧の事情も少しずつ知られるようになった。そこで、富永仲基《とみながなかもと》のように客観的、科学的な研究成果を上げる者も出てきたのである。また、芸術の分野では写実主義や自然主義の立場に立つものも現れた。葛飾北斎《かつしかほくさい》や安藤広重《あんどうひろしげ》などの浮世絵作家はその代表であるが、彼らの作品はゴッホやモネなどヨーロッパの印象派の画家たちにも影響を与えたのである。

次に、文学の世界では、松尾芭蕉《まつおばしょう》や小林一茶《こばやしいっさ》が見たままの世界を生き生きとした筆致で表現した。そのような態度は芭蕉が晩年にとなえた「かるみ」の境地に凝縮されるということができるだろう。「かるみ」とは日常のありふれた事象をありのままにとらえ、詩の心を具象的に誰にでも分かるように表現することである。

最後に「粋《いき》」は江戸時代後期に江戸であらわれた一つのトレンドである。言葉や身なり、身のこなしが垢《あか》ぬけてさっぱりしていることを表す。遊里の事情や食にも通じ、「食通」などの「通」にも共通する概念である。

障子越しの光を好む

西欧の絵画は光をふんだんに取り入れ、陰影を表現したものが主流である。とりわけ、一九世紀後半に現れた印象派の画家たち、たとえば、ルノワールやモネなどの作品には光と影が巧みに表現されている。

一方、日本の絵画は光を直接的に表現せず、影もくっきりと際立たせるのではなく、ぼんやりと控えめに表すのが特徴といえる。その光の表現はガラス越しや素通しのものではなく、障子越しの光とでも言うべきものである。

その違いは気候、風土に依《よ》るところが大きいと考えられる。ヨーロッパでもドイツやフランス、イギリスなどの主要国はほとんどが北緯四五度以北にある。ロンドンは北緯五一度、ベルリンは北緯五二度、パリは北緯四九度と、いずれも北海道より北に位置している。

ロンドンやパリは、海流の影響で緯度の割に気温は高く雪もあまり降らないが、冬は長く日照時間は少ない。一方、エーゲ海沿岸のギリシャや南仏などは緯度こそ高いが（アテネは北緯三八度、南仏のマルセイユは北緯四三度）、一年を通じて明るい太陽が降り注ぐ。

古くからヨーロッパ人はこのような明るい太陽に言い知れぬ憧れを持ち、そのことが絵画に陽光をふんだんに取り入れ、陰影をハッキリさせた要因と考えられる。今もヨーロッパ人が競うようにして日光浴を楽しむのはその憧れのあらわれである。

また、今でこそ日本人の間にも散歩が普及しているが、もともと日本には散歩の習慣がなかった。一方、ヨーロッパ人にとって散歩は国民的習慣といえる。ドイツの哲学者カントが、生まれ故郷のケーニヒスベルク（現在はロシア領）の街を毎日決まった時間に散歩したことは有名で、時計は普及していなかった時代に町の人々はカントの姿を見て時を知ったという。幼少時代から病弱だったカントは健康維持のために散歩をしたというが、日光浴も大きな目的だったのだろう。

さらに、フランス人は夏になると南部のニースの海岸に行ってバカンスを楽しむ。これもより強い日差しを求めてのことだろう。そして、一九世紀の植民地時代になると、フランスはモロッコやチュニジア、アルジェリアなどの北アフリカに侵攻して植民地とした。植民地化の目的は領土の拡大と資源の獲得にある。しかし、一年を通じて陽光が降り注ぐ土地が憧憬《しょうけい》の的であったことも事実だろう。

日本でも東北以北や北陸、山陰地方の冬は厚い鉛色の雲に覆われ、大量の降雪に悩まされるが、夏には北海道に至るまで豊かな陽光の恩恵を受ける。したがって、日本人は取り立てて太陽の光を意識することがなかった。それで余り光を表現しない絵画が発展したのではないだろうか。

西欧などの北の地方では季節は急速にやって来る。そして、待ちに待った陽光に出遭った喜びが絵画にも表現されたのだろう。一方、日本の季節は緩やかなグラデーションを描きながら進む。そんな風土の中で育まれた日本人の性情は、急激な変化や明確なコントラストを好まない。それが絵画にもあらわれ、いわば平板な仕上がりとなったと思われる。

また、日本人は黒田《くろだ》清輝《せいき》らが西洋の絵画を学ぶまでは遠近法という手法がなかった。このことも光や影のない画面と合わせて平板な構成を作り出している。ただし、日本には古くから「逆遠近法」という技法がある。そのルーツは中国に求められるというが、すでに平安時代の大和絵にはこの技法が多用されている。

ふつう、少し離れたところから方形の物体を見ると、前方が長く後方が短い台形のような形に見える。逆遠近法はその台形の前後を逆にして描くのである。この技法は弘法大師《こうぼうだいし》像《ぞう》の椅子などにも見られ、全体として極度に立体感が損なわれる。

このような日本人の嗜好《しこう》は、絵画だけに留まらず、あらゆる面で見られる。要するに日本人は季節の移ろいのように緩やかな変化を好むのであり、急激な変化を好まない。また、立体的なものより平面を好むのである。だから、日本ではヨーロッパや中国のように体制を根底から覆すような変革は起こらなかった。確かに明治維新は大変革だったが、これも一部の急進的な人間たちが起こした変革で、フランス革命のように国民の意思によって押し上げられたものではなかったのである。

何事にも大義名分を重んじる

大義名分は儒教でとなえられた概念であるが、もともと「大義」と「名分」は異なる概念である。「大義」とは、人として守らなくてはならない道義、本来的な義務のことである。修身・斉家《せいか》・治国・平天下といわれ、自らの行動を慎むことによって家（家族）が平穏に収まり、家族が収まることによって国（国家）が治まる。そして、各々の国家が治まることによって世界が平和になる（平天下）というのが儒教の根本的な考え方である。

この中で特に重要なのが、家族の中で長幼の序などの秩序を守ることで、中でも父子の間の秩序を守ることが根本とされた。つまり、親（父）を敬い大切にすることが、人間として守るべき本来の道義とされたのである。もちろん、親の方も子に対して然るべき態度を取らなければばならない。つまり、「大義」は父子の間の根本的な倫理規定としてとなえられたものである。

一方で、その論理は君臣の間にも適用され、それが人倫の中で最も重要であるという考えも生まれた。次第に、父子の親愛の情よりも君臣の情が優先され、『春秋左氏伝《しゅんじゅうさしでん》』などでは、逆に「大義、親《しん》を滅《めっ》す」として批判された。このような君臣間の倫理は、日本の中世以来の武士の間にも広まり、やがて天皇と**臣民**※1との関係に適用され、幕末には尊王論の根拠となった。

次に「名分」は社会的地位に基づく「名」、たとえば「社長」とか「教授」など、名に相応しい役割、行動などを明確にすべきであるという概念である。今もよく言われる「〇〇らしい行動」とか「〇〇ともあろう人が……」など、それぞれの地位や身分に応じた役割を明確にするものである。

このように、もともと「大義」と「名分」はそれぞれ異なる概念である。「大義名分」という四字熟語は、江戸時代に国学《こくがく》が勃興《ぼっこう》し、尊王思想が形成されてくる過程で使われるようになったようである。つまり、国家の君主としての天皇の身分をハッキリとさせ（名分）、その臣民としての忠誠の義務が「大義名分」に込められたのである。

※1　**臣民**　君主制《王制》の国、つまり、王《天皇》など一人の君主が主権を持ち、それ以外の多数の人民は王に支配される政治体制の国で被支配者を「臣民」と呼ぶ。大日本帝国憲法の下では一般人民は「臣民」と規定されている。民主国家における「国民」とは異なり王《天皇》に対する服従が義務付けられることから基本的人権などの権利は極端に制限される。

また、明治維新前夜には新政府の君主を天皇にするか将軍（徳川将軍家）にするかの論争があった。この論争にはイギリスやフランスが深く関与し、結局最後はイギリス政府の意向が大きく影響したようである。彼らは天皇をイギリスの国王になぞらえ、将軍はそれに従うものとしてとらえたのである。だから、当然のことながら国王に比定される天皇が、国家の元首となるべきと主張した。

また、『華厳経《けごんきょう》』という仏典には善財童子《ぜんざいどうじ》という求道心《ぐどうしん》に満ちた少年が、仏教の奥義に精通した五三人の善知識を訪ね歩いた話が載っている。東海道五十三次はこの五三人の善知識にちなんだ数である。ただ物見遊山の旅に出るのではなく、善財童子の故事に倣って善知識を訪ね、仏道に精進するのだという大義名分が必要だったのであり、弥次《やじ》さん喜多《きた》さんも善財童子の跡を追ったのである。

単に遊びに行くことを憚る風潮は、まだまだ日本人の間には健在だ。特に中高年の男性は旅行に行くとき、周囲には仕事で出張だとか、半分仕事で行くなどと大義名分をことさらに強調する。

フランス人は夏にニースの海岸などの保養地で二ヵ月ものバカンスを楽しむ人が多い。彼らは周囲にもバカンスに行ってくると言って憚らない。仕事を休んで遊びに行くことは友人や仲間にも認知されているのである。しかし、日本の場合はそうはいかない。しかも、二ヵ月も休んだ日には帰って来て周囲から白い目で見られるどころか、とっくに席がなくなっているかもしれない。

また、若い人でも長い期間海外へ行く場合は、語学研修や短期留学などの大義名分を振りかざす。この場合、実際に海外の語学学校に二、三週間通うようである。折角、金をかけて遠方まで行くのであれば、研修や留学などと言わずに、その期間も旅をして見聞を広めた方がよほど勉強になるだろう。

さらに、国会議員や官吏なども、視察や研修と称して海外まで足を延ばし、女性は有名ブティックで買い物に血道をあげ、男性の甚だしきはカジノや遊里へ繰り出す。それを税金でやるのだから国民にとってはたまったものではない。これも視察や研修という大義名分の下に行われるのである。「大義名分」は、自己の行為を正当化する一種の正義として、日本人の間には浸透しているようである。

第2章

神道——日本独自の宗教

神社の宗教

日本は多神教の国で「八百万神《やおよろずのかみ》」といわれるほど多くの神々がいる。ただし、それらの神々に対する信仰は多分にアニミズム的、シャーマニズム的なもので、宗教という概念では規定できない宗教以前の信仰である。

その起源は縄文時代まで遡《さかのぼ》ると考えられ、三世紀に書かれた『三国志《さんごくし》』の『魏志《ぎし》』倭人伝《わじんでん》には、邪馬台国《やまたいこく》の卑弥呼《ひみこ》が「鬼道を事と」していたことが記されている。ここでいう「鬼道」が呪術《じゆじゆつ》のことで、卑弥呼がシャーマン（呪術師）であったことが窺《うかが》える。そして、彼女を「王《きみ》と為《な》す」とあるから、シャーマンが即ち為政者であったことが分かる。

また、アニミズムは精霊崇拝とも訳され、外界の生物・無生物を問わず、すべての事象に精霊が宿るとする信仰である。これは人類が道具や火の使用をはじめた頃に遡る原初的な信仰で、今もカナダのイヌイットやシベリア東部のツングース族、北米のネイティブ・アメリカン（インディアン）、東南アジアの諸民族などの間で行われている。

日本でもそのようなアニミズムが恐らく縄文時代から行われており、神の意向を伺い神に救済を願う方法としてシャーマニズムが行われていたものと思われる。このように、日本の神はアニミズム的な精霊と先祖の霊が融合したものである。

日本古来の神は時代が下ると「氏神《うじがみ》」とか「産土神《うぶすながみ》」と呼ばれ、時を定めて人々が住む集落（ムラ）の近くの山に降りてくる。そして、この神に神饌《しんせん》を供え、歌舞を披露して鄭重《ていちょう》にまつることによって、人々に幸いをもたらしてくれると考えられていた。

神に対するアニミズム的な信仰とシャーマニズム的な実践は、現在の神社を中心とする宗教形態の根幹を為すものである。つまり、神社で行われている神に対する信仰は極めて原初的なもので、まさに宗教以前の素朴な信仰ということができる。

「神道」と神社の信仰

一般に神社の信仰を「神道」といっている。「神道」こそ日本人（日本民族）の心の故郷《ふるさと》である、だから、靖国《やすくに》神社に参拝しようと、軽々に言っている者も少なくない。

確かに「神道」という言葉を広義に解釈すれば、今も日本各地で行われている神社の信仰も包括する。しかし、狭義には「神道」は、神社を中心とする日本古来の素朴な信仰とは異質なものなのである。

「神道」という言葉自体は記紀《きき》の中にも見えており、聖徳太子《しょうとくたいし》の父の用明天皇《ようめいてんのう》は仏教を信奉したが「神道」も大切にした、と記されている。ここでの「神道」は古来の神に対する信仰を表すものである。

しかし、時代が下ると、古来の素朴な信仰とは異なる概念を持った「神道」が登場してくる。伊勢の外宮《げくう》を中心とする「伊勢神道」や京都の吉田《よしだ》神社の「吉田神道」などの、新たな「神道」が形成されたのである。

伊勢の外宮は内宮《ないくう》より五〇〇年ほど後に、内宮に鎮座する天照大御神の食事の世話をするために丹後《たんご》からやって来た豊受大神《とようけのおおかみ》をまつった社で、創祀《そうし》以来、内宮より格下の扱いを受けてきた。このことに不満を抱いていた外宮の神官たちが『神道五部書《しんとうごぶしょ》』という教義書を作り、外宮が伊勢神宮のルーツであると言って、その優越性を強調した。

また「吉田神道」は、吉田神社の神官だった吉田兼倶《かねとも》（一四三五～一五一一）が『神道大意《しんとうたいい》』などの教義書を著して、伊勢神宮をはじめとする日本のすべての神社が吉田神社の配下にあると主張し、その後、幕末に至るまで日本の神社界を統括した。

元来、日本の神社を中心とする信仰には、仏教の経典やキリスト教の聖書に相当する典籍（教義書）がなく、ドグマ（教義）なき宗教といわれている。拍手《かしわで》を打って礼拝し、神饌を供え歌舞を演じて神を饗応《きょうおう》することは一種の生活習慣であり、そのことが信仰の根幹を為しているのである。

だから、『神道五部書』や『神道大意』などという書物は、正統な教義を論理的に述べたものではなく、自家の優越性を示すために作られたものである。多分に政治的な意図の下に作成されたもので、そこには日本古来の素朴な信仰は示されていない。

吉田神社の斎場所大元宮　京都市左京区の吉田山に位置する。吉田神社は江戸時代において、全国の神社を統べる大きな権力を持っていた

　このような伊勢神道や吉田神道がいわゆる「狭義の神道」である。比叡山《ひえいざん》の鎮守の日吉《ひよし》大社を中心に成立した天台《てんだい》系の「山王一実神道《さんのういちじっしんとう》」や、真言系の「両部神道《りょうぶしんとう》」、江戸時代に儒学者・山崎闇斎《やまざきあんさい》が提唱した「垂加神道《すいかしんとう》」、幕末の国学者・平田篤胤が提唱した「復古神道」など、多くの狭義の神道が誕生した。

　これらの神道各派は、教義書を作成して持論を展開している。その論調は非論理的で、仏典や儒教の経典《けいてん》、記紀万葉などを引いているものの、それらに見られるような整然とした教義は読み取ることができない。

　このような「狭義の神道」がとなえられるようになった背景には、飛鳥《あすか》・奈良時代以来、日本の信仰を教義面で牽引《けんいん》してきた仏教への対抗意識があったことは否めない。とくに、平安時代に神仏習合が進展して本地垂迹説《ほんじすいじゃくせつ》が確立すると、いわゆる「仏主神従」の関係が成り立って、「神道」は仏教に隷属する形となった。

これに対して長年にわたって神に仕えて来た神官たちが不満を抱き、神道を正統な宗教にしようとする動きに出たのである。すでに山王一実神道や両部神道は平安時代の末から鎌倉時代のはじめに成立していたが、多くは室町時代の後半以降に成立し、とりわけ、江戸時代中期に国学が盛んになると、日本古来の正統な宗教として「神道」が相次いで創始された。

しかし、これらの神道はどれも仏教や儒教の教義を援用するにとどまり、説得力のある説明ができていない。アニミズム的、シャーマニズム的な日本の神々に対する信仰（神道）は、言葉で表すことのできないものであるが、それを無理やり理屈付けたものが狭義の神道各派の教義なのである。

縄文時代に遡るアニミズム的信仰

山や川、木や岩、風や雨、鳥獣など外界の自然物や生物、自然現象に精霊が宿ると考え、それらを「神」として仰ぐ信仰をアニミズム（精霊崇拝）という。

これは北米のネイティブ・アメリカンやカナダのイヌイット、アフリカや東南アジアの原住民族に共通の信仰で、素朴で原始的な宗教以前の信仰である。日本の神道の基層を成しているのもアニミズムで、社域にある神木や大岩に注連縄《しめなわ》を張り巡らしているのもその表れである。

また、特殊な能力を持ったシャーマン（呪術的職能者）が精霊（神）と交信し、神意（神の意思）を伝え、病気平癒や除災、さらには共同体の施政を決定する宗教形態をシャーマニズムと呼んでいる。シャーマンという語はツングース語に由来すると言われ、シャーマニズムはサハリンからシベリア東部、中国東北部など広い地域に分布していた**ツングース族**[※1]の間で行われていたものが、北米やアジアの広範な地域に広がったものと考えられている。

シャーマンは漢語で「巫覡《ふげき》」と訳される。「巫」は女性のシャーマン、「覡」は男性のシャーマンである。三世紀に書かれた中国の歴史書『三国志』の中の『魏志』倭人伝には邪馬台国の卑弥呼が「鬼道（呪術）を事とし、能《よ》く衆を惑わす」とあり、卑弥呼が職業的な巫だったことが窺える。

日本では古くから「巫」を「みこ」と訓じ、「巫女《みこ》」と表記する。巫女には宮廷や神社で神職の下で神楽などを舞うものと、祭りに口寄せなど呪術的祈禱《きとう》を行うものの二つの系統があるが、卑弥呼は後者の系統に属する。また、近世になると専ら前者を「巫女」と称するようになり、今も各地の神社では白のウチギヌに朱の袴《はかま》姿の巫女の姿を見ることができる。

※1 ツングース族　シベリア東部から中国東北部に分布する民族でモンゴロイドに属し、アルタイ語系のツングース語を話す民族。狩猟遊牧民族で、ツングース族の中でもロシア系のエヴェンキ語族、満州系の満州語族など言語系統によっていくつかの種族に分かれる。満州語系の女真族《じょしんぞく》にヌルハチが出て一六一六年に清《しん》の前身である後金《こうきん》を建国した。

宇佐八幡の菱形池　大分県宇佐市。八幡宮の総本社で、境内の菱形池は八幡神が最初に現れた場所とされる

また、九州の宇佐八幡の縁起によれば欽明《きんめい》天皇三二年（五七一）に奈良の大神神社《おおみわじんじゃ》の大《おお》神比義《がのひぎ》が宇佐八幡の菱形池《ひしがたいけ》の池畔で断食して三年間、参籠《さんろう》した。そして、満願の日に菱形池から三歳の童子が現れて「我は誉田天皇《ほんだのすめらみこと》広幡八幡麿《ひろはたのやはたまろ》なり」と宣言した。これが八幡神であるという。

大神比義は大神神社に仕えたシャーマンで、漢語でいう「覡《げき》」だったことが窺える。しかし、日本では大神比義を「巫《みこ》」と呼んでいたようである。つまり、古くは男女の別なくシャーマンは「巫」と呼ばれており、近世になると専ら女性のシャーマンを指すようになり、さらにはシャーマンではなくても、神社で奉仕する若い女性を「巫女」と呼ぶようになった。

日本では、おそらく弥生時代ごろから、ア

ニミズムとシャーマニズムが融合した宗教形態が一般的になっていった。先に述べたように、このような宗教形態はシベリア東部から北アメリカ、東南アジアにかけて行われていたが、中国の漢人の間ではあまり行われていなかったようである。そのことは『魏志』倭人伝で卑弥呼が「鬼道を事」としていることを強調していることからも窺うことができる。

日本の神道はアニミズムとシャーマニズムが融合したものである。時代が下るとシャーマニズムは影を潜めるが、アニミズムは変わることがなかった。平安時代に神仏習合が進展すると、呪術的な部分は密教が担うようになり、都を中心に陰陽道も盛んになった。神道は時代と共に神社という組織が巨大化したにもかかわらず、原始的なアニミズムを基盤に置いていることに、他とは異なる大きな特徴がある。

すでに飛鳥時代から神道は国家的な宗教であって、**弓削道鏡《ゆげのどうきょう》の事件**※2に見られるように、国家の命運を左右する宗教となった。にもかかわらず、その実態はアニミズム、シャーマニズムそのものだった。このことは慶応《けいおう》四年（一八六八）の「五箇条《ごかじょう》の誓文《せいもん》」の発布に際して、天皇自らが天神地祇《てんじんちぎ》（すべての神々、八百万神）に誓うという滑稽《こっけい》な事態を生ずることにもなったのである。

※2　弓削道鏡の事件　奈良時代に称徳天皇に寵愛されて、従二位・太政大臣禅師さらに法王の位に駆け上った弓削道鏡が、その後、宇佐八幡の託宣と偽って天皇になろうとした事件。

神になった先祖

日本では古くから人は亡くなると共同体（ムラ）の近くの山の麓《ふもと》に葬られ、その魂はしばらくの間、山中を彷徨《さまよ》って浄化され山頂から昇天して神になると考えられていた。つまり日本では、同じ共同体で暮らしていた人が死後、神になると考えられていたのである。

しかし、夭折《ようせつ》や、非業の死を遂げ、また、世の中に強い恨みや未練を残して亡くなった人の霊はいつまでも山中を彷徨い、人々に災いをもたらすと考えられた。そのような霊を魑魅《ちみ》魍《もう》魎《りょう》と呼び、後には天狗《てんぐ》や山姥《やまうば》、鬼など具体的な姿が想定されて恐れられた。

また、祖先の霊はアニミズム的な精霊と結び付き、両者が融合したものが神として崇《あが》められるようになった。たとえば、天照大御神《あまてらすおおみかみ》は天皇家の祖先の霊と太陽が結びついたものである。すべての日本人にとっての神は祖先の霊を基体とするものであるが、六世紀ごろにかつては一氏族に過ぎなかった天皇家が、他の氏族を圧倒する勢力になった。このことから、天照大御神が国家的な神として崇められるようになったのである。

世界には祖先の霊を神として崇める民族が少なくない。日本人も「祖先崇拝」が信仰の中心となり、遠祖（遠い祖先）である神から今生きている人間への血脈が重視され、そのことから、「世襲」ということが極めて重要な位置を占めるようになった。

神からの系譜が未来永劫《えいごう》続くことによって、人々は平穏で幸せな生活を送ることができると考えられた。そのことから、天皇家は万世一系とされ、その系譜が途絶えることなく連綿と続いてこそ、国家安泰と臣民《しんみん》（王権専制で用いられる国民の呼称）の幸福が保障されると考えられるようになったのである。

氏神と産土神

神社にまつられている神には、氏神と産土神という二つの名称がある。基本的には先祖の霊を中心に血縁で結ばれた神を「氏神」といい、同じ土地で暮らすことから生まれた地縁で結ばれているものが「産土神」と呼ばれる。しかし、時間が経つと地縁は血縁を生じ、両者は融合していく。現在も見られるような共同体（ムラ）が確立してきた室町時代ごろになると、氏神と産土神の区別はハッキリしなくなってきた。「氏神」という言葉が一般に使われるようになり、氏神を中心に暮らす人々を「氏子」というようになったと考えられている。

日本の神はこのような素朴な氏神や産土神が基本で、多くは特定の神名を持っていなかった。中世以降、現在も残存しているムラ（共同体）が形成されると、「**鎮守**[※1]」などと呼ばれるようになり、いわゆる「オラが村の鎮守様」として敬われるようになった。明治四五年（一九一二）刊行の「尋常小学唱歌」の「村祭」という歌には「村の鎮守の神様の　今日はめでたい御《お》祭日《まつりび》」という歌詞がある。

この時代、日本は日清・日露の戦争に勝利を収め、富国強兵、殖産興業のスローガンの下に一応の近代化を達成した。世の中が目まぐるしく変化する中で、国民、とりわけ農村部の人々の意識は未《いま》だ鎮守神（氏神）を中心に結束していた。このことに着目した明治政府は、この歌を小学校の音楽教科書に載せて、国民（臣民）の意識統一を図ったのである。

また、教科書には「春の小川」や「茶摘」など、いかにも日本の原風景を彷彿《ほうふつ》とさせる唱歌も掲載された。これらの歌によって子どもの頃から日本民族としての自覚を促し、それを国家神道（国体神道）の精神的支柱の一つとして、欧米列強並みの近代国家を建設しようとの意図があったと考えられる。そして、そこには「和魂洋才」という二律背反を昇華させようとする政府の苦心も感じられるのである。

「国家神道」に翻弄された日本人

維新を敢行した勤王の志士たちは、未だ幼少の天皇を錦《にしき》の御旗《みはた》として討幕運動を推進してきた。彼らの目的は、長年にわたって隷従を強いてきた幕府を倒して、心中の言い知れない憎悪を晴らすことにあったのであり、志士たちの多くには、現状を打開して新たな国家を創造しようという革命的精神はなかった。

つまり、現実に政権を手にしたとき、どのように国家運営をしていくかという指針すら定まっていなかったのである。そこで、彼らは討幕運動の拠《よ》り所《どころ》としてきた「神道」を新国家建設の基軸に据えることにした。それが「国家神道」で、「狭義の神道」の最たるものである。

慶応三年（一八六七）一〇月一四日、徳川慶喜《よしのぶ》は「大政奉還」を上表して、一旦《いったん》は政権を朝廷（天皇）に返上した。もともと大政奉還は、孝明《こうめい》天皇をはじめ公武合体を主張する良識派の貴族や幕臣の発案によるもので、その趣旨は徳川幕府が一旦は朝廷に政権を返還した上で、あらためて朝廷からの委任を受ける形で、幕府が政権を担当するものである。つまり、朝廷の権威のもとに幕府主導の連合政権を樹立しようという構想だった。

大政奉還の構想は、三条実美《さんじょうさねとみ》や岩倉具視《いわくらともみ》ら、急進派の公卿《くぎょう》と薩長《さっちょう》の過激分子には極秘の内に進められた。したがって、慶喜の大政奉還は討幕派にとって寝耳に水で、機先を制せられた形になったのである。

※１　**鎮守**　「鎮守」という言葉は中国の道教の伽藍神《がらんじん》、伽藍の守護神に由来するといわれている。道教の道士（仏教の僧侶に当たる）の僧服を着た像で中国では禅宗寺院でまつられるようになった。鎌倉時代に禅宗と共に日本に伝えられ、鎌倉の建長寺や円覚寺など禅宗寺院には複数の伽藍神がまつられている。したがって日本では「鎮守」は仏教（禅宗）由来の神ということになり、明治維新の神仏分離政策では排除されるべきものだった。しかし、神仏分離政策は失敗に終わり、明治一〇年代になると次第に沙汰止みになってきた。そして、「鎮守」という言葉は国民の間で広く使われており、政府でもこの言葉が仏教に由来するという認識が薄かったようである。そこで、「村祭」には堂々とこの言葉が使われたのである。

再び幕府の傘下となることを危惧《きぐ》した討幕派は、大政奉還が受理された一〇月一四日に、急進派の岩倉具視が討幕の密勅を受けていたと主張した。

当時、岩倉や三条などの急進派の公卿たちが捏造《ねつぞう》した文書を密勅と偽って、薩長の過激分子に伝え、討幕運動に駆り立てていた。薩長の討幕派はそのような偽の密勅を根拠とし、武力を背景に朝廷内や土佐藩などの良識派を圧倒して、「王政復古の大号令」を発したのである。

「王政復古」とは「諸事神武創業ノ始ニ原《もと》ツキ」、公卿から平民に至るまで「報国ノ誠ヲ以テ、奉公致スベク候事」とされている。つまり、紀元前六六〇年に即位した初代現人神《あらひとがみ》・神武《じんむ》天皇が、困難を克服して日本国を創建したときの精神に立ち返り、国民が一丸となって新国家の建設に邁進《まいしん》すべきと宣言したのである。

また、報国の誠を以《もっ》て奉公する相手は、天照大御神から続く万世一系の天皇であり、天皇が絶対的な権力を握ることが示された。これによって大政奉還の後に、政権を幕府に委任するという構図は断ち切られた。公武合体派の皇族や公卿、幕府は文字通り急進派の公卿と薩長の騙《だま》し打ちにあったのである。

これによって天皇家の宗旨である「神道」が国教的な地位を獲得し、いわゆる「国家神道」が推進されることになった。そして、天皇の権威は日増しに高められ、明治二二年（一八八九）に公布された大日本帝国憲法では、「天皇ハ神聖ニシテ侵スヘカラス」と定められ、何ものによっても規制できない超然たる地位を与えられることになったのである。

国家神道の教義

いわゆる「**国家神道**[※1]」には伊勢神道や吉田神道のような教義書というものは存在しない。しかし、維新政府は明治五年（一八七二）に「三条の教則（教憲）」を出して、国家神道の概要を国民に知らしめた。

その内容は「敬神愛国ノ旨ヲ体スヘキ事」「天理人道ヲ明《あきらか》ニスヘキ事」「皇上ヲ奉戴《ほうたい》シ朝旨ヲ遵守セシムヘキ事」の三箇条で、天皇崇拝と神社信仰を根幹に据え、近代的天皇制国家の宗教的、政治的イデオロギーを簡潔に述べたものである。

また、明治二二年（一八八九）には大日本帝国憲法が発布され、翌年には帝国議会（国会）が開設された。これに先立って、明治一九年（一八八六）に「学校令」が公布され、尋常小学校から大学までの学制が定められ、尋常小学校四年までの義務教育の普及率は七〇パーセントに達した。

このころになると、教育政策は国家主義へと向かっていく。そして、国家主義的教育方針を

※1　**「国家神道」**　「国家神道」という言葉は、敗戦後にＧＨＱが神道指令を出し、その中で state Shinto（ステート・シントウ）、state Shintoism（ステート・シントイズム）、state sponsorship Shintoism（ステート・スポンサーシップ・シントイズム）などと表現したことから、これらを逆に日本語に訳して広く使われるようになった。

明確にするために、国会が開設された明治二三年（一八九〇）に発布されたのが「教育に関する勅語」、いわゆる「教育勅語」である。この中で三条の教則にあった「敬神愛国」は「忠君愛国」に改められ、普遍的な神としての天皇に絶対的に従い、国家を愛することが国民（臣民）の義務とされたのである。

また、「斯ノ道ハ実ニ我カ皇祖《こうそ》皇宗《こうそう》ノ遺訓ニシテ子孫臣民ノ倶ニ遵守スヘキ所」とされ、忠君愛国の道（斯ノ道）が皇祖（天照大御神）とその子孫（皇宗・歴代天皇）の遺訓で、天皇と国民（臣民）が一体となって遵守すべきことと表明された。

さらに、「一旦緩急アレハ……皇運ヲ扶翼《ふよく》スヘシ」とされ、つまり、有事（戦時）には天皇及び国家のために戦うことが臣民の義務とされた。

歴史的には天皇の地位は変容を繰り返したのであり、皇統はしばしば断絶して万世一系ということはあり得ない。しかし、江戸時代の後半になると、国学者や神道家の間で天照大御神から続く皇統の一貫性と不動の地位を保持し続ける天皇の普遍性が強調されるようになった。

維新政府はそのような国学者らの見解を援用して、まったく新しい天皇制国家像を創造し、それを日本民族のアイデンティティーとして欧米列強に負けない近代国家の建設に着手しようとしたのである。

このように、国家神道は素朴な神社の信仰（広義の神道）とは全くかけ離れた、国家運営のための政治的イデオロギーとなったのである。すでに伊勢神道や吉田神道といった狭義の神道は、神社を中心とする日本古来の神に対する素朴な信仰とは似て非なるものだったが、国家神道に至って、古来の信仰とは全く異質なものに変容したのである。

政府は国家神道の普及のために「大教院《だいきょういん》」を設けて大々的な布教活動を展開した。しかし、政府主導の国家神道の強要は近代国家の政教分離の原則に違反するという批判が、仏教界や知識人の間から上がった。

これに対して新政府は「神道」は古くから皇室で行われてきた儀礼であり、各地の神社で行われている神事や祭りなどの儀礼も皇室の儀礼に倣ったもので、宗教ではないと主張したのである。神道が宗教であるか否かというのは難しい問題であるが、少なくとも神道がアニミズム的、シャーマニズム的要素を色濃く具《そな》えているとすれば、それが宗教に分類されることは明らかである。

また、明治憲法は第二八条に「日本臣民ハ安寧秩序ヲ妨ケス及臣民タルノ義務ニ背カサル限ニ於テ信教ノ自由ヲ有ス」と定められ、厳しい条件付きではあるが近代憲法の大原則である「信教の自由」を認め、同時に政教分離の原則に立つことになり、神道非宗教論は極めて重要な位置を占めることになった。

靖国神社

幕末の討幕運動の闘争で薩長を中心とする討幕派の中に多くの犠牲者が出た。しかし、未だ幕府の勢力が残存している間は、彼ら犠牲者の鎮魂祭（慰霊祭）を公に行うことは憚《はばか》られた。そこで、すでに江戸時代に国学者や儒学者の提唱で行われていた、楠木正成《くすのきまさしげ》（一二九四？～一三三六）をまつる「楠公祭《なんこうさい》」にかこつけて殉難の志士の追討を行っていた。

楠木正成は後醍醐《ごだいご》天皇の討幕運動に呼応して挙兵し、数々の軍功を挙げたが、最後に兵庫の湊川《みなとがわ》で足利尊氏《あしかがたかうじ》の軍勢に敗れて自刃した。江戸時代になって国学者らが天皇中心の国体論をとなえ出すと、朝廷（天皇）側について戦った英雄として、その武勲が讃《たた》えられるようになった。すでに江戸時代の前半には、国学者や儒学者によって正成を讃える楠公祭が行われ、湊川には正成を祭神とする湊川神社が創祀された。

幕末になると長州《ちょうしゅう》や土佐などでも楠公祭が行われるようになり、それに伴って殉難の士の鎮魂祭が密《ひそ》かに行われたのである。そして、いよいよ明治維新前夜になって幕府の権威も衰退すると、殉難の士の鎮魂祭が公然と行われるようになり、各地に幕末維新の殉難の士をまつる「招魂社」が創建されるようになった。

慶応四年（一八六八）六月には江戸城（皇居）の大広間で鳥羽伏見の戦いで没した討幕軍の

靖国神社　東京都千代田区。九段坂上は交差点の名として残る。桜の名所としても知られる

殉難の士の招魂祭（鎮魂祭）が執り行われたが、これが靖国神社の起源である。また、同年七月には京都東山《ひがしやま》の河東《かとう》操練場で嘉永《かえい》・安政《あんせい》以来の英霊の慰霊祭が行われ、これが京都の霊山護国《りょうぜんごこく》神社の起源になった。

その後、日本陸軍の創設者・大村益次郎《おおむらますじろう》が明治天皇に殉難の士をまつる東京招魂社の創設を進言し、明治二年（一八六九）に明治天皇の勅命により現在の九段坂上《くだんさかうえ》に東京招魂社が創建された。その後、各地の招魂社と区別するため、明治一二年（一八七九）に靖国神社と改称し、別格官幣社に列せられた。

現在、靖国神社には約二四六万柱の英霊がまつられている。靖国神社は、天皇のために戦った戦没者をまつることを目的としているため、新政府に反旗を翻した西南《せいなん》戦争の首謀者・西郷《さいごう》隆盛《たかもり》や佐賀の乱を起こした江藤新平、会津《あいづ》藩の白虎隊《びゃっこたい》の犠牲者はまつられていない。一方で、第二次大戦中に空襲で犠牲になった二万人余りの女子挺身隊《ていしんたい》、昭和一八年（一九四三）から兵役に動員されて戦死した台湾や朝鮮の兵士四万人余りもまつられている。

第二次大戦後、ＧＨＱは「神道指令」を発し、戦前・戦中の国家神道が軍国主義を助長して太平洋戦争を起こす要因になったとして、国家神道の解体を指令した。しかし、この神道指令で廃絶した神社はほとんど見られない。靖国神社も、昭和二六年（一九五一）に公布された宗教法人法によって宗教法人となり、残ることになった。

毎年、八月一五日の終戦記念日には、首相や閣僚が参拝して物議を醸している。これは第二次大戦で多大な被害を受けた韓国や北朝鮮、中国の人々の反発が強いことによる。平成二五年（二〇一三）一二月二六日に当時首相だった安倍晋三《あべしんぞう》が靖国神社を公式参拝した。その結果、日中、日韓関係が急速に悪化している。

韓国や中国の基本的な批判の原因は、靖国神社に代表される国家神道が、両国に対する侵略戦争を招く要因となったことにある。また、昭和五三年（一九七八）には東条英機《とうじょうひでき》以下、極東国際軍事裁判でＡ級戦犯になった一四人が英霊として合祀《ごうし》された。この年は敗戦から三三年を経ており、仏教でいえば三十三回忌を過ぎた先祖の霊が、先祖累代の霊と合する時期であると靖国神社では説明している。しかし、これは詭弁《きべん》で、仏教の儀礼を神社に持ち込むのは本末転倒も甚だしい。

Ａ級戦犯の霊の排除を求める声は内外から上がっているが、靖国神社側は一度合祀した御魂《みたま》は永久に排除することができないという主張を繰り返している。

また、戦死者の合祀は、靖国神社側が一方的に遺族に通告するもので、以前から合祀された僧侶の遺族などから排除を求める訴訟が起きていた。

このような動きに対して靖国神社は、一度合祀した御魂は排除することはできないと頑《かたく》なに言い張ることで、排除が不可能であるという既成事実を形成していった。また、Ａ級戦犯の合祀については昭和天皇も不快感を示し、以降靖国神社には参拝しなくなった。

分霊――神霊の分割

日本の神は祖先の霊と木や岩などに宿ると考えられる精霊が融合したものである。

そして、その神霊（神の霊魂《れいこん》）はいくらでも分割することができる。これを「分霊《ぶんれい》」あるいは「分御霊《わけみたま》」といい、日本の神の大きな特徴である。また、靖国神社の英霊の御魂はすでに二四六万余柱と個別に分割されており、個々の御魂を外すことは容易にできるのであり、さらにその個々の御魂を分霊することも可能である。しかし、靖国神社は分祀できないと言い続けている。昭和五三年（一九七八）にＡ級戦犯を合祀したのは、一度合祀した霊は分祀できないという既成事実を作るためだったと考えられている。

伏見稲荷大社　京都府伏見区。稲荷神社の総本社。境内に並ぶ千本鳥居でも有名である

また、日本各地には八幡社《はちまんしゃ》や諏訪社《すわしゃ》、稲荷社《いなりしゃ》など同じ名前の神社がいくつもある。元になる神社から御霊《みたま》（神の霊）を分けてもらったものを次々と別の場所にまつった結果、同じ名前の神社が増えていったのである。

たとえば、八幡社の大本は九州の宇佐八幡《うさはちまん》という神社である。古くから宇佐八幡のご利益のとくに大きいことが知られていた。そこで、その神の霊を分けてもらって、各地にまつられるようになったのである。また、諏訪社の総元締めは長野の諏訪大社、稲荷社のそれは京都の伏見稲荷《ふしみいなり》大社で、それぞれの分霊をまつった同名の神社が各地に点在している（関東〜東海地方では、愛知の豊川稲荷から遷座された神社も多い）。

このように分霊を他の場所に移してまつることを「勧請《かんじょう》」という。もともと仏教用語で、仏に人々を救い守ってくれるようお願いすることで、これを神にも用いるようになった。

また、神霊は無尽蔵《むじんぞう》でいくら分けても減ることがない。たとえば燃え盛る焚火《たきび》から火種をもらってきて他の場所に用意した薪《たきぎ》に火をつける。それでも元の焚火の火は薪が尽きない限り燃え続ける。そして、新たに点火した焚火も、薪を持ってくる人が絶えなければ燃え続けるのである。

つまり、大本の神社（神）は信仰する人がいる限り衰えることなく、神霊を勧請した神社も人々が次々に訪れれば、その信仰は盛り上がり続けるのである。

神饌と日本料理

神饌とは、神に供える料理のことで、ミケ（御饌）ともいわれる。本来、神饌は神社の所在する土地で採れる旬のものを、できる限りたくさん供えるものとされている。

現在では米、酒、塩、水を基本に祭礼のときには野菜や魚介類などを供えている神社が多い。これらは明治以降、国家神道の下に全国の神社で統一を図るため、一三種類に定められた。

また、生のまま供える「生饌《せいせん》」と調理したものを供える「熟饌《じゆくせん》」とがある。明治以降はほとんど「生饌」を供えることになったが、本来は直会《なおらい》で人間が食べるのであるから、「熟饌」を供えるべきである。伊勢神宮では今も外宮の忌火屋殿《いみびやでん》で朝御饌、夕御饌と称して朝夕神饌を調理し、外宮正殿の背後にある御饌殿に供えている。

この伊勢神宮や、上賀茂・下鴨神社、春日大社、石清水八幡宮《いわしみずはちまんぐう》などでは、現在も多彩な品目が供えられている。米には和稲《にきしね》（籾殻《もみがら》をとったもの）と荒稲《あらね》（籾殻のついたもの）がある。米は炊いて飯にしたものを供えるが、今は生米のまま平皿に盛って供える場合が多い。また、古くは米を水に浸してふやかした「シトギ」というものを供えた。

酒には白酒《しろき》、黒酒《くろき》という白黒のものがある。白酒とはいわゆるどぶろくで、黒酒は白酒にクサギという灌木《かんぼく》の根を焼いた灰を混ぜて灰色にしたもので、この両者を供える。ただし、今は清酒を供えることが多く、白酒はひな祭りに供える。

餅は丸餅が一般的でこれを鏡餅というが、切り餅や粟餅《あわもち》を供えるところもある。関西で雑煮に丸餅を用いるのは、この神饌の習慣が残っているからだろう。また、丸餅は鏡に喩《たと》えられ、伊勢神宮で神体の八咫鏡《やたのかがみ》を目印に天照大御神が降臨するとされているように、丸餅（鏡餅）は神の依代《よりしろ》と考えられた。だから、正月には歳神を迎えるために鏡餅を供えるようになった。

魚は海の魚、川の魚で、祭例のときには鯛《たい》などが、そのまま供えられているのをよく見かける。川の魚は鯉やフナが多く、こちらもそのまま供えられる。ただし、下鴨神社の大炊殿《おおいどの》（神饌を作る厨房《ちゅうぼう》）には、フナを刺身状に切って高坏《たかつき》に載せたサンプルを展示している。

また、魚介類としてはアワビやサザエ、ナマコなども供される。伊勢神宮の三時祭《さんじさい》のときには、アワビの和《あ》え物が必須《ひっす》のメニューになっているという。近くに海のある神社では海の魚介

神饌の例　三方のうえに、野菜や餅、魚が並ぶ

が、海から遠い神社では川や湖沼の魚介が供えられる。

　肉に関しては鶏肉までは許されるが、四つ足の獣の肉はタブーとされている。もともと日本人は獣肉を好んで食べることはなかったようである。日本では野菜や魚介類などの食物が豊富だったこともあり、仏教の影響で不殺生の戒律が普及したことによる。

　鶏肉だけは例外で、『源氏物語』にも宴席に雉《きじ》や鴨が饗されたという記述がある。また、春日大社の若宮の祭例には、小型の野鳥や水鳥などの多くの鳥が供えられる。このように肉は鳥までに限られるが、愛知県岡崎市の龍城《たつき》神社では、元日に「うさぎ汁」が振舞われる。岡崎は徳川家康生誕の地で、家康の先祖が信州《しんしゅう》から三河《みかわ》に移動するとき、信州で正月を迎えて食べたという故事にちなんだようである。

菅江真澄『粉本稿』に描かれた御頭祭

菅江真澄は信州や奥州を旅し、各地の風俗を絵に残した（大館市立図書館真崎文庫所蔵）

さらに長野県の諏訪大社では、毎年四月一五日に「御頭祭《おんとうさい》」という鹿の頭の剝製《はくせい》と鹿肉を供える神事が行われている。かつては、鹿をはじめ近隣で獲《と》れる鳥獣など、七五頭の頭が三方《さんぼう》などに載せて供えられ、肉は調理して神饌として直会に饗された。現在も雉を三方に載せて供えている。

獣肉を供える神事は珍しいが、恐らくアイヌの習俗の影響を受けたものと考えられている。かつて「**蝦夷**※1」と呼ばれた人々は長野や関東、さらには東海地方にも勢力を伸ばしていた。たとえば、千葉県の安房《あわ》夷隅《いすみ》は蝦夷が住んだところ、静岡県の三保の松原には大化の改新以降、蝦夷の南下を防ぐ関が設けられていた。

ちなみに、古代、日本にやって来たユダヤ人がさまざまな文化をもたらしたと言う人がいる。諏訪大社の御頭祭についても、ユダヤの習俗に結び付ける見解があるが、これらは牽強付会《けんきょうふかい》も甚だしいのであって、まともに向き合う必要のないものである。

神饌は折敷《おしき》や三方に載せ、箸《はし》を添えて供される。また、調味料は塩だけである。神饌を載せた折敷や三方は、一台、二台と数えられる。規模の大きい伝統ある神社では、例大祭のときに

※1　蝦夷　古くは「えみし」と呼んだが、平安時代以降は「えぞ」の名で呼ばれるようになった。「えみし」と言った場合、広く東北以北の民を指し、必ずしもアイヌ民族に限定はしていない。しかし、「えぞ」は明らかにアイヌ民族を指す呼称で、平安時代初期の坂上田村麻呂の東国平定以降、「えぞ」は北へと追いやられ、江戸時代には遂に北海道を蝦夷地と呼ぶようになった。

一〇台、二〇台の折敷や三方を供えるところも少なくない。

先にも述べたように、その土地で採れた旬のものをできるだけ多く供えるのが神饌の本義である。初物を食べると寿命が七五日延びるといわれるが、旬の食材には季節のエネルギーが凝縮されており、その活力を体内に取り込むことができると考えられていた。また「七五日」という日数は、出生前の子どもが母親の胎内にいる二七五日にちなんだものとされている。つまり、初物を食べると胎内に戻って若返るというのである。

食物を高く盛り付ける風習

神饌は三方や高坏に盛られるが、このときできる限り高く盛り付けて最上部を尖《とが》らせる。これは日本の神は山頂などの高いところ、先端の尖ったところに降りて来ると考えられているからである。

京都の上賀茂神社には、一メートルほどの高さに砂を盛り上げた「立砂《たてずな》」というものがある。これは、本殿の背後二キロメートルほどのところにある、当社の祭神（賀茂別雷大神《かもわけいかずちおおかみ》）が最初に降臨したとされる神山《こうやま》を象《かたど》ったもので、神の依代とされている。そして、よく目を凝らさないと見えないのだが、立砂の天辺《てっぺん》にはさらに松の葉が挿してある。

このように、可能な限り高さを増して神の降臨を待つのである。神饌を高く盛り付けるのも同じことで、神霊は高く盛り付けられた神饌の上に降臨して食べると考えられた。秋に行われる新嘗祭は収穫に感謝しこれを祝う神事であるが、降臨した神が新穀を嘗《な》めることから「新嘗祭」と呼ばれるのである。また、新嘗祭は宮中では「相嘗祭《あいなめのまつり》」と呼ばれているが、これは神と天皇が新穀を共に嘗める（食べる）という意味である。

仏前に供える飯をてんこ盛りにするのも神饌を高く盛り付ける風習に由来し、民間ではてんこ盛りにした飯に、さらに箸を挿して高さを増すということも行われている。これは上賀茂神社の立砂の上に松葉を挿すのと同じである。

日本料理の板前が、刺身のツマなどを細い菜箸で息を凝らして高く高く盛り付けている光景をよく目にする。刺身のツマばかりではなく、刺身自体や煮物など、何でも高く盛り付けるのが日本料理の鉄則である。フランス料理や中国料理などは、皿に平面的に料理を盛り付けることが多く、日本料理のように高く盛り付けることはあまり見られない。

祭りについて

「祭り」は広義には英語ではrite（ライト）、ceremony（セレモニー）、festival（フェスティバル）などといい、日本語では「儀式」「式典」「祝祭」などと訳される。古来、世界の広い地域で行われており、もともと収穫などを神に感謝する宗教的な意味合いが濃かったが、クリスマスや、リオのカーニバルのように、宗教的な意義を離れて単なる大規模なイベントになったものも多い。

「まつり」は「まつろう」という語を語源とし、もともと神の下に「まつろう」、つまり付き従うことを意味した。神に恭順の意をあらわし、神饌《しんせん》（神々に捧げる御馳走）を供え、神楽や巫女舞を演じて神々を饗応し、五穀豊穣や大漁などを願う祝祭が行われてきた。これらの祭りは、浅草の三社祭や京都の祇園祭のように大規模になって、宗教的意義が薄れたものもある。

このような大規模な祭りが行われる一方で、村人など関係者だけが集まってひっそりと行われる「祭り」もある。日本では葬儀や年忌法要なども「祭り」ととらえられており、今も年忌法要などで、僧侶が「本日は〇〇（戒名）様の十三回忌のお祭りを執り行わせていただきます」などと言い、法要（不祝儀）を行うことに「祭り」という言葉が使われている。このように、葬儀や年忌法要のほか家々で行われるものも「祭り」なのである。

日本の場合、「祭り」を行う目的は荒魂《あらたま》を和魂《にぎたま》に変えることにある。亡くなってまだ間もない人の霊魂は荒魂と考えられ、これを放置しておくとさまざまな災いをもたらす。だから、その荒魂を鄭重にまつることが「祭り」の意義で、ほとんどの「祭り」はその意義を達成するために行われるのである。つまり、日本の「祭り」は死者の霊を鎮める「鎮魂祭《ちんこんさい》」なのである。

そして、仏教が入って来ると、この「鎮魂」を「追善供養《ついぜんくよう》」などという言葉を使って仏教的に解釈するようになったが、「鎮魂」も、菩提《ぼだい》を弔《とむら》う「追善供養」も、その意義に変わりはない。

「菩提」とは悟りの境地のことで、死者の霊が悟りの境地に至るため、つまり成仏するために慰めることである。また、「追善」は肉親など生きている者が、亡き人に代わって善行を施すことである。仏教では「善因善果《ぜんいんぜんが》、悪因悪果《あくいんあっか》」といって、善い原因（行い）を作れば善い結果（果）が得られ、悪い原因を作れば悪い結果を生むと考えられている。しかし、亡くなった人は肉体がないので、善行を積みたくとも積むことができない。そこで、生きている者が代わりに善行を積み、死者に善因を追加することで成仏してもらうのである。

あらゆる事象には必ず原因があり、その結果として物事が成り立つという考え方を「因果応《いんがおう》報《ほう》」というが、それは人間（広義にはすべての生き物）が生まれ変わりを繰り返す「輪廻転《りんねてん》生《しょう》」の思想が前提となっている。

日本には再生の観念はあったが、仏教伝来によってその再生の観念をさらに整備した輪廻転生の思想が入ってきたのである。そして、日本古来の再生の観念は輪廻転生の思想で焼き直され、これが民衆の間にも浸透していった。

輪廻転生や因果応報が一般民衆の間に広まって、追善供養という「祭り」が定着したのは、もともと日本に「鎮魂」という思想があったからであり、それを土台にして、日本独自の「追善供養」が整備されたのである。

神社の「祭り」

神社の「祭り」の多くは二日間の日程で執り行われる。まず一日目の早朝、氏子たちが神社に集まって「神迎え」の神事が行われる。このとき、祭りの主人公である氏神がふだん暮らしている天界から降臨するのである。神職が本殿の御扉《みとびら》を開けて神饌を供え、祝詞を奏上したのち、巫女舞が奉納される。これらの行為はすべて神に喜んでいただくための饗応である。その日の夕刻には神輿がある御旅所《おたびしょ》に氏神の分霊《ぶんれい》をおさめる。その晩は宵宮で神楽などが奉納され、酒宴が開かれて氏神と氏子が共に楽しいひと時を過ごす。また、その晩に盆踊りや花火大会が行われるところも多い。

そして、二日目は祭りの本番というべき神輿渡御《みこしとぎょ》が行われる。神輿は氏子が住む地域を巡り、神霊の威力を振りまいていく。このとき、神輿を荒々しく揺らすことが多い。これは「魂振《たまふ》り」と呼ばれる一種の呪術的行為で、神霊の宿る神輿などを揺らすことによってそのパワーが増すと考えられている。

祭礼というと神輿のイメージがあるが、一般には山車が巡行する場合が多い。京都の祇園祭の山鉾《やまぼこ》や大阪岸和田《きしわだ》のだんじりなど、規模の大きな祭例は山車が有名である。

巡行が済むと神輿や山車は各氏の町内に帰還する。神輿や山車を収蔵庫に納めると氏子たちは直会《なおらい》を行って祭例は終了する。また、祭例の中心になった神社では、氏子代表が拝殿に参集して「神送り」の神事が行われる。神職が祝詞を挙げて本殿の御扉を閉め、祭神に天界に帰っていただく行事である。神は普段は天界にいるのであり、祭りのときにだけ降臨してくると考えられているため、神に帰っていただくのは極めて重要な行事である。神送りの神事の後、氏子代表たちは直会を行って祭例は終了する。

祭りの種類

春祭りや夏祭り、秋祭りなど、季節によってさまざまな祭りがある。先ず、一月の初春から春に行われる祭りは、その年の豊作を祈願するものが多い。苗代作りから田植え、収穫までの一連の農作業を模擬的に行って秋の収穫を祈願する。また、一月の中旬ごろには各地で「田遊び」と呼ばれる、大人も子どもも田んぼに入って泥だらけになる行事が行われる。「泥んこ祭」とも呼ばれるこの祭りによって、冬の間に山に住んでいた田の神を迎える。

こうした祭りは「予祝祭《よしゆくさい》」と呼ばれ、豊作などの慶事を期待して、あらかじめ祝っておくものである。「御田植祭」「御田祭《おんださい》」などと呼ばれ、神社の境内に田んぼに見立てた区画を設け、杉や笹の葉を用いて田植えの所作をすることが多い。なかには大阪の住吉《すみよし》大社や伊勢の伊雑宮《いざわのみや》のように、三、四反の田んぼに実際に田植えをするところもある。

御田植祭の様子　御田植祭で苗を植える女性は早乙女《さおとめ》と呼ばれる

夏祭りはこの時期に流行《はや》る疫病の退散や、稲に被害をもたらすウンカやイナゴなどの撃退を祈願する。京都の八坂《やさか》神社で行われる祇園祭をはじめ、各地で行われる「祇園祭」はみな疫病退散を祈願する祭りである。また、害虫の撃退を祈願する祭りは「虫送り」などと呼ばれている。

秋祭りは収穫に感謝する祭りで、毎年一一月二三日には「新嘗祭《にいなめさい》」が行われる。神前に供えられた新穀を神が嘗める（食べる）ことから「新嘗」の名がある。そして、神に供えた新穀を一つ釜《かま》で炊いた飯を氏子たちも食べる。これが直会である。

また、朝廷（皇居）で行われる新嘗祭は「相嘗祭」とも呼ばれている。「相嘗」とは神と天皇が新穀を共に嘗める（食べる）という意味である。そして、新任の天皇が即位して最初の新嘗祭（相嘗祭）を「大嘗祭」と呼び、古くから国民的行事として行われてきた。神は高いところ、尖ったところに降臨するといわれ、新穀はできる限り高く、いわゆる「てんこ盛り」にする。仏前に供える飯をてんこ盛りにするのもここに起源がある。

このほか、諏訪大社の御柱祭《おんばしら》や伊勢神宮の式年遷宮、厳島《いつくしま》神社の管絃《かんげん》祭など、全国各地には大規模な祭礼がある。また、二大仏教行事とされる盂蘭盆会《うらぼんえ》と春秋の彼岸も、日本古来の習俗に仏教的な説明を加えたものである。六月三〇日の「夏越《なごし》の祓《はらえ》」は過去半年間の罪・汚れを祓い、一二月三一日の「大祓《おおはらえ》」は一年間の罪汚れを祓う行事で、各地で茅《ち》の輪くぐりが行われる。

今も日照りが続いたときには「雨乞《あまご》い」の神事が行われており、また最近の新型コロナの感染流行では、「あまびえ」という疫病退散の鬼神（妖怪《ようかい》）を象徴にして疫病退散を祈願することが各地で見られた。さらに、近年では団地や商店街などが主催する祭りも行われているが、これらの祭りはすでに宗教的な意義が失われてイベントとしての意味合いが強い。

しかし、ここに挙げた「まつり」や「祭礼」はすべて日本古来の神信仰に由来するものである。そして、一見楽しそうに見える祭りも、その根底には「鎮魂」という厳粛な要素を持っていることを忘れてはならない。

神社を統治手段に用いた為政者

神社はもともと集落（ムラ）単位の狭い範囲での信仰の中心だった。神社にまつられる神はムラの祖先（氏神）であり、その神が集落全体を守ってくれるという素朴な信仰だったのだ。

しかし、時代が下ると集落ごとに、貧富といった力の差があらわれ、豊かで力量を備えた集落が、近隣を抑え込んで傘下に収めるようになった。主導権を握った集落の氏族が豪族となり、さらに発展して国家を形成するようになった。

豪族は大和を中心に四世紀頃から勢力を増し、七世紀頃にはその連合体である大和政権を確立した。そして、その中心となったのが天皇家だったのである。天皇家の祖先神をまつる伊勢神宮も、元々は天皇家の氏神社だったが、七世紀半ばの大化の改新ごろには国家の中枢に躍り出て、祭神の天照大御神は国家的な祭祀の対象となり、他の豪族の神々を傘下に置くようになった。

このように、有力な氏族（豪族）は、周辺の氏族のまつる神々も統合していった。こうした有力氏族の神を「大神」といい、「大神」をまつる神社を、一氏族の神をまつる「神社」に対して「大社」といって差別化を図った。例えば出雲大社は、出雲族が広範な地域の神々を統合してまつった神社なのである。

厳島神社　広島県廿日市市。海上に建つ社殿と大鳥居が有名。「安芸の宮島」として日本三景に数えられる

　また、神社の祭祀、神をまつる権限を「祭祀権」というが、祭政一致の古代においては「祭りごと」は「政《まつりごと》」、すなわち政治であり、祭祀権、つまり「祭りごと」の主導権を握ったものが政治的支配者となったのである。このような祭政一致は日本ばかりではなく世界中の古代国家で見られ、たとえばヨーロッパでは、ローマ・カトリック教会が広大な教皇領を擁して西ヨーロッパの支配権を掌握し、東ヨーロッパではビザンツ皇帝がギリシャ正教の首長を兼ねて、広範な地域の支配権を確立した。そして、神社を基体として祭政一致が行われたのである。

　先に述べたように、もともと神社は一集落という狭い範囲の素朴な信仰で、その祭祀権は集落全体が掌握していた。しかし、豪族たちの覇権争いを通じて祭祀権の掌握が広範囲の地域の支配に繋がり、やがては国家支配の具として重要視されたのである。たとえば、平清盛《たいらのきよもり》が安芸《あき》の国司になったとき、厳島神社は小祠《しようし》に過ぎなかったが、背後にそびえる弥山《みせん》はこの地域の水軍の共通の聖域として信仰されていた。そこに目を付けた清盛は、戦の度に戦勝祈願を行い、勝利を収めた返礼として社殿の増改築を行った。その結果、現在見られるような壮麗な社殿がつくられたのである。

また、中央集権国家の確立を目指した大和朝廷は、大化の改新以降全国の神社のランク付けを行って、伊勢神宮を頂点とする全国の神社のヒエラルキーを定めた。延長《えんちよう》五年（九二七）に醍醐《だいご》天皇の勅命で編纂された『延喜式《えんぎしき》』神名帳《じんみようちよう》では、全国二二八八社の祭神をランク付けし、由緒や規模によってそれぞれの神社を官幣社と国幣社に分け、さらに両者を大社・中社・小社に分けている。

このうち官幣社は国家（朝廷）が祭祀を行う神社で、すべて畿内《きない》（現在の奈良県、京都府、大阪府）にある。国幣社は武蔵《むさし》国や駿河《するが》国の国司が祭祀を行う神社で、すべて畿外にある。この『延喜式』に掲載された神社を「延喜式内社」、略して「式内社」と呼び、現在でもその呼称は残っている。

このように神社にランキングを付けたのは大化の改新以降、律令制度を採用して中央集権体制を確立した大和朝廷の求心力を高めるためだった。しかし、平安時代の中期には律令制度は衰微し、『延喜式』神名帳で定められた神社のランキングも有名無実のものとなった。これに対して朝廷は畿内を中心に二十二社の制を定め、争乱や天災地変など国家の一大事に使者を派遣して幣帛《へいはく》（貢物）を供えて神意を伺うことにした。

この制度は、すでに醍醐天皇の昌泰《しょうたい》・延喜年間（八九八～九二三）にはじまり、当初は伊勢、石清水、賀茂上下、松尾《まつのお》、平野、稲荷、春日、大原野《おおはらの》、大神、大和《おおやまと》、広瀬《ひろせ》、龍田《たつた》、石上《いそのかみ》、住吉、丹生《にう》、貴布禰《きぶね》の一六社が選ばれた。その後、広田《ひろた》、吉田、北野、梅宮《うめのみや》、祇園、日吉《ひえ》が加わって永保《えいほう》元年（一〇八二）に二十二社の制が確定した。

しかし、平安時代の中期には摂関家が勢力を持つ一方で朝廷の権威は衰退に向かった。二十二社の制は中央への求心力を高め朝廷の権威を復活させるためでもあったが、結局それも失敗に終わり、平安時代末から鎌倉時代以降は、例えば厳島神社や鎌倉の鶴岡《つるがおか》八幡宮など武将の崇敬を受けた神社や、京都の伏見稲荷大社や祇園社（八坂神社）などのように際立った霊験を示す神社が、とくに信仰されるようになったのである。

明治に復活した神社のランキング

前述したように、『延喜式』に定められた神社のランキングは、すでに平安時代の半ばには有名無実のものとなった。しかし、明治になって神道が国教化される（国家神道）と『延喜式』に掲載された神社のランキングが復活したのである。明治の初年には一〇万社余りの神社があったが、これらすべての神社を官幣大社・中社・小社、国幣大社・中社・小社に分け、さらに各府県で由緒ある神社を「府県社」、何ヵ町村かを合わせた郷の中の大きな神社を「郷社」、村の中心にある神社を「村社」、それ以外の小祠などを「無格社」とした。

さらに、国家のために特別な功労のあった人物をまつる神社を「別格官幣社」とした。最初に列せられたのは、建武の新政のときに後醍醐天皇側について神戸の湊川で討死した楠木正成をまつった湊川神社である。その後、乙巳《いっし》の変で蘇我入鹿《そがのいるか》を討って強い天皇の地位を確立した藤原鎌足《ふじわらのかまたり》をまつった奈良の談山《たんざん》神社、天皇に成ろうとした弓削道鏡を排斥した和気清麻呂《わけのきよまろ》をまつった京都の護王《ごおう》神社、英霊をまつった靖国神社など、二八社が別格官幣社に列せられた。

また、維新政府は村の中に複数あった社などを合祀して、一つの神社にまとめる「一村一社《いっそんいっしゃ》」の政策を実施した。それまで村々には、中心となる氏神社のほかに、庚申《こうしん》や荒神《こうじん》、さらには地蔵や観音の石像などがまつられていた。村人たちは祈願する内容によって、それらの尊像や社を礼拝していた。しかし、国家神道で天照大御神を頂点に、各地の神社の祭神がその配下に入ると、村人が礼拝する祭神を一本化する必要が出てきた。

つまり、村の主尊である氏神の他に、庚申や地蔵などをてんでに拝んでいたのでは、国家神道の中核である天照大御神から離れてしまうと考えたのである。そこで、民間信仰の庚申や荒神、仏教由来の地蔵や観音は撤去し、天照大御神の支配下にある鎮守社の氏神に一本化するよう命じたのである。

また、国家神道の下では、神社の祭祀料などが公費で支給された。そのため、伝統的とはいえあまりに大掛かりで費用がかかる例祭は排除され、材料費のかかる特殊な神饌も撤廃された。そして、村にいくつも礼拝の対象があると、その費用を巡ってトラブルになりかねない。そのことからも、礼拝の対象を統廃合して、神社を一本化する必要があったのである。

明治四〇年（一九〇七）には大規模な町村合併があり、一村一社を原則としたことから、七万社余りの神社が統廃合された。国家神道で神社を盛り上げた一方で、神社数は減少したのである。ただし、国家神道は明治初年の政府の思惑通りには進まず、神仏分離政策なども明治一〇年（一八七七）を過ぎたころから沙汰止《さたや》みとなり、維新政府は殖産興業、富国強兵に血道を上げて、神社行政にはあまり関心を示さなくなった。

また、日本人は長年にわたって多神教的な神仏習合に慣れ親しんでおり、その信仰形態をにわかに変えることには、はじめから無理があった。中には新政府の役人が地蔵や庚申塔を叩き壊して谷底に放擲したり、地中に埋めたりしたケースもあった。しかし、大半の村では小祠や石像などを隠し守り、密かに礼拝していたようである。

第二次世界大戦後は官幣社や国幣社、式内社など社格を示す呼称は廃止されたが、今も由緒ある神社の石碑や縁起書などには「式内社」の文字が見え、神社や氏子たちはそれを誇りにしている。また、神社の前には神社名を刻んだ碑が立っているが、これにも「官幣大社」や「県社」「村社」などと刻まれているものが見られる。しかし、とくに県社や村社などの場合、その部分だけ文字が削られていたり、セメントを込めて文字を隠そうとしたりしているものも少なくない。

これは戦後、ＧＨＱの神道指令で国家神道が廃止されたとき、神職や氏子たちが神社そのものが廃止されると誤解し、特に村社などの規模の小さい神社は、即刻廃止の憂き目に遭うのではないかと考えたからだろう。

名前を付けられた祭神

現在はどこの神社に行っても、スサノオノミコトやオオクニヌシノミコトなどの祭神名が掲げられている。このような祭神の名は記紀の神話の中に初めて現れたもので、奈良時代以降、そのような名で呼ばれるようになった。もともと日本の神は、先祖の霊と山や木などの外界の事物が融合したもので、氏神とか産土神、あるいは村の鎮守神と呼ばれていたのである（九三ページを参照）。

たとえば、出雲大社の祭神は大国主命《おおくにぬしのみこと》として知られているが、この神社は元は杵築《きづき》大社と呼ばれており、古くは杵築大神といった。『出雲国風土記《いずものくにふどき》』にはその名が見えている。それが記紀の神話では出雲が大国主命の隠棲《いんせい》の地とされ、以降、祭神は大国主命と呼ばれるようになった。

「村社」の社号標　埼玉県所沢市の熊野神社。「村社」の字にセメントを込めた形跡が見える

現在神社の祭神は記紀の神話に基づいているが、これらは明治になって定められたものである。明治の神仏分離政策では、仏教だけでなく神社も大幅な再編成が行われた。このとき、記紀の神話に基づいて、全国の神社の祭神は天照大御神を頂点とする神々のヒエラルキーの中に収められたのである。

ところで、神社には「神社」「大社」「神宮」という呼び名がある。「神社」は「神の社」の意味で、いわゆる「村の鎮守」をまつる規模の小さな神社の呼称。「大社」は何ヵ町村かにわたる地域を治める有力者（豪族）が崇敬する神、大きな神をまつる神社。そして、「神宮」の「宮」は「美家」の意味で、天皇の宮殿をも凌《しの》ぐ壮麗な社という意味である。

神道は宗教ではない？

神道が宗教かどうかは難しい問題である。合理的には説明できない事象を、神という普遍的な存在に解明してもらおうとする信念の下に、人々が参集するという意味では宗教としての性格を具えている。ところが、日本では古くから神道は宗教とは切り離して考えられてきた。これは神道に特定の教義書がないということに主な理由がある。特に明治以降、神道は宗教ではないといわれ、今も靖国神社は宗教ではないと明言している。

ただ、日本には仏教が伝来してから、真言宗や浄土宗など「宗」という概念はあったが、「宗教」という言葉や概念がなかった。「宗教」という言葉は、明治になって英語のリリジョン(religion)を翻訳したもので、その意味や概念もそのまま伝えられたのである。だから、明治になって、神道が宗教か否かという問題が一気に浮上した。

これは維新政府が神道を国教化して国家神道を提唱し、そのために神仏分離政策を行ったことと深く関係している。つまり、神仏分離とは神道と他の宗教とを明確に分けることだった。

慶応四年（一八六八）、維新政府は「五箇条の誓文」を発して、新政府の方針を明らかにすると同時に、全国に「五榜の掲示」を掲げて一般民衆にも新政府の方針を知らしめた。

「五榜の掲示」は五条（札）からなる短い訓令で、全国の要所に高札の形で掲げられた。その

第三条には「切支丹《キリシタン》・邪宗門厳禁」とある。切支丹はキリスト教、「邪宗門」は文字通り「邪《よこしま》な宗教」だが、中核がハッキリしない宗教を指す。これには当時盛んだった念仏会や、キリスト教も含まれる。前半の三条は徳川幕府の法度をそのまま流用したもので、幕府はキリスト教＝邪宗門とし、厳しく禁じていたのである。

志士というよりも蔭《かげ》で討幕に加担した三条実美《さんじょうさねとみ》や岩倉具視《いわくらともみ》といった公卿にとって、キリスト教の禁止は喫緊の課題だった。彼ら一部の公家《くげ》が一番恐れたのは、欧米人がキリスト教を持ち込んでくることだった。というのも、万人の平等を説くキリスト教が日本の国政に関与すれば、三条や岩倉のような貴族（特権階級）は当然のことながら認められないだろう。そうなれば、大化の改新以降、積み上げられてきた既得権は水泡に帰し、一市民として生きることを余儀なくされる。

このような危機意識に基づいて神道を前面に押し出し、その司祭者である天皇を神聖不可侵の存在に仕立て上げたのである。国家神道を提唱したのは邪宗門（キリスト教）に対抗する日本オリジナルのものを打ち立て、キリスト教を含む他の宗教（邪宗門）を排斥するためだった。神仏分離の実態は、実は仏教の排斥ではなく、キリスト教の排除に主眼が置かれていたのである。

このような一部の公家のもくろみは、実際に討幕の先頭に駆り出された薩長を中心とする勤王の志士の与《あずか》り知るところではなかった。彼らの大半は、いわば三条や岩倉らに唆されて討幕運動に専心したのである。

禊祓と手水舎

どこの神社仏閣に行っても神前や仏前に手を清める手水舎《ちょうずや》があり、ここで簡略な禊祓《みそぎはらえ》を行う。禊祓の起源はイザナギノミコトが、亡くなったイザナミノミコトを訪ねたとき、世にもおどろおどろしい黄泉国の穢《けが》れに触れて、ほうほうの体で現世に逃げ帰り、日向《ひゅうが》（現在の宮崎県）にある阿波岐《あわぎ》原（神話上の架空の地名）の川で身を清めたことにある。記紀の神話では、これが禊祓のはじめであるといわれている。

穢れを極端に嫌う日本の神に近づくためには、先ず身を清めなければならない。禊祓とは水で身を清めることである。記紀の神話では、イザナギノミコトが身を清めようとしたとき禍津日神が現れた。この神は黄泉国の穢れから生まれた神で、その次に直毘神が生まれた。この神は穢れを取り除き、元の穢れのない状態に戻す力を持った神である。このように、禊祓を行うことによって、穢れは祓われ、元の清浄な状態に戻ると考えられている。

われわれ人間は、さまざまな穢れに囲まれて生活している。だから、神に近づく前には先ず穢れを落とす必要があるのだ。今も神社の前には手水舎という水を湛《たた》えた建物が設けられており、参拝者はそこで手を洗い口を漱《すす》いだりする。そうすることによって神に近づくことのでき

手水舎　お参りする前に手や口を浄める場所としておなじみ。浄めの手順が掲示されていることも多い

る清浄な状態になるのである。

手水舎は簡略な禊祓を行うために備えられたもので、その起源は神社にある。もとは神社の近くを流れる川などで清めており、伊勢神宮内宮には五十鈴川《いすずがわ》の河畔に「御手洗場《みたらし》」と呼ばれる禊祓の場がある。また、海に近い神社では海水で禊をするところもある。神饌に塩を供えることからも分かるように、塩を含んだ海水は真水よりも浄化作用が高いと考えられている。

そこで、海浜の神社では海水を汲《く》んできて神前に供え、また、境内に海水をまいて神域を清めるところもある。鎌倉の鶴岡八幡宮では、毎年九月の例大祭の前に、近くの海から海水を汲んできて境内にまく風習が今も続いている。その際、確かに海水を汲んできたことを示すため、玉垣や灯籠《とうろう》に海藻を置く。

しかし、神社の立地によっては、近くに海や川がない場合もある。そこで、石などを穿《うが》って水を溜《た》めておく手水舎が設置されるようになった。そして、時代が下ると寺院にも手水舎が置かれるようになった。これは神社に倣ったもので、神社と同じ**手水の作法**※1で使用する。

仏教では「禊」ではなく「垢離《こり》」という言葉が使われる。これは文字通り垢を落とす（離れる）という意味で、これによって罪汚れが除かれると考えられている。垢離は頭から水に浸《つ》かって清めるのであり、手水舎のような簡略なものではない。修験道で特に盛んに行われ、滝に打たれるのも垢離である。

近くに温泉のある聖地では、温泉に入って心身を清める「湯垢離《ゆごり》」が行われているところもある。熊野本宮近くの湯《ゆ》の峰《みね》温泉には、壺湯《つぼゆ》と呼ばれる湯垢離の浴場があり、参詣者は熊野詣の前に訪れる。

日本ではどこへ行っても、飲用可能な清潔な水を求めることができる。「名水百選」なども定められ、各地で水自慢が競われている。それだけに日本では早くから水に対する信仰が高まった。また、水は稲をはじめとする農作物の生長に欠かせないことから、早くから「水神」の信仰が盛んになり、これがインドからやって来た川の神である弁才天と習合して熱烈な信仰を獲得した。

日本人が神仏に対する前に禊や水垢離を行い、略式に手水を遣うのは水の霊力を認め、それが汚れだけでなく罪汚れを洗い流すという信仰があるからだろう。

無言を旨とする神道

先に述べた通り、神道には特定の経典や教義がない。しかし、仏教が読経し、キリスト教が聖書を読み上げるように、神道にも祝詞がある。神事や祭礼のときに、神職などがこれを読み上げる。祝詞には「畏《かしこ》み、畏み」という言葉があるが、これは偉大な神の前で身を屈《かが》めて小さくなり、恭敬の意を示すことを意味している。

神事や祭りの儀礼は、祝詞を読むとき以外はすべて無言で行われる。また祈願の後に、神職が仏事における説法のような話をすることはなく、軽く会釈するぐらいで退出してしまう。神道では「言挙《ことあ》げ」といって、声に出して言うことを厳禁としている。記紀の神話の中にも、ヤマトタケルノミコトが言挙げをして失敗し、最後にはそれが原因で死に至ったという、次のような話が記されている。

※1　**手水の作法**　先ず、右手で手水舎に備えられている柄杓を取り水をすくい、その水で左手を清める。次に柄杓を左手に持ち替えて水をすくい、今度は右手を清める。再び柄杓を右手に持ち替え、すぼめた左の掌に水を満たしその水を口に含んで口中をそそぐ。このとき、柄杓に直接口を付けるのはタブーである。口をそそいだら左手を清め、柄杓の柄を下にして残った水を垂らして柄を洗い流し、柄杓を元のところに戻す。このような作法がいつ頃確立したかは定かではないが、今も各地の神社では上記の作法で手水が行われている。

一つはヤマトタケルが東征の際、現在の神奈川県横須賀《よこすか》である走水《はしりみず》というところから、今の浦賀水道《うらがすいどう》を渡って千葉県の木更津《きさらづ》に向かおうとした時のことである。船に乗り込んだヤマトタケルは浦賀水道を見渡して、自分はこれまで熊襲《くまそ》を平定するなど数々の戦いに勝利を収め、百戦錬磨の人間だから、こんな（浦賀水道のような）「小海《こうみ》」はひとっ飛びで越えてみせると豪語した。すると、その直後からにわかに海が荒れ出し、船は木の葉のように揺れて、今にも沈没しそうになった。

同行していたオトタチバナヒメノミコトが、海が荒れたのはタケルの豪語に怒った海神の仕業に違いない、ついては戦いの最中でも自分を気にかけてくれた夫のために、自分が生贄《いけにえ》（人柱）になって海に飛び込もうと言った。そう言うが早いか、オトタチバナヒメが入水《じゅすい》すると、海はにわかに鎮まり、ヤマトタケルは無事に対岸の木更津まで渡ることができた。

この出発地の走水には、ヤマトタケルとオトタチバナヒメをまつった走水神社がある。オトタチバナは貞女の鑑《かがみ》とされ、戦前は修身の教科書にもこの話が掲載されていた。ちなみに、浦賀水道は潮流が速いことで知られており、今も航行の難所とされている。

ヤマトタケルは無事に対岸に着くことができたが、オトタチバナヒメのことが忘れられず、しばらくの間、海岸付近をさまよった。君（ヤマトタケル）がなかなか去らなかったことから、この付近を「君去らず」、「きさらず」といい、後に木更津の字を当てるようになった。また、近くの袖ケ浦《そでがうら》は、亡くなったオトタチバナヒメの着物の袖が流れ着いたことに由来する。

走水神社 神奈川県横須賀市。ヤマトタケルの冠を石櫃に納め、その上に社殿を建てたのが神社の始まりとされる

もう一つの言挙げは、ヤマトタケルにとって致命的だった。東国を平定し、帰途に尾張《おわり》一族の館に赴いた。一族にはミヤズヒメという妙齢の娘がおり、東征の往路に立ち寄った際に一目ぼれし、東征を果たして帰還した暁に結婚の約束をした。

無事帰還してミヤズヒメを娶《めと》り、尾張一族の館に滞在していると、近くの伊吹山《いぶきやま》に悪神がいるという話を聞き、その悪神を退治するため伊吹山に向かうことになる。ミヤズヒメは、草薙《くさなぎ》の剣を携行するようにと勧めた。しかし、地元の悪神などは物の数ではない、剣を持っていくには及ばないと言い、丸腰で出かけた。

山に入ると牛ほどの大きさの白い大猪が現れたが、その猪は伊吹山の悪神の使者だから、帰りがけに退治すれば良いと考えて無視して通り過ぎた。ところが、その大猪が神の本体で、タケルが使者として扱ったことに憤って氷雨を降らせた。氷雨に打たれて凍えたタケルは気を失う。その後意識を取り戻し、霧が立ち込める中、フラフラになりながらやっとのことで山を降りた。

そして、「居醒《いさめ》の清水」で身体を清め、正気を取り戻してさらに里を目指すが、このとき疲労困憊《こんぱい》して足は三重に折れ曲がり、まるで「三重のマガリモチのようだ」と言ったという。この故事にちなんで、この地方は三重《みえ》と名付けられた。

その後、人里を目指したが力尽き、伊勢の能褒野《のぼの》というところで最期を遂げた。訃報《ふほう》を聞いたミヤズヒメ以下、近親の者が能褒野に駆け付け、塚を作ってヤマトタケルを埋葬した。しかし、ヤマトタケルは白鳥《しらとり》となって西の方に飛び去り、大阪の大鳥神社の辺りに到達したという。

このように、ヤマトタケルは「言挙げ」が原因で妻を失い、最後には自らの命を失うという不幸に見舞われた。神は人が発した言葉を細大漏らさず聞いている。そして、神を愚弄《ぐろう》しその権威を傷つけるようなことを言った場合は、容赦なく神罰を下す。だから、神の前では沈黙を保たなければならないのである。神事などがすべて無言で行われるのはそのためである。

また、参拝のときも、鳥居を潜ったら首《こうべ》を垂れ、神域では沈黙を保たなければならない。話をしながら境内を進むと、無意識のうちに神に対して失礼な言葉を発する恐れがあるからだ。日本人が言葉少なで静寂を好むのは、こうした神に対する態度と無関係ではないかもしれない。

山の神――民俗信仰に根ざす素朴な神

記紀に登場する大山祇神《おおやまつみ》は男神だが、もともとは女神と考えられている。そして、人を容易に寄せ付けない山の自然の厳しさの一方で、水源としてさまざまな幸をもたらしてくれる山を神格化したものが、素朴な信仰の中で形成された山の神である。

また、神話には御祖神《みおや》という神が登場し、各地にこの神をまつる御祖神社がある。この神は八百万の神を生んだ祖神とされ、正月にやって来る御歳神とも関係が深い。

この御祖神が富士山を訪れ一夜の宿を求めたが、富士山の神は新嘗祭の準備をしていて忙しいので泊めることはできないと言って断った。そこで、筑波山の神に宿を求めると、快く応じてくれた。以来、富士山にはいつも雪が積もり、筑波山は雪に悩まされることがなくなったという。

この話は御祖神が全国の山の神を征服する過程を語ったものと考えられ、やがて大山祇神が日本の山の神の総元締めとなった。

先に述べたように、もともと山の神は女神と考えられており、しかも極めて不器量だとされている。そのことが、山が女人禁制になった原因と考えられている。つまり、自分よりも器量の良い女性が山に入ると、嫉妬して暴風雨や吹雪、落雷などを起こすのだという。

さらに、近年まで山猟師や樵《きこり》など山で仕事をする人たちは、乾燥させたオコゼという魚を守り神として持っており、山に入るときにはそれを持参したという。オコゼは口が大きく目が飛び出ていて、いかにもグロテスクな風貌《ふうぼう》である。これを見た山の神は、自分より醜いものが来たことに安堵《あんど》して喜ぶのだという。

さらに、山が急に荒れたとき、男たちは山に向かって男根を露出して見せびらかす。山の神はそれを見て大喜びし荒天を鎮めるという。京都の鞍馬寺《くらまでら》の守護神である由岐《ゆき》神社では、毎年一〇月に火祭りが行われる。このとき、本殿から参道の階段を神輿が駆け降りるのであるが、その神輿の上には選ばれた二人の若者が褌《ふんどし》ひとつで仰向《あおむ》けに乗り、思いきり脚を開く。おそらく昔は、褌を着けないで男根を露《あら》わにし、神に見せていたものと考えられる。

山に棲む魑魅魍魎

また、古くから山の中には魑魅魍魎が棲《す》むといわれているが、それらの化け物は山の神の変化《へんげ》（変身）と考えられている。その代表は天狗《てんぐ》で、人々の前に突然現れては、山仕事の邪魔をするなど、さまざまな災いをもたらす。京都の鞍馬山や愛宕山《あたごやま》など日本には八大天狗がいるといわれており、各々大勢の烏《からす》天狗を従えてこき使っているという。烏天狗は文字通りカラスで、天狗に使役されて永久に大天狗の支配下から逃れることができないとされている。

平田篤胤《ひらたあつたね》の『仙童寅吉物語《せんどうとらきちものがたり》』という書には、天狗の棲《す》み処《か》である迦葉山に行った寅吉という少年の体験談が詳しく述べられている。今の上野《うえの》公園の不忍池《しのばずのいけ》の近くに、五條天神社《ごじょうてんじんしゃ》という神社がある。その近くに住んでいた寅吉という七歳の少年が、毎日のように参拝しては露店を見物していた。あるとき、骨董《こっとう》を売っていた老人が夕方になって店じまいをはじめた。老人は並べてある商品を次から次へと首の長い壺に入れ、最後に自分も入ってしまった。そして、寅吉が固唾《かたず》を呑んで見ていると壺が震え出し、宙に浮いたかと思うと飛び上がって北の空に消えて行った。

そして、寅吉は翌日も翌々日も同じ光景を目にした。すると、数日後に露天商の老人は驚異の目をもって見守る寅吉を、一緒に行ってみないかと誘った。寅吉は恐る恐るではあったが老人の誘いに乗った。寅吉は、狭い壺の中に入ったかと思うと、瞬時に見知らぬ場所に着いた。そこは上州《じょうしゅう》の迦葉山で、寅吉が目にしたのは大天狗に命じられてせかせかと働く大勢の小天狗の姿だったという。

平田篤胤は奇想天外な俗信や民間信仰をまことしやかに吹聴《ふいちょう》する性癖があり、この話も荒唐《こうとう》無稽《むけい》なものである。しかし、篤胤は寅吉をたびたび料理屋や茶屋に呼び出して、念入りに取材した。つまり、この時代には天狗と烏天狗のイメージが固定化しており、人々は天狗と何らかの接点を見つけては、さまざまな話を作り上げていったのだろう。そんな話を耳にした篤胤が、仙人のような露天商のイメージと合わせて独自の話を作り上げ、次第に幼い寅吉はそれが事実だと思い込むようになり、それを篤胤の執拗《しつよう》な問いかけに応える形で吐露したのではないだろうか。

これは幼い子ども特有の心理の為《な》せる業だが、当時の大人たちにも現代人には奇想天外と思われる話を容易に信じる心理があった。われわれ現代人が昔に失ってしまった能力である。

柳田国男はよく「人がまだ神を容易に信じていた時代」という表現をしている。一八世紀にヨーロッパで興った産業革命によって科学が長足の進歩を遂げ、その後、科学万能の時代を作り上げた。一九世紀にはニーチェが「神は死んだ」と言ったように、人間は全知全能の神よりも科学に絶対的な信頼を置くようになった。ロシアの文豪ドストエフスキーは『カラマーゾフの兄弟』の中で「もし永遠に神がいなければ、いかなる善行も存在しないし、それにそんなものはまったく必要ない」と言ってのけている。

将来、いくら科学が発達しても、それだけでは割り切ることのできない問題が膨大にあるだろう。最先端をゆく多くの科学者も、科学的事象の背後には何らかの不可思議なもの、つまり、神に相当するものが存在することを認めている。晩年のアインシュタインは老荘《ろうそう》思想に傾倒し、そこに科学では割り切ることのできない何物かの拠り所を求めた。現代の科学者の中には、この「何物か」を英語で「サムシング・グレート（Something Great／何か偉大なもの）」と言っている人もいる。そのことも、人間が科学万能では存在し得ない現実を表明している。

また、記紀の中には「草木や岩がものを言う」という表現が見られ、祝詞の中にも「草木や磐がものを言った時代から」という文句が見える。古代の人々は、自然の草木や岩にも精霊が宿るというアニミズム的な信仰に基づき、外界の事象すべてに心があるものとして接していたのである。西洋人は自然を征服すべきものと見なしたが、東洋人、とりわけ日本人は、人と自然を同レベルに見なして共存することを旨とした。

そのような自然に対する姿勢は、近世（江戸時代）までは保たれてきたが、明治以降、西洋文明の波が怒濤《どとう》の如く押し寄せてくると、急速に衰えていった。しかし、自然に対する信仰や姿勢が、日本人の民族性の骨格を作り上げてきたのは、紛れもない事実なのである。

田遊び・御田植祭――田の神を迎える祭り

一月中旬に、大人や子どもが田んぼの中で泥んこになって転がり回っている光景をニュースで見ることがある。これは「田遊び」などと呼ばれているもので、今も全国各地で行われている伝統行事である。

日本では古くから、田の神は春先に山から下りてきて、耕作を手伝い秋に収穫が終わると再び山に帰っていくと考えられていた。そして、山から下りてきた田の神を迎える神事が、田遊びとか御田植祭と呼ばれるものなのである。東海地方などでは「田遊び」と呼ばれ、他の地方では「御田植祭」「御田《おんだ》」「春田うち」、「泥んこ祭」などさまざまな名で呼ばれている。

この神事は田起こしから苗代作り、田植え、収穫までの一連の農作業を模擬的に行うもので、作業が順調に行われて豊作になったことをあらわすものである。また、このように予《あらかじ》め豊作などの慶事を期待して行う行事を「予祝祭」といい、日本では古くから行われている民間行事である。

伊勢神宮の別宮で三重県志摩《しま》市にある伊雑宮では毎年、六月二四日に「磯部《いそべ》の御神田《おみた》」が行われ、日本三大御田植祭（他は大阪の住吉大社と千葉県の香取《かとり》神宮）の一つとして有名である。伊雑宮に隣接した田んぼで田植えの前に「団扇竹《うちわだけ》」という大きな団扇のついた忌竹《いみだけ》を男たちが泥まみれになって奪い合う行事がある。この忌竹や団扇をちぎったものを家々にまつって五穀豊穣や豊漁、家内安全などの守護とする。その後にあかね襷《だすき》に菅笠《すげがさ》の早乙女《さおとめ》が田んぼに入って田植えを行い、それが済むと奉仕者による直会が行われる。その後、田楽などの歌舞が披露され、最後は「踊り込み」と称して伊雑宮の一の鳥居まで練り歩き、夕方には神事が終了する。

また、大阪の住吉大社の御田植神事は境内の御田（神に供える稲を作る神聖な水田）で毎年、六月一四日に行われる。この神事は第一四代・仲哀《ちゆうあい》天皇の妃《きさき》の神功皇后《じんぐうこうごう》のときに始まり、鎌倉時代には現在のような形式が整えられたと伝えられている。早乙女による田植えに続いて巫女舞や武者行列などがあり、最後の住吉踊りのころに田植えが終わる。毎年、地元の人など多くの見物客で賑わう。

また、住吉大社の周辺は置屋や料亭が並ぶ産業地帯で室町時代には一休禅師《いっきゅうぜんじ》も訪れたといわ

再現された「えんぶり」の様子　青森県八戸市では、毎年２月に「八戸えんぶり」が開催されている

れる繁華な土地柄だった。江戸時代にはここの芸者衆が早乙女に扮《ふん》し、贔屓《ひいき》の旦那衆が酒や弁当を用意して見物して守《も》り立てたことでも知られている。

また、千葉県の香取神宮の御田植祭は毎年四月の第一土曜日と日曜日の二日間に行われ、一日目を「耕田式」、二日目を「田植式」といっている。初日の「耕田式」では拝殿の前で鎌や鍬《すき》などの農具や牛（人間が着ぐるみを着たもの）を使って田を耕す光景を再現した後、稚児《ちご》による田舞という舞が披露され、早乙女が田植えの所作をする「植初め神事」などが行われる。そして、翌日の「田植式」で早乙女などが田植え歌を歌いながら参道下の神田で田植えをして祭りが終わる。

雪国では神社の境内の雪の上に一定の区画を設けて四方に忌竹を立てて注連縄を巡らし、そこに松や杉、笹などを植えて模擬的な田植えを行う。これに並行して田植え歌を歌ったり舞を舞ったりするのは他の御田植祭と同じである。

東北地方では「えんぶり」という独特の舞が披露されることが多い。鎌倉時代に始められたといわれ、さまざまな彩色を施した大きな烏帽子《えぼし》を被《かぶ》った踊り手が独特のリズムに合わせて踊る。

また、御田植祭は豊作を祈願することから人の生殖能力と結び付けられた。祭りに伴って演じられる神楽の終盤では男女が疑似的に性的な行為を行う場面がある。たとえば、奈良県の飛《あす》鳥坐《かにいます》神社では天狗（男役）とオカメ（女役）が登場して性交の場面を模擬的に演じ、最後にオカメが紙で股間《こかん》を拭《ぬぐ》う仕草をしてその紙を観客に向かって投げる。これは「拭《ふ》く神」から語呂《ごろ》合わせで「福紙」、すなわち「福の神」として喜ばれ、それを持ち帰った人の家には福の神が宿って豊作をもたらしてくれると信じられてきた。

御田植祭ではこのような性的行為を伴う神楽などがどこでも行われてきた。しかし、明治の神仏分離で淫猥《いんわい》な習俗であるとして「邪宗門」、いわゆる淫祠邪教《いんしじゃきょう》として禁止されたが、戦後は復活したところも少なくない。

早乙女の起源

御田植祭で先頭をきって田植えをするのは、盛装して化粧をした早乙女と呼ばれる女性である。泥にまみれる仕事をするのにその出《い》で立ちは不釣り合いである。しかし、早乙女は神に仕える身で、田の神の使いとして穀霊（稲の中に宿るとされる精霊）が宿るとされる稲を植える。化粧をしたり、面を被ったりして盛装するのは、神に近づくためである。

他にも、民間信仰らしい話がある。古くは下着を着けないので、田んぼに入った早乙女の陰部は、田んぼの土中にいるとされる田の神から丸見えになる。田の神は美しく着飾った早乙女が、恥部を曝《さら》け出している姿を眺めて喜び、稲の順調な生育を助けようという気になるのだという。

大阪の住吉大社の近くは歓楽地帯で、御田植祭は近くの芸者が早乙女役を務め、それを贔屓の旦那衆が酒や重箱を持参して、田んぼの周りに筵《むしろ》を敷いて観覧するという賑やかな行事だった。早乙女役の芸者が田んぼで転んで赤い蹴出《けだ》し（女性の和装で腰巻の上に重ねる布）などが見えると、やんやの喝采《かっさい》を送った。

また、かつては嫁いだばかりの女性が早乙女役を務め、その女性のことを「米女《よめ》」と呼んだ。その「米女」が婚家先の義父母などから「ヨメ」と呼ばれるようになった。近年、若い人を中心に自分の妻を「ヨメ」という人が多い。関西では昔から人妻のことを「ヨメ」と呼んでいたようで、これは「米女」の呼称が残ったものと考えられる。関東では嫁ぎ先の舅《しゅうと》や姑《しゅうとめ》が用いる呼称だったが、近年は全国的に自分の妻のことを「ヨメ」と言う人が多いようである。これは関西の漫才師がテレビで「うちのヨメが」などという言葉を使うことから広がったものと思われる。

能登のあえのこと

能登半島の真ん中にある能登空港から車で進んでいくと「あえのことの里」と書かれた看板が目に付く。「あえのこと」とは、能登半島で古くから行われている田の神迎えの伝統行事で、石川県の珠洲《すず》市、輪島《わじま》市、能登町、穴水町《あなみずまち》などを中心に今も行われている。

毎年、一二月の四、五日ごろに、各農家の主人が紋付袴《もんつきはかま》姿の正装をし、鍬を担いで冬枯れの田んぼに向かい、田を掘り起こして田の神を呼び覚ます。それから主人が先導して「田の神さまどうぞ、どうぞ」と言って、腰をかがめ首を垂れ気味にして家まで案内するのだが、途中、段差や水たまりなどがあると「田の神さま、危のうございます！　お気を付け下さい」などと言いながら進む。

各家の床の間には二俵の米俵を供え、祭壇には二股《ふたまた》大根と箸二膳《ぜん》が置いてある。これは男女の田の神を想定しているのである。田の神が家に入って上座に坐ると、主人は祭壇に向かって下座に坐り、「田の神さま、ようこそおいで下さいました」などと畳に頭をつけて鄭重に挨拶《あいさつ》をした後、「田の神さま、お風呂《ふろ》になさいますか？　お食事になさいますか？」と尋ねるが、答えは決まっていて、まず風呂に案内する。風呂には手ぬぐいなどが用意されており、主人は田の神の入浴の途中で「田の神さま、お湯加減はいかがでしょうか？」と尋ねる。これも答えは決まっていて「ああ、ちょうどよろしゅうございますか」と主人が応答することになっている。

風呂から上がると田の神を客間に招くのであるが、このとき、祭壇前には小豆飯《あずきめし》や魚、大根、里芋の煮物、それに甘酒の入った二本の徳利が神饌（神の食事）として供えてある。そして、主人は一つ一つ「こちらはお魚でございます、こちらは里芋の煮物でございます、粗末ではございますが、山海の珍味をご用意いたしました」などと口上を述べる。

田の神さまの食事が一時間ほどで終了すると、隣の寝室に田の神を招く。寝室には夜具（布団）が用意してあり、主人が口上を述べながら招き、就寝の挨拶をする。これが終わると家族の者が神饌をいただいて、直会をするのである。直会は神人共食といわれ、神と同じものを食べることによって、神のエネルギーを人間の身体の中に取り込む効果があるといわれている。

田の神はその後も農家に居続けて年を越すと考えられているが、田の神が来訪した初日のように風呂に入れて神饌を供えるということはしない。そして、翌年の二月九日には、田の神は山に帰って行く。このとき主人は再び正装して鍬を持って先導し、田を掘って田の神を送り出すのである。

この「あえのこと」は、戦後の高度経済成長期には衰え、簡略化されていった。しかし、昭和五一年（一九七六）に国の重要無形民俗文化財に指定されると、マスコミに取り上げられて注目されるようになった。それまでは正装といっても羽織袴ではなく背広姿か普段着、神饌についても伝統的な料理ではなく、揚げ物や洋種の果物などをあげている家が多かったというが、マスコミに注目されて露出度が高くなると、過度な演出も目立つようになった。平成二一年（二〇〇九）には、ユネスコの無形文化遺産に登録されている。

柳田国男は『日本の祭』の中で、日本の祭りは経済的、政治的な事情を反映して、時代とともに変遷を続けてきた。しかし、その根底には、古くから変わらない核となる様式が存在するはずである、というようなことを書いている。また、柳田は「祭り」と「祭礼」の違いについて言及し、本来「マツリ」は家々や村々を単位とした素朴な信仰であり、外部の人の目を意識したものではない。諏訪大社の御柱祭《おんばしらまつり》や浅草寺《せんそうじ》の三社祭も、家々で行われる年忌法要なども、立派な「マツリ」であるが、「マツリ」が一たび注目されると外部の目を意識して、過度な演出が行われるようになる。しかし「マツリ」の中核をなす原初的な精神は一貫している、といったことを述べている。

「あえのこと」などの予祝祭も、近現代に至る以前から変遷を繰り返してきた。しかし、降臨した田の神を饗応して豊作を祈願しようとする人々の素朴な精神は、一貫して保たれているのである。

庚申信仰

これはもともと、中国の道教《どうきょう》※1の信仰で、すべての人間の体の中には三尸虫《さんしちゅう》という虫が棲んでおり、六〇日に一度来る庚申《こうしん》の日に身体から抜け出して天に昇り、天帝《てんてい》（絶対神）にその人の過去六〇日間の所業を告げるという。台湾や香港《ホンコン》などでは、今も裕福な家で道士《どうし》（道教の僧侶）を自宅に呼んで息災を祈る行事が行われている。

そこで、三尸虫が身体から抜け出さないように夜を徹して見張るという風習を生んだ。日本には平安時代に伝えられ、皇族や貴族を中心に「庚申守」という儀式が行われるようになった。そして、仏僧の手で『庚申縁起』という書が作られ、その本尊は「青面金剛《しょうめんこんごう》」と呼ばれるなど

※1　道教　中国の民族宗教で老子を祖とし、不易の「道」に従えば安心立命を得られるといい、老子の書とされる『老子』には「大道廃れて仁義あり」と説かれている。つまり、「大道（道）」とは人間の進むべき不易の正しい道であるが、世の中が荒廃して人々がその道を見失ったために「仁義」、すなわち、他人の行うべきことを人為的に規定しなければならなくなったというのである。老子は釈迦や孔子と同時代の紀元前五世紀ごろの人と考えられているが、四世紀には寇謙之（三六五～四四八）が現れて教義を整え、時の皇帝の信任を得て道教を国教化した。道教は多神教で崇敬する神は武将の関帝や航海神の媽祖《まそ》や地主神、さらには観音菩薩や地蔵菩薩など多種多様である。また、山中に籠って秘薬を作ることに成功すれば不老長寿の他、空中を飛翔するなどの超人的なパワーを獲得できるといい、これは仙人になる道で「神仙術」という。日本には仏教伝来よりも早く儒教と共に伝えられ、仏教や神道と習合するとともに陰陽道にも取り入れられた。

仏教的な色彩が強まり、室町時代ごろからは民間にも普及していった。

人々は夜通し篝火《かがりび》などを焚いて、三尸虫が天界に昇らないように飲み食いしながら見張りをした。当時は油代がかかるので、必要最小限の明かりしかつけておくことができなかったが、この日ばかりは無礼講で夜通し火を焚くことができた。だから六〇日に一度の庚申の日の集まりは、一種のレクリエーションとなったのである。

人々は庚申塔を建てて、それを本尊のようにして信仰の拠り所とした。庚申塔には一面六臂《ぴ》の青面金剛が刻まれ、その下部には見ざる言わざる聞かざるの三猿が刻まれている。これは人々の所業を見ません、語りません、聞きませんという意味である。このように庚申信仰は庚申の「申」の字のイメージから、猿とも結びついたのである。

また、鎌倉や江《え》ノ島《しま》など湘南《しょうなん》地方では、庚申塔の三猿がそれぞれ扇や太鼓などを持って踊っている。庚申の日は夜を徹しての宴席である。その宴席への期待感が、踊る猿の姿を創り出したものと思われる。

また、「寅《とら》さん」でお馴染みの東京葛飾《かつしか》の柴又帝釈天《しばまたたいしゃくてん》は、題経寺《だいきょうじ》という日蓮《にちれん》宗の寺だが、庚申の日には縁日が開かれる。かつて、本尊の板絵帝釈天像が盗難に遭ったが、しばらくして戻ってきた。その戻ってきた日が庚申の年の庚申の日だったことから、この日を期して仏像帰還のお祝いの法要が営まれるようになったという。そこには、題経寺を中心に下地としての庚申信仰と庚申講のような集まりがあったと考えられる。

庚申塔と青面金剛像　埼玉県蓮田市。青面金剛の下には三猿も刻まれている

庚申の日のようにある特定の日を期して行われるものを「日《ひ》待《まち》」信仰という。かつては「庚申待」の他に「二十三夜《にじゅうさんや》待《まち》」が盛んに行われており、これを「月《つき》待《まち》」という。二十三夜は月の出が遅いことから、当番の家に集まって飲食をしながら月の出を待つのである。また、古くは夜明けが一日の始まりとされていたことから、いずれの日待も夕刻から行われて夜明けとともに解散となる。

「日待」や「月待」は、明治の神仏分離政策で「淫祠邪教《いんしじゃきょう》」と見做《みな》されて禁止された。しかし、長年にわたって継承されてきた民間信仰を、政治の力で短期間に抑制することは不可能で、結局明治一〇年（一八七七）を過ぎると沙汰止みとなった。

そこで、日待信仰や月待信仰は明治以降も維持され、昭和三〇年代までは各地に残存していた。しかし、都市化によって集落が崩壊する中で、このような信仰も衰退し、今では高齢者を中心に僅かに行われている。

いずれにしても、起源は中国にあって、仏教とも神道ともつかない信仰だが、とりわけ民間の中で発展を遂げ、日本独自の信仰形態として定着していったのである。

塞ノ神

松尾芭蕉の『奥《おく》の細道《ほそみち》』の冒頭部分に「道祖神《どうそじん》のまねきにあひて」という一文がある。「道祖神」は村境にまつられて疫病などの災厄を祓うと考えられた。芭蕉が道祖神に招かれたと言っているのは、行路の安全を願ってのことと思われる。

記紀の神話では、天孫瓊瓊杵尊《ににぎのみこと》が日向の高千穂《たかちほ》の峰に降臨するとき、猿田彦命《さるたひこのみこと》が道案内を買って出たと記されている。そのことから猿田彦は「導きの神」ともいわれて、旅人の無事を守るとされ、やがて道祖神と同一視されるようになった。

また、道祖神のように村境にまつられる神を「塞《さえ》ノ神《かみ》」と呼んでおり、村と外の世界との境を守る神である。道祖神をはじめ馬頭観音や庚申の神、地蔵菩薩や観音菩薩などおよそ村はずれにまつられる石像などは、すべて「塞ノ神」と呼ばれたのである。

昭和三〇年（一九五五）に、春日八郎《かすがはちろう》という歌手が歌った「別れの一本杉」という歌謡曲がヒットした。その歌詞に「一本杉の　石の地蔵さんのヨー　村はずれ」という一節がある。この「石の地蔵さん」も賽ノ神で、やはり村境に立っているのである。

「賽《さい》の河原《かわら》」からも分かるように、「賽」はこの世（現世）とあの世（地獄）との境である。神社では俗界と神域の境に榊《さかき》を立て注連縄を張って領域を区切る。賽銭箱は俗界と神域の間に置かれ、賽銭をあげるのは神域に近づいたことを神に報告し、感謝する行いである。

また、毎年新年には左義長《さぎちょう》（どんど焼き）と称する行事が今も各地で行われているが、これは村外れで高く積み上げた藁束などに火をつけ、正月の松飾や注連縄などを燃やし、旧来の神を送り出して新来の神を迎える行事である。

また、夏には「虫送り」という行事がやはり村はずれで行われる。これは疫病や災いに見立てた藁人形などを焼き捨てたり、川に流したりするもので、ひな祭りの流しびなとも共通する行事である。

日本独自の神となった弁才天

弁才天はもともとインドの神話に登場する神で、サンスクリット語でサラスヴァティーという。かつてインドに実在したというサラスヴァティーという川（現存する同名の川とは異なる）

を神格化した神で、仏教と共に日本に伝えられた。川の流れる音は音楽に、規則正しい韻律は理路整然と語る弁舌（雄弁）に喩《たと》えられ、「弁才天」と表記した。また、豊かな川の水は作物を順調に生長させて豊作をもたらすことから、五穀豊穣の神、さらには財福をもたらす神としても信仰されるようになり、「弁財天」とも表記するようになった。

弁才天はすでに平安時代に、九州の宗像大社《むなかたたいしゃ》の宗像三女神《さんにょしん》と習合している。宗像三女神は天照大御神の御子神にして、九州北部から朝鮮半島にかけての海の守護神である。そこで、同じ水神である弁才天と習合することになった。

さらに、日本には宇賀神《うがじん》という土着の水神がいる。この神は蛇神信仰《じゃしん》（蛇に対する信仰）に由来する水神で、沼沢などに棲むとされており、仏教伝来以降は龍神信仰に発展した。そして、やはり水神ということから、弁才天と習合するようになった。

このように弁天信仰は、仏教由来の弁才天と日本固有の宗像三女神、宇賀神が習合し、とりわけ室町時代ごろからは、民間信仰の中で複雑に絡み合って盛んに信仰された。

江戸時代には、巳年《みどし》は弁天の年とされて、各地の弁天社を巡る「百弁天参り」が盛んに行われた。また、巳の日は弁才天の縁日とされて、弁天社の境内や門前町には露店が出て、大勢の参拝客で賑わった。もともとインドのサラスヴァティーという神は、蛇とは何の関係もなかったが、日本で蛇神の宇賀神と習合したことから、蛇（巳）との関係が生まれたのである。

日本オリジナルの神・稲荷神

稲荷神は、もともと日本古来の田の神（一三九ページを参照）に対する信仰である。田の神は春先に山から下りてきて農耕を手伝い、秋には山に帰っていく。それが、春先に甲高い声で鳴くキツネのイメージと重なり、稲荷社にはキツネが使者としてまつられるようになった。

稲荷社の祭神は宇迦御魂《うかのみたま》、あるいは、保食神《うけもちのかみ》と呼ばれる穀物（稲）の守護神である。米粒の中に棲む穀霊《こくれい》の神格化したものが、宇迦御魂や保食神であると考えられているが、祭神の名称は記紀の神話の中から適当に付けられたものであろう。

また、キツネが死肉を漁《あさ》るという習性は、インド由来の鬼神《きじん》、荼枳尼天《だきにてん》とも重なった。荼枳尼天はサンスクリット語でダーキニーといい、六ヵ月前に人の死を予知して、その人が死ぬと急行して心臓を取り出して喰らうという。また、荼枳尼天は第六天という魔界に棲むと考えられ、稲荷神は第六天とも呼ばれるようになった。

室町時代ごろから盛んに信仰されるようになり、昔から「稲荷《いなり》八幡《はちまん》八万《はちまん》」といわれている。つまり、稲荷社と八幡社を合わせて全国に八万の社、それぞれ四万社ずつあるという意味である。ちなみに、八幡社は現在全国に八〇〇〇社余りあるそうだが、稲荷社は家や会社の敷地、ビルの屋上などにまつられていることが多く、合計すれば四万社をはるかに超えるのではないだろうか。

稲荷社の総本社は京都の伏見稲荷大社で、全国の神社の境内にある稲荷社は伏見稲荷大社から勧請されたものが多い。それとは別に、仏教系の稲荷社としては愛知県の豊川稲荷の勢力もあり、こちらは東海地方から関東にかけて多く勧請されている。

鎌倉時代の曹洞宗《そうとう》の寒巌義尹《かんげんぎいん》という禅僧が宋《そう》から帰るとき、嵐に遭って今にも船が沈没しそうになった。そのとき、船上に白狐に乗った美女が現れ、自ら荼枳尼天であると名乗り、これから海を鎮めてあげようと言って姿を消した。その後、海はウソのように静かになり、義尹は無事に帰国することができた。

帰国した義尹は自分が見た荼枳尼天の姿を仏師に造らせ、伽藍の守護神としてまつった。以降、曹洞宗では荼枳尼天を伽藍の守護神としてまつる風習が生まれた。

室町時代中期の嘉吉《かきつ》元年（一四四一）、東海義易《とうかいぎえき》という曹洞宗の禅僧が愛知県に妙厳寺《みょうごんじ》を創建し、この寺に荼枳尼天をまつった。そして、江戸時代に稲荷信仰が盛んになると、人々が荼枳尼天をまつるところは稲荷神であると勝手に考えて稲荷信仰の中心となり、通称「豊川稲荷」と呼ばれて多くの人が訪れるようになったのである。

このように豊川稲荷は妙厳寺という歴《れっき》とした曹洞宗の禅宗寺院で、神社（稲荷社）ではない。寺内には四〇人ほどの仏僧がいるが、神職は一人もおらず、僧侶が荼枳尼天を本尊として祈禱を行う。豊川稲荷系の神社では仏教由来の神社なので、神前に拍手は打たないようにとの注意書きがしてあるところも多い。

祝詞について

古くから日本人は、森羅万象が生々流転するのはすべて神の計らいであると信じていた。だから、鄭重に神を迎えて神饌を供え、歌舞などを披露し、祝詞を奏上することによって神を饗応し喜ばせれば、神がわれわれに恩恵を与えてくれると信じていた。

祝詞は単に意思を伝達するための文章ではなく、詩歌などの文芸でもない。そこには事象を動かす霊力、言霊《ことだま》が込められている。だから、声を出して正確に読み上げることによって力を発揮するのである。言葉を尽くして神に賛辞を与えれば必ず神は応えて幸いをもたらしてくれると信じられた。一方で呪詛《じゅそ》の言葉をとなえれば、相手に災いを与えて不幸にすると信じられていた。

『日本書紀』の天智天皇九年（六七〇）の件《くだり》に「中臣金連《なかとみのかねのむらじ》宣祝詞《のりとをのる》」とあり、これが文献に初めて登場する「祝詞」の用例である。大化の改新以降、日本は中国の律令制度を取り入れるとともに、中国の文物を積極的に採用した。その際、中国の祭事や葬送儀礼で読まれていた「**祭文**[※1]」が伝えられ、これを日本風にアレンジしたものが祝詞になったと考えられる。

和銅《わどう》五年（七一二）に編纂された『古事記』の天照大御神（以下、アマテラスという）の岩戸隠れの段に、中臣氏の遠祖に当たる天児屋命《あめのこやねのみこと》が岩屋の前で「布刀詔戸言《ふとのりとごと》」を読み上げたと記されている。「布刀」は「ふと（太）」の万葉仮名で、美称《びしょう》、良い評判を意味する。つまり、美辞麗句を連ねた美しい文章でつづられた祝詞のことである。

この布刀詔戸言を奏上したことによってアマテラスの心が和らぎ、その後、アメノウズメノミコトが岩戸の前で淫靡《いんび》な踊りを披露し、神々がやんやの喝采を送り、高天原はお祭りムードに包まれた。そして、アマテラスが外の様子を見ようと岩戸を少し開いたところ、脇に控えていた怪力のアメノタヂカラオノミコトが有無を言わせずアマテラスを引っ張り出した。布刀詔戸言の内容について『古事記』には記載がないが、アマテラスの心を動かすには十分効果があったものと考えられる。

平安時代前半の延長五年（九二七）に『延喜式《えんぎしき》』という、律令の施行細則を定めた法令書が編纂され、その中に祈年祭《きねんさい》（新年の祭りで歳旦祭《さいたんさい》ともいう）や六月三〇日の「夏越の祓」、大嘗祭《だいじょうさい》（新任の天皇が即位した後の最初の新嘗祭）、伊勢神宮の月次祭《つきなみのまつり》（六月と一二月）と神嘗祭（一〇月）などを行うときに奏上する二八種の祝詞が掲載されている。

今ではこれらの祝詞を参考に、神職が多少手を加えたものが読まれる。神事ごとにさまざまなものがあり、祭祀はその規模によって、大祭・中祭・小祭に分かれている。大祭には例祭、祈年祭、新嘗祭、式年祭、本殿遷座祭《ほんでんせんざさい》などがあり、中祭には新年を祝う歳旦祭、紀元節（今の建国記念の日）を祝う紀元祭《きげんさい》、天長節《てんちょうせつ》（今の天皇誕生日）を祝う天長祭、小祭には国家安泰や五穀豊穣などを祈願して毎月行われる月次祭《つきなみさい》がある。

そのほか、七五三や成人式、還暦や喜寿の祝い、合格祈願や入学、建前、井戸の掘削や埋め立て、雨乞いや止雨《しう》、など祈願に際しては必ず祝詞が奏上される。また、神葬祭のときにも祝詞が読まれるが、この場合は「しのびごと」といって声を潜めて読むのが慣例になっている。

祝詞の構成は次の通りである。

・発端文……神前で神職が神と人とを仲介して祭祀を行うことを宣言する。
・由縁文……祭祀の由来を述べる。
・神徳文……祭神の神徳を崇める。
・感謝文……祭神の神徳に感謝の意を捧げる。
・目的文……これから執行する祭りの主旨（目的）を述べる。
・献供文……神饌や幣帛《へいはく》、歌舞を献じたことを祭神に報告し、そのことを神に確認してもらう。

※1　祭文　祝詞と同じように神前でとなえられる祝言で、主に中国伝来の祭祀で読まれる。平安時代には陰陽師によって読まれ、祝詞が大和言葉でつくられるのに対して祭文は漢文を多く含んだ。中世以降は山伏が錫杖や法螺貝に合わせて節をつけて歌う「山伏祭文」が流行して民間にも流布した。さらに、近世になると祭祀を離れて門付けの大道芸として芸能化した。江戸時代には三味線の伴奏で歌い上げる「歌祭文《うたざいもん》」の流行を見、これが明治になって「浪花節（浪曲）」に発展した。

・祈願文……国家安泰、五穀豊穣などを願って神徳を頂戴《ちょうだい》したいという旨を述べる。
・結尾文……文字通り祝詞を締めくくるもので、「恐《かしこ》み恐みも申さく」で終わる。

たとえば、月次祭の祝詞の一例を示せば以下の通りである。

掛けまくも畏き○○神社の大前に○○○○（神職名）恐み恐みも白《もう》さく。月毎の例の随《まにま》に今日の御祭仕奉《つかえまつ》ると大前に御食御酒《みけみき》種々《くさぐさ》の物を献奉《ささげまつ》り拝奉る状を平たけく安らけく聞食《きこしめ》して天皇の大御代を堅磐《かきわ》に常磐《ときわ》に斎奉《いわいまつ》り幸へ奉り給ひ御氏子崇敬者を始めて天下四方の国民に至るまで守り給ひ恵み給ひて各も各も負持つ職業に勤《いそし》み励み生活豊けく身健に世の為人の為真心を尽さしめ給ひ家内和に子孫の八十続に至るまで立栄えしめ給へと恐み恐みも白さく

人間にとって神はとてつもなく偉い存在である。「恐み恐み」とはそのような偉大な神の前で身を屈《かが》めて小さくなって恭敬の意を示しますということである。祝詞はそのように極めて謙虚な態度を取って、神に神饌などを捧げ願い事が叶《かな》うようにひたすら懇願する文である。

だから、そこに「聖書」や「コーラン」、「仏典」などのように、キリスト教やイスラム教、仏教の教えが述べられているわけではない。ただ声を出して読み上げることに意味があるので

ある。神の前で言挙《ことあ》げができるのは祝詞奏上のときだけで、自由な発言はタブーとされているのである。

「かたち」を重んじる神道

前にも述べたように、神社の信仰（神道）は特定の教義のない宗教で、祝詞以外に言葉は用いず、祈願者は拍手を打つなどの所作でその意思を表示する。このようなかたちを重んじる習俗は茶道などにも継承され、茶会などはすべて無言のうちに進行し、「お点前《てまえ》」といって作法、所作が重要視され、それによって相手の力量や技量が測られる。

イギリスのアフタヌーンティーにもさまざまな作法はあるようだが、こちらは一九世紀の半ばに始まったこともあり、歴史も浅いことから、今では日本の茶道ほど伝統が厳格に守られていないようである。

これに対して茶道は茶筅《ちゃせん》の使い方からその置き方、茶杓《ちゃしゃく》の使い方、喫茶法に至るまで事細かに所作が定められており、喫茶法や所作の違いから表千家《おもてせんけ》や裏千家《うらせんけ》などの流派の別もあらわれた。また、花道についても花の生け方は立ち居振る舞いについての細かい規定が設けられ、その違いから池坊《いけのぼう》流や未生《みしょう》流などの流派に分かれることになった。

日本人が作法にうるさいのは、茶道や花道といったいわば非日常の行為についてばかりではない。一般家庭における日ごろの生活でも箸の上げ下ろしから、坐法、挨拶の仕方、席次に至るまで、行動が厳格に規定されている。このような行動規範が日本人の倫理観を形成しており、規範を犯したものは叱責《しっせき》され、嘲笑の的になる。

戦後は都市に人口が集中し、核家族化が進んだことから、所作を重んじる伝統もかなり緩んできた。特に若い人たちはそんなこととは無縁に生きている人が多いようだ。しかし、若い人たちの間にも一定のルールがあるようで、たとえば、SNSのやり取りには決まった作法があり、それに反するとマナー違反とされることもあるらしい。

日本人にはいまだ狭いムラ社会の伝統が残っており、それが若者にも無意識のうちに継承されているのではないだろうか。だから、ネット社会の仲間同士で狭小な社会を醸成し、自然とある種のルールが構築され、それに反すると非難を浴びせかけるのである。

また、このようにあらゆる行動をいわば儀式化することは、その社会の権威を高め、集団のヒエラルキーを形成することに役立った。これは儒教的な家父長主義を助長することにもなり、家族や集団の中でそれぞれの地位と役割が形成されることになったのである。日本で敬語が著しい発展を遂げたのも、早くから集団の中のヒエラルキーが確立していたことに起因するところが大きいだろう。

このように、日本人の所作を重んじる民族性は、今もさまざまな形で社会の各方面に生き続けているのである。

第3章

仏教の日本的展開

仏教伝来の顚末

欽明天皇《きんめいてんのう》七年（五三八）、**百済**《くだら》※1の聖明王《せいめいおう》が、金銅の釈迦仏と若干の経典や仏具を使者に託して日本に贈ってきた。これが仏教の公伝であり、このとき仏像がはじめて公に日本に伝えられた。

ただし、欽明天皇七年というのは仏教が百済という国家から公に伝えられた年で、それ以前にも渡来人《とらいじん》などが仏像を礼拝し仏教を信奉していたことが分かっている。平安時代に編纂《へんさん》された『**扶桑略記**《ふそうりやっき》』※2という歴史書には、仏教公伝の一六年前である五二二年に、渡来人の司馬達等《しばたっと》という人が自邸に仏像をまつって礼拝していたと記されている。

司馬達等は仏像を礼拝するとともに、何らかの経文もとなえていたであろう。外来の文化に寛容な日本人は、それらを喜んで迎え、仏像を「大唐の神」といってもてはやしたという。

しかし、百済の王が国家として、いわば外交ルートで仏像をもたらし仏教を信奉するように伝えてくると、事情は一変した。その受容を巡って物部氏《もののべし》と蘇我氏《そがし》の間に激しい論争が起こることになったのである。

物部氏は神武天皇の時代から天皇家に仕え、朝廷の神事や防衛の役割を担っていた。一方、蘇我氏は財力を背景に天皇家に接近した新興の豪族である。物部氏が神事を司《つかさど》るという文化的背景を持っていたのに対して、蘇我氏は財力のみで文化的背景を持っていなかった。

蘇我氏としては「仏教」という文化的、宗教的背景を武器に天皇家に深く入り込もうと考えたのである。一方の物部氏は神事などを司って確固とした文化的、宗教的背景を持っている。しかし、そこに仏教が入り込むことによって、自分たちの職掌が侵されることを恐れたのである。

欽明天皇も、蘇我・物部の両氏に気圧《けお》されて、仏教の受容についてハッキリした決断を示すことができなかった。当時は未《いま》だ天皇と豪族の長との地位には歴然とした違いがなく、天皇も「王《きみ》」の一人として、強い支配力を振るうことができなかった。天皇が強い権力を持つのは大化の改新で律令《りつりょう》制に裏付けられ、天皇の権威が確立して以降の、天智・天武の時代になってからのことである。この時代から「王《きみ》」や「大王《おおきみ》」に代わって「天皇」の名が用いられるようになったのである。

物部氏の頭領の物部尾輿《おこし》は、外来の蛮神（仏）を信奉すれば日本の八百万《やおよろず》の神の怒りを買っ

※1　**百済**　四世紀前半から六六〇年にかけて朝鮮半島西部にあった国。この時代、朝鮮半島の北部から中国の東北部にかけては高句麗が、南東部には新羅があり、これら三国は互いに牽制し合う関係にあって、三国が割拠する時代を朝鮮史では「三国時代」と呼んでいる。百済には中国から朝鮮半島で最初に仏教が伝えられた。日本とは良好な関係にあり、その後、勢力を伸ばしてきた新羅に平定された。
※2　**『扶桑略記』**　初代・神武天皇から第七三代・堀河天皇までの歴史を綴った編年体（時系列）の歴史書。著者は皇円阿闍梨とされ仏教史に重点が置かれている。記述は堀河天皇在位中の嘉保元年（一〇九四）で終わっている。

法隆寺　奈良県斑鳩町。創建は推古15(607)年とされ、その後火災で伽藍を焼失し再建されたものの、現存する世界最古の木造建築群として知られる

て疫病などの天災地変が起こるだろうと言い、受け入れに大反対した。これに対して、蘇我氏の頭領の蘇我稲目《いなめ》は、外国でも信奉されている善神をまつれば、国家安泰に寄与するだろうと言って賛成していた。

結局決着がつかないまま、欽明天皇は「試みにまつれ」といって伝来の仏像を蘇我稲目に下賜した。つまり、物部尾輿が言うように、これをまつれば天災地変が本当に起きるかどうか、試しにまつってみろといって丸投げしたのである。

稲目は拝領した仏像を持ち帰って向原《むくはら》の自邸にまつったが、しばらくすると疫病が大流行した。この事態に物部尾輿は自分の予言が的中したとして蘇我氏の私邸を打ち壊し、伝来の仏像を持ち出して難波《なにわ》の堀江《ほりえ》というところに遺棄した。

その後も両氏の争いは続き、高句麗や新羅から仏像や仏典がもたらされたが、すべて物部氏に破壊され、遺棄された。五八七年には蘇我馬子が聖徳太子の協力を得て、飛鳥に法興寺《ほうこうじ》（飛鳥寺《あすかでら》）を建立した。ここに日本で最初の本格的な伽藍《がらん》が創建されたが、その建物も物部氏によって破壊された。

そして、翌五八七年、両氏の決戦が行われる。古くから朝廷の警護を担当していた物部氏は武勇に長《た》けており、武士のことを「もののふ」というのは「もののべ」の転訛《てんか》であるといわれている。しかし、聖徳太子も参戦したこの決戦では、蘇我氏が奇跡的に勝利を収めた。以降、仏教交流は順調に進み、四天王寺《してんのうじ》や元興寺《がんごうじ》（飛鳥寺）、法隆寺といった仏教寺院が創建されて、仏教は日本の国土にすっかり根を下ろすことになったのである。

ところで、仏像が遺棄された難波の堀江については、はっきりしたことが分からない。しかし、当時大陸や朝鮮半島からやってくる船は、四天王寺の南方の難波《なんば》、現在の天王寺《てんのうじ》近くの港に入港し、そこから荷揚げされていた。物部氏は、災いの元になる憎き仏像を陸揚げした港に戻して、そこで遺棄したと考えられる。

伝来当初から接近し続けた神と仏

蘇我氏と物部氏との熾烈《しれつ》な争いはあったものの、仏教と日本古来の神に対する信仰は徐々に接近していき、早くから神仏習合の原形が出来上がっていった。

日本は多神教の国で、古くから八百万神（八百万の神）といわれるほど多くの神が存在していた。一方、仏教は神のいない宗教であるが、紀元前後に興起した大乗《だいじょう》仏教は、布教のためにインド古来の多くの神々を取り入れ、日本に伝えられたときには立派な多神教に変容していたのである。

そして、日本人は仏教伝来当初から、インドからやって来た仏と菩薩《ぼさつ》を、日本の神の一つとして受け入れてきたのである。つまり、早い時期に日本の神々とインドの神々（仏・菩薩）は渾然《こんぜん》としてまつられ、日本人は何の違和感もなく神と仏を崇《あが》めまつってきた。今も日本人は初詣《はつもうで》に神社と寺を梯子《はしご》してお詣《まい》りするし、家庭に神棚と仏壇が同時にあって何の不思議も感じない。そのような習俗の起源は、仏教伝来の当初に遡《さかのぼ》るのである。

日本人は古くから身の回りにある木や石、山や川などさまざまな自然物を神として崇めてきた。これをアニミズム（精霊崇拝《せいれいすうはい》）と呼んでいる。そして、呪術《じゅじゅつ》的手法によって精霊の声なき声に耳を傾け、従順に従って祈願すると神は幸いをもたらしてくれると信じてきた。このような呪術的宗教形態をシャーマニズムと呼ぶ。

アニミズムやシャーマニズムは非常に原始的な信仰形態で、今も北米のネイティブ・アメリカンやカナダのイヌイットなど、多くの民族に共通に見られる。

日本の神道はこのアニミズムとシャーマニズムが基礎になっており、今も神社の境内などには木や岩に注連《しめ》縄をはっている光景がふつうに見られる。

また、日本では古くから先祖の霊も神として崇めてきた。そして、この自然物に宿る精霊と先祖の霊が合わさったものが、氏神《うじがみ》などと呼ばれる日本の神の正体である。たとえば、伊勢神《いせじん》宮《ぐう》の天照大御神《あまてらすおおみかみ》は天皇家の祖先の霊と太陽神を合わせたものである。

また、神社には本殿の主役の神のほか、多くの神がまつられている。たとえば、八幡神社の境内にお稲荷さんがまつられているといった例が、多くの神社で見られる。

仏教が伝えられるはるか以前から、日本人は多くの神を同時に信仰することに何の不思議も感じなかった。そして、仏教とともにやってきたインドの神（仏）も、古くからの日本の神の一つとして受け入れられた。これが神仏習合の出発点で、その後、日本で特異な発展を遂げることになるのである。

仏像の日本的展開

キリスト教やイスラム教では偶像否定の観念が強く、神の姿を偶像で表すことはタブーとされている。キリスト教では聖母マリアやイエス・キリストの像は造るが、全知全能の神ヤーウエの像をつくることは禁じられている。また、イスラム教は完璧《かんぺき》な偶像否定を貫き、モスクなどでは一切の偶像が排除されている。

インドでも偶像否定の観念があり、釈迦在世当時から約五〇〇年の間は偶像としての仏像が造られることはなかった。しかし、釈迦への思慕の念が募り、釈迦に会いたいという機運が仏教徒の間で高まった。それで、紀元一世紀の中ごろに、古代インド西北部のガンダーラ（現在はパキスタン領）で最初の仏像が造られたのである。当初、仏像は人々が思い慕って止まない釈迦の身代わりとして登場した。

紀元一世紀の半ばに仏教が中国に伝えられると、仏像もほぼ同時に伝えられた。さらに朝鮮半島を経由して日本に伝えられたのは五三八年（『日本書紀』では五五二年）のことである。以降、日本でも仏像が造られるようになり、飛鳥・白鳳《はくほう》時代や奈良時代、平安時代、鎌倉時代を通じて各時代に特徴的な仏像が生まれ、現在、奈良や京都、鎌倉を中心に日本各地の寺院には国宝、重要文化財を含む膨大な数の仏像が納められている。

平安時代になって神仏習合が進展すると、神社の祭神として観音菩薩や薬師如来をまつるようになった（一八八ページを参照）。本来、日本の神社の信仰（いわゆる神道）も偶像否定で、神は目に見えないものと考えられていた。だから、仏像も同じようにとらえられ、見ることは非礼で不謹慎であるとの認識が生まれた。

そこで、仏像は早くから秘仏化されたのである。日本各地には膨大な数の仏像があるが、江戸時代までは日本中のほとんどの仏像が秘仏で、三三年に一度の御開帳があるくらいである。今も西国三十三観音霊場の観音菩薩は、ごく一部しか拝観することができない。神道の神と同じように、見えざるものに対する信仰であり、物理的な視覚能力で「見る」のではなく、心眼（心の眼）で「観る」のである。

心で観るという意味では、日本人は心の中に仏像を持っているということができる。奈良時代に聖武天皇は国分寺《こくぶんじ》造営の詔《みことのり》を発して「日本全国の人々の心の中に仏をまつれ」と言ったが、実際に仏がまつられている寺院などに行かなくても、心の中の仏と常に一緒にいることができる。そして、機会を得て仏像のまつられている寺院に行く。しかし、そこも秘仏で拝観はできない。それでも、心の中の仏と、寺院にまつられている仏が出会うことによって、人々は安堵《あんど》するのである。

また、日本人が「仏さま」と言った場合、必ずしも釈迦如来や阿弥陀《あみだ》如来を指しているのではない。そこには「先祖」という意味が込められている。だから、仏壇のある家庭で「仏さま」にお茶やご飯を上げると言った場合、仏壇にまつられている釈迦如来像などの仏像を意味しているのではなく、仏像や位牌《いはい》に宿っている祖先の霊を指しているのである。

先に述べたように仏像はいわば釈迦の身代わりとして誕生したのだが、日本に伝わると仏像は先祖の霊の依代《よりしろ》という認識に変わった。日本には早くから先祖供養の観念があったと考えられている。一方、仏教は生きているものの救済を主眼とする宗教である。もちろん、釈迦も先祖を大切にしろと言っているが、取り立てて先祖だけを大切にしてその幸せを祈る供養をせよとは言っていない。一般に仏教は日本の文化に多大な影響を与えたと言われているが、影響を与えられたのは、むしろ仏教の方なのである。

仏像には霊が宿る

日本人は仏像には霊が宿っていると考えた。これは神社の祭神に霊が宿っているということから来た日本的発想である。だから、仏像を開眼《かいげん》するに当たっては霊入《たま》れといって、魂を込める儀式が行われる。逆に仏像を修理に出したり、出開帳や特別展への出展のため寺を離れたりするときには、「お性根抜《しょうねぬ》き」といって性根（霊魂）を抜く儀式が必ず行われるのである。これは神社の祭礼で御旅所（神霊がしばし留《とど》まるところ）にまつられた神籬《ひもろぎ》などに、霊入れを行うのと同じである。

前述したように、日本人は仏像を物理的な視覚で「見る」のではなく、心眼でとらえた。つまり、互いの魂が触れ合うことによって、人は仏像との意思の疎通ができると考えたのである。だから、具体的な姿を肉眼で見る必要はない。ここに善光寺《ぜんこうじ》の本尊のように、一四〇〇年の間、誰の眼にも触れることがなくても信仰が保たれるという「秘仏」が誕生したのである。

仏像を魂の依代と考えた日本人にとって、仏像は単なる偶像ではなく、生命のあるものと考えた。そこで、善光寺如来や清涼寺《せいりょうじ》の釈迦如来のように、衆生《しゅじょう》救済のためにインド、中国、日本を巡ったという「三国伝来」の仏というものが登場した。

生命があるということから、清凉寺の釈迦如来像のように胎内に五臓六腑《ろっぷ》（人間の内臓）の模型を込めてリアリティーを追求した。そして、胎内には「胎内仏」と称する小仏や経文など、さまざまなものが納められるようになった。このように胎内に埋納品を納めるというのは日本の仏像の特色である。

鎌倉時代以降、仏教が民衆の間に一気に広まると、「印仏《いんぶつ》」や「摺仏《しゅうぶつ》」というものが胎内に納められるようになった。「印仏」は三、四センチメートルの方形、あるいは、円形の木などに仏の姿を彫った印章を半紙に五〇体から一〇〇体、捺《お》したもの。また、「摺仏」は半紙大の板木に八〇体から一〇〇体の仏を彫り、それを半紙に刷り込んだものである。

また、故人の書簡などの上に印章の仏像を捺したり、板木に刻まれた仏像を刷り込んだりしたものもある。そのほか、故人の遺髪や遺骨の一部などが埋納されているケースもある。これらはもちろん故人の菩提《ぼだい》を弔うためであり、日本人にとって仏像は故人と生きている近親者などの魂の媒体としての役割を果たしたのである。

このように、仏像の胎内に埋納物を込めるというのは、建物の柱の下などに銭貨などを埋める「うづみもの」に淵源《えんげん》すると考えられる。蘇我馬子が五重塔を建てたとき、礎石のホゾに何も入れずにいきなり柱を立てた。これを見ていた聖徳太子が、この五重塔は間もなく破壊されるだろうと呟《つぶや》いたという。その言葉の通り、五重塔は間もなく物部氏の手で打ち壊されたという。

今も建築に際して、柱を立てるときには銭貨などを埋める風習は受け継がれている。これは恐らく、これから建築する建物全体に生気を与えるという意味があるのだろう。その風習が仏像にも適用されたのである。

また、江戸時代に盛んになった出開帳のほかにも、仏像は朝敵退散などの理由で方々に出向いて行った。成田山新勝寺の本尊の不動明王像は、もともと京都の神護寺《じんごじ》にまつられていたものだが、承平《じょうへい》五年（九三五）に平将門《たいらのまさかど》の乱が起こると、その平定のために常陸国（現在の茨城県）に運ばれ、戦場に安置されて平定の祈願が行われた。

間もなく将門は討たれて乱は治まった。そこで、不動明王を神護寺に戻そうとしたとき、仏像は自ら声を発して「私はここに留まって東国の守護となる」と言った。そこで、堂を建ててまつり、その後、現在地である千葉県成田市に移してまつった。これが成田山新勝寺の縁起である。

また、岐阜県に横蔵寺《よこくらでら》という古刹《こさつ》がある。かつて最澄《さいちょう》が笈《おい》（山伏が背負っている箱型の入れ物で、中に仏像が納められている）に自ら刻んだ薬師如来像を安置して、美濃《みの》地方で流行《はや》っていた疫病退散を祈願していた。そして、横蔵寺のところに差し掛かったときに笈を下ろして小休止し、再び出発しようとして笈を持ち上げたところ、笈は横倒しになり重くなってどうしても持ち上がらない。

そこで、最澄はこの薬師如来はここが気に入っているのだと思い、横倒しになったまま小庵に安置した。横になったまま蔵した（納めた）ことから「横蔵寺」と名付けたという。その後、戦国時代に織田信長の焼き討ちにより、比叡山延暦寺の本尊の薬師如来が焼失した。このとき、横蔵寺の本尊の薬師如来像は比叡山に移しまつられた。これが現在の比叡山延暦寺の本尊である。代わりに横蔵寺には、京都の小祠にあった薬師如来像を移して本尊とした。

また、民間では「雨降り観音」「雨降り地蔵」などという像がまつられている。降雨がなく飢饉《ききん》の恐れが生じたとき、村人が仏像に縄をかけて村中を引き回す。そして、仏像が痛い痛いといって流す涙が雨になると信じられた。

さらに北海道の西海岸沿いには円空仏をまつる寺が少なくない。円空は青森まで行ったが、そこで津軽藩と何らかのトラブルがあり、蝦夷地に渡る許可が下りず、しばらくの間、津軽（青森）に留まった。その間に津軽各地で多くの仏像を造ったのであるが、その一部を海に流した。それが海流に乗って流れ着いたものと考えられている。これらの円空仏は観音菩薩で三《さん》千院《ぜんいん》の阿弥陀三尊像の観音菩薩に見られるように両手で蓮の台を抱えたものである。円空は死者の供養のためにこのような来迎《らいごう》の姿の観音菩薩を造って海に流したものと考えられている。

また、漂着物を拾ってまつるということは、恵比須《えびす》信仰とも関係がある。第一章でも触れたように、イザナギ・イザナミの間に最初に生まれた子どもはクラゲのように骨がなく、蛭子神《ひるこ》と呼ばれた。三歳になっても足が立たなかったので二人はその子を葦舟《あしぶね》に乗せて海に流してしまった。そして、蛭子神は日本の沿岸を一周して西宮の浦（岬）に漂着した。その蛭子神をまったのが兵庫県の西宮戎であると伝えられている。

恵比須神は稀《まれ》にやって来て幸いをもたらす漂着神で、稀人神《まろうどのかみ》（客人神とも書く）とも呼ばれている。日本の沿岸の住民はサメなどの大型の回遊魚や水死体が漂着してくると、それをすくい上げて鄭重《ていちょう》に葬り、その御魂《みたま》を神社などにまつったのである。

また、「エビス」は「胡」とも書く。胡《こ》の国の住人は中国北方の異民族のことで、その南下による侵入を防ぐため、万里の長城が築かれた。しかし、彼らはときとして素晴らしい文物や文化をもたらした。たとえば、「胡桃《くるみ》」「胡瓜《きゅうり》」「胡坐《あぐら》」などである。だから、恐れる反面、期待と歓迎をもって迎えられていた。

葬送儀礼に見る日本的特性

日本では結婚や出産などの祝儀は神式で、葬儀や年忌法要などの不祝儀は仏式で行うというのが通り相場になっている。しかし、仏教が葬儀や年忌法要を担うようになったのは、主に平安時代以降のことで、それまでは日本古来の葬送儀礼が行われていた。しかし、平安時代ごろから穢《けが》れの観念が発展してくると、神社では穢れを忌避するようになり必然的に仏教が死者の弔いを行うようになったのである。

人類が死者を弔うようになったのは今から約六〇万年前に現れた旧人《きゅうじん》の段階で、ネアンデルタール人がその代表である。そして、約二〇万年前の遺跡と考えられるイラクのシャニダール洞窟《どうくつ》からは旧人の骨の頭部付近に多くの花粉が発見され、当時の人類がすでに死者に哀悼の意を捧《ささ》げていたと考えられている。

日本での埋葬例は今から約一万二〇〇〇年前（一万六〇〇〇年前という説もある）に始まる縄文時代の遺跡に見られ、それから紀元前三世紀頃にはじまる弥生時代にかけて、多くの遺体が埋葬された。しかし、四世紀から七世紀に及ぶ古墳時代になると階級分化が進み、豪族などの有力者は大掛かりな墳丘を築いて埋葬されるが、恐らく一般民衆は特定の場所に遺棄されていたと考えられる。

このように、遺体を居住地の近くの山など特定の場所に遺棄することを「風葬」と呼んでいる。肉体は朽ちて土に還《かえ》るが、その魂は山中を彷徨《さまよ》った末に昇天して神になると考えられていた。このようにして神になった霊は、個別の性格を失って血縁関係を超えた共同体共有の祖先の霊（祖霊）となり、時代が下ると民間では「氏神」、その子孫である共同体（ムラ）の成員を「氏子」と呼ぶようになった。ここに共通の祖先と生者を結び付ける祖先信仰が生まれたのである。

一方、天皇や豪族などの貴人は亡くなるとすぐに遺体を普段の生活空間から運び出し、「殯《もがり》宮《のみや》」という仮屋に安置した。殯は死者の肉体が腐乱して白骨化するのを見届けるもので、一般庶民の間で行われていた風葬とも共通するものがある。『魏書《ぎしょ》』には殯の期間は三年と記され、その期間に肉体が消滅して清浄な霊魂だけになると考えられていた。

鎮魂と供養

仏教が伝えられると「供養」という観念が入ってくる。「供養」とはサンスクリット語の「プージャー」の訳語で、神に供物などを供えることを意味している。ヒンドゥー教では今も日々の祭祀のときに、さまざまな食べ物などを供える風習がある。しかし、ヒンドゥー教のプージャーは主に神を対象として行われるもので、日本でいえば神饌《しんせん》を供えることに類似している。

日本での「供養」は、専ら死者を対象とし、死者が無事に成仏できるよう供物を捧げることで、日本の古くからの習俗である「鎮魂」にあたる仏教語である。日本とインドでは「神」の概念が異なり、ヒンドゥー教のシヴァ神やヴィシュヌ神は、キリスト教のヤーウェやイスラム教のアッラーに近いが、日本の神は祖先が神となったものである。だから、仏教とともに供養の観念が伝えられると、祖先にも供物などを捧げるようになった。ただし、ヒンドゥー教にも祖霊祭という重要な祭祀があって、この場合のプージャーの対象はもちろん祖霊（祖先）である。

また、日本では「追善供養」というものが特異な発展を遂げた。「追善」とは亡くなった人に代わって、生きている者が善行を積むことである。仏教では「善因善果　悪因悪果」を説き、善い行い（原因）をすれば善い結果が生まれると考えられている。だから、死んだ人の代わりに善行を積み、その善行によって死者が無事に往生してくれることを願うのである。ただし、その善行は、善行を行った人にも善い結果（善果）をもたらす。

それで中世以降は、死者のために通夜や葬儀を営み、年忌法要を行うことになっている。日本で仏教行事といわれているもののほとんどは「追善供養」である。お盆に先祖を迎えるのも、彼岸に墓参りをするのも追善供養である。そして室町時代の後期以降、とくに江戸時代に檀家《だんか》制度が確立してから、仏教寺院は葬儀や年忌法要などの追善供養に注力することになった。これが「葬式仏教」といわれる所以《ゆえん》である。

また、今も通夜や葬儀でお斎《とき》などと呼ばれる食事や酒を出す風習がある。そのとき、親族などが「供養になりますから箸をつけてください」などというのが常套句《じょうとうく》になっている。これは神事や祭事のときの「直会《なおらい》」の風習に倣ったもので、神人ともに利益にあずかるという意味がある。

また、民間では法要の後の食事を「鉢洗い」などと言っているが、この「鉢洗い」という言葉は「直会」と同義に使われているようだ。ただし、通夜や葬儀などの法要の後の食事（お斎）には、神事の「直会」とは別に供養の意味が含まれているようである。供されたものを一人でも多くの人が食べることによって、亡き人が早く成仏すると信じられている。

ところで、かつて無差別殺人があった現場に献花台が設けられ、そこに花と共に犠牲者が好きだった食べ物や飲み物、タバコなどが供えられていた。それを誰かが取って食べているということが問題になった。マスコミをはじめ多くの人が死者を冒瀆《ぼうとく》する行為だと憤っていたが、これも日本人の伝統的な死生観からみれば、「供養になる」ということで説明がつくような気がする。

また、塔婆などには「追善菩提」という言葉がよく見られる。「菩提」とはサンスクリット語の「ボーディ」の訳語で「悟り」の意味である。つまり、生きているものが死者に代わって善行を積み、その功徳によって死者に早く成仏（悟りの境地に達する）してもらうことである。

塔婆の起源は日本独自の風習にある

墓地に立てられている卒塔婆《そとば》は、釈迦の墓にもなったインドのストゥーパに由来するといわれている。このストゥーパを音写（サンスクリット語の発音を漢字の音に写すこと）して「卒塔婆」となったのだといわれている。そして、これを略して「塔婆」といい、さらに略して「塔」というようになったのだと仏教的には説明されている。

確かに五重塔などは、頂上に金属製の相輪《そうりん》と呼ばれる構築物をいただき、これがストゥーパをミニチュアにしたものであることに異論を挟む余地はない。しかし、墓地に建ち並ぶいわゆ

インドのストゥーパ　インド中部に位置するマディヤ・プラデーシュ州のサーンチー村には、インド最古の仏教遺跡が広がっている

る「板塔婆」はストゥーパとは異なり、その起源は日本独自の習俗にある。

仏教民俗学者の五来重《ごらいしげる》は、日本では古くから死者を葬るときに木を植える風習があったといっている。古くは「風葬」といって遺体を居住地の近くの山中に放置するのが一般的だった。「風葬」というと聞こえは良いが、実際には生活圏から離れたところに遺棄したのである。京都の鳥辺山《とりべやま》や化野《あだしの》といったところは、古くは京都市民の死体の捨て場だった。死体の周囲には木を植えて外から死体が見えないようにしたのだという。

このような「風葬」は地域によっては明治以降も行われていたようだが、時代が下って土葬をするようになると、土饅頭《どまんじゅう》を作ってその上や周りに木を植えるようになった。そして、その木はしだいに象徴的なものになり、杉やヒノキなどを切って枝葉のついたまま立てるようになった。これが板塔婆の原型であるという。

そして、仏教が入ってくるとその木の下部を削って戒名や没年、経文などを書くようになった。このような枝葉のついた塔婆を「梢《うれ》付き塔婆」という。仏教的には三十三回忌を過ぎると死者は成仏すると考えられ、先祖累代の霊と合して個別の法要は営まなくても良いとされた。そして、三十三回忌のときに施主が山から杉やヒノキなどを伐《き》り出してきた枝葉のついた「梢《うれ》付き塔婆」を墓所に立てたのである。このような風習は戦後のある時期まで行われていたようである（五来重著『日本人の死生観』）。

また、三十三回忌を期して先祖の霊と合するというのも仏教思想に基づくものではない。日本では古くから死者の霊はしばらくの間、山中を彷徨い、やがて山頂から昇天して神となると考えられていた。この日本古来の信仰に仏教的な説明を加えて三三年を経ると仏になる（成仏する）と言われるようになったのである。

このような「梢付き塔婆」が次第に簡素化されて形式化され、一枚の板になった。これが現在も見られる「板塔婆」である。このような板塔婆がいつごろ出現したかについては定かではないが、恐らく年忌法要が定着した室町時代ごろからあらわれたものと考えられる。

仏教で三の倍数は無限をあらわし、本来三三年というのは実数ではなく非常に長い間という意味である。また、江戸時代になって檀家制度が確立し、檀家が菩提寺に墓地を確保して土葬が進むと、前に亡くなった人の遺骨は定期的に整理してゆく必要が出てきた。そこで、三三年を一応の節目として、合理的に遺骨を整理することができるようにしたのである。ただし、かつては大家族だったので、一家の者も次から次へと亡くなっていく。だから、三三年はとうてい待てないのであって四、五年もすれば「梢付き塔婆」を立てて形だけの三十三回忌の法要を行い、遺骨を整理するケースもあったようだ。

このように、板塔婆は日本の古い習俗に由来するもので、仏教とは何の関わりもないものだった。五来重はこの問題を扱うとき、「板塔婆」の類《たぐい》は「とーば」と仮名で表記して、ストゥーパ由来の「卒塔婆」と区別している。

神仏習合——日本独自の信仰形態

欽明天皇七年（五三八）に仏教が伝来したとき、古代の有力豪族、物部氏と蘇我氏の間で仏教の受け入れに関した論争が起こった。物部氏は初代現人神《あらひとがみ》、神武天皇の時代から朝廷に仕えて軍事や神事を担当してきた豪族で、仏教の受け入れには大反対した。いっぽう、蘇我氏は渡来系の信仰の氏族で、大陸からもたらされた最新の技術を駆使して産業を興して成功し、巨万の富を手中に収めていた。蘇我氏は物部氏のように強大な武力や宗教的な智慧《ちえ》も持ち合わせていなかった。

古くは祭政一致で「祭り」はすなわち「政《まつ》り」だった。このことから宗教（祭り）は権力と密接に結びつき、宗教的な主導権を取ったものが覇権を握ることになったのである。この宗教的な主導権を「祭祀権」といい、古代の祭祀権は天皇が掌握していた。そして、物部氏は宮中の神事や祭事を司ることによって天皇の祭祀権を補佐する立場にあったのである。

このように朝廷内に確固たる基盤を構築していた物部氏は、外来の神（仏）を受け入れれば日本の天神地祇《てんしんちぎ》（いわゆる八百万の神）の怒りをかって、疫病や天災地変に見舞われるだろうと言って頑強に反対したのである。

これに対して蘇我氏には財力はあるが宗教のような文化的な背景がなかった。新たに入って来た仏教は、天皇家との関係を密にする上で願ってもないツールになった。そこで、蘇我氏は仏教は外国でも広く信奉されているので、我が国でも受け入れるべきことを強く主張したのである。

この仏教の受容を巡って両豪族の間で侃々諤々《かんかんがくがく》の議論が交わされたが、けっきょく、結論には至らなかった。そして、これには欽明天皇もハッキリとした決断を下すことができなかったのである。当時は大和朝廷が主権を握っていたものの、天皇の権威はそれほど強いものではなく、むしろ二大豪族に押される形になっていた。

当時、四天王寺から下った現在のあべのハルカスがある辺りは港になっており、遣唐使船のほか大陸や朝鮮半島からの船が寄港した。百済から贈られた仏像もここから陸揚げされたもの

四天王寺　大阪市天王寺区。聖徳太子が建立した、日本最初の官寺といわれている

と考えられ、物部氏は仏像を陸揚げした場所までわざわざ運んで遺棄したのではないかというのである。

いずれにしても、それ以降、両豪族の争いはますます盛んになり、熾烈な戦いが約半世紀にわたって繰り返された。しかし、五八七年、蘇我氏は最終決戦に勝利し、紛争に終止符が打たれた。聖徳太子の四天王への祈願が功を奏して奇跡的に勝利を収めたとされるが、物部氏は古くから軍事力を背景に朝廷に重用されていた氏族で、戦力では蘇我氏を圧倒していた。

この戦い以降は蘇我氏の独壇場となる。仏教によって国を治めようとする聖徳太子の政策もあり、飛鳥寺や四天王寺、法隆寺などの大寺が次々と建立され、日本における仏教は急速に繁栄したのである。

両豪族の闘争は、仏教を政争の具にした覇権争いで、宗教としての仏教自体を排斥しようとするものではなかった。今も日本人は信仰心がないなどと言われるが、実態はそうではない。外来の文化や宗教に対して極めて無関心、よく言えば寛容な態度を取る民族性なのである。すでに弥生時代から朝鮮半島を経由して、大陸の文化を諸手《もろて》を挙げて受け入れ、それを短期間にアレンジして自家薬籠中《じかやくろうちゅう》のものにしてきた。だから、仏教に関しても何の違和感もなく受け入れられるはずだった。

　現に渡来人たちは仏教の公伝以前から仏像をまつって、日々礼拝していたことが平安時代に編纂された歴史書である『扶桑略記』の中にも見えている。渡来人たちが風変わりな異国の神（仏）を礼拝していても、日本人は無関心だったのである。しかし、百済から日本に対して正式に信奉を勧めてきて、政治的に絡んできたために事情が一変したのである。

　キリスト教やイスラム教のような一神教の国では、宗教は決して融合することはないが、多神教同士は容易に結びつく。仏教は元来、神のいない宗教である。釈迦は人間としてこの世に生まれて悟りを開き、人間として死んでいった。だから、釈迦の教えに従って修行をすれば誰もが悟りを開くことができるというのである。

　しかし、紀元一世紀ごろに大乗仏教が興ると、多様な神々を信仰する人々の中に仏教をひろめるにあたって、彼らの神々を積極的に取り入れていった。そして、紀元一世紀に仏教が中国に伝わると中国の神々も受容し、日本に来た頃には仏教は紛れもない多神教に変容していたのである。そこで多神教と化した仏教の仏、菩薩などと、日本の八百万の神は何の違和感もなく習合することができたのである。

神仏習合の曙光

日本に仏教が伝えられて以来、徐々に接近を続けてきた仏、菩薩と日本の神々は、奈良時代（八世紀ごろ）になるとさらに親密になり、奈良時代のはじめには神社の神前で経を読む「神前読経《しんぜんどきょう》」というものが行われるようになった。現代人の感覚からすると神社での読経とは奇異な印象を受ける。しかし、今でも熊野三山などに行くと白い帷子《かたびら》に袈裟《けさ》を掛け、数珠《じゅず》を手にした巡礼の人たちが神前で『般若心経《はんにゃしんぎょう》』や『観音経《かんのんぎょう》』などを読む姿をしばしば目にする。

また、比叡山の鎮守である日吉神社では、例大祭のときなどに数十人の比叡山の僧侶《そうりょ》が本殿の前で「神前読経」を行っている。同じように高野山《こうやさん》でも、鎮守の丹生都比売《にうつひめ》神社で高野山の僧侶による神前読経が復活している。

そして、奈良時代も後半になると、神社で神前読経や仏事などを行う「社僧」という神社所属の僧侶が常駐するようになった。さらに、奈良時代の末には「神宮寺《じんぐうじ》」という神社所属の寺院が出現して、神仏習合は急速に進展していったのである。

この神宮寺の創建に関しては、三重県の多度《たど》神社の『神宮寺伽藍縁起幷《ならびに》資財帳』という古文書にその経緯が端的に述べられている。それによると、当地の豪族、桑名《くわな》一族の氏神である多度大神は、長年にわたって日本の神としての修行に励み領民を助けようとしてきた。しかし、最近はその力にも限界を感じて苦しんでいる。そこで、これからは仏法（仏教）に帰依してその修行を取り入れ、領民の力になりたいと思う。

生粋の日本の神が概《おおむ》ね以上のようなことを言いだしたのである。すなわち、日本の神が仏教徒宣言をするという前代未聞の事態が生じたのである。しかも、このような日本の神の仏教徒宣言は、多度大神に前後して各地で発せられたのである。

このような奇妙な宣言が行われたのは、次のような理由によると考えられる。日本の神は穢れを極度に嫌うことから、神社で行われる神事の基本は穢れを祓うことにある。今でも喪中のときに鳥居を潜ってはならないといわれるが、これは神道で死を穢れとみなすことによるのであり、死の穢れに触れたものが神に近づくことをタブーとするからである。肉親や親しい人を亡くして悲しみに暮れている人が神社に癒《いや》しを求めても、門前払いを喰《く》らうことになる。

これに対して仏教では死を穢れとみなすことはなく、遺体は懇ろに経をあげて菩提を弔った上で埋葬し、遺族の悲しみにも丁寧に対応してくれる。また、特に密教が伝えられてからは病人の前で護摩を焚《た》いて加持祈禱《かじきとう》を行い、病気平癒を願ってくれる。

こういった現実を見た人たちは日本の神に言い知れぬ頼りなさを感じ、逆に仏教には頼もしさを感じたことは当然である。そこで神々が仏教に帰依するという形をとって神社という神々の聖域に寺院をたてる大義名分としたのである。もちろん、仏教に帰依しようとしたのは神々ではなく人間である。

本地垂迹説――神仏習合の決定版

これまで述べてきたように、神と仏は時代とともに親密の度を深めていった。そして、平安時代になると「本地垂迹説《ほんじすいじゃくせつ》」という神仏習合の決定版が確立したのである。

これは日本の神はインドから来た仏、菩薩が仮にあらわした姿であるという思想である。「本地」とは本体、親分、「垂迹」とは本体の影のようなもので、親分に対する子分である。なぜこのような説が説かれるようになったかというと、仏教の仏、菩薩はまだインドから来て日が浅い。だから、何か頼みごとをしたり、助けを求めたりするときに親しみが薄く、何となく相談しにくい。そこで、古くから慣れ親しんでいる日本の神（子分）が先《ま》ず前面に現れて人々の望みを聞き、それを親分であるインドの仏、菩薩に報告する。そして、実際に相談を受けて救済してくれるのは仏教の仏、菩薩なのである。

この本地垂迹説はもともと『法華経』の中で説かれたもので、『法華経』では世界の中心にブッダの教えそのものを神格化した「久遠実成《くおんじつじょう》の釈迦如来」という仏が悠久の過去から未来永劫《えいごう》にわたって存在し続け、この仏から無数の仏、菩薩が生まれて人々を救済し続けると説く。そして、久遠実成の釈迦如来は「本仏《ほんぶつ》」、そこから生まれる無数の仏、菩薩は「化身《けしん》」と位置付けられている。

また、『法華経』は二八品《ほん》（二八章）からなる経典であるが、第一品から第一四品までを「迹門《じゃくもん》」、第一五品から第二八品までを「本門《ほんもん》」とし、「迹門」は方便として説かれた序章のようなもので、「本門」にその本領が説かれているという考え方がある。

もともと多神教のインドでは数多く存在する神々の中に仏教の仏が入り込んでいったとき、仏が既存の神々の中に埋没して仏教の教えが伝わらない恐れがあった。それを避けるために『法華経』の内容を「本迹二門《ほんじゃくにもん》」に分けて、本門では久遠実成の釈迦如来の存在を際立たせることによって、他の神々との差別化を図ったと考えられる。

このように『法華経』に説かれた思想を日本の神とインドの仏、菩薩に当て嵌《は》めて説いたのが日本流の本地垂迹説なのである。この説はおそらく平安時代のはじめに空海《くうかい》（七七四〜八三五）あたりが先鞭《せんべん》をつけ、平安時代の中ごろに差し掛かるころには、神仏習合思想の中で不動の位置を占めたのであろう。

これによって、各地の由緒ある霊験《れいげん》あらたかな神社の祭神には本地仏が定められるようになった。たとえば、熊野三山では熊野本宮大社の祭神（垂迹）は熊野家津美御子大神《けつみみこのおおかみ》という歴《れっき》とした日本の神であるが、その本地仏は阿弥陀如来である。熊野速玉《はやたま》大社（新宮）の祭神（垂迹）は熊野速玉大神という日本の神で、本地仏は薬師如来。熊野那智《なち》大社の祭神は熊野夫須美《ふすみ》大神という女神だが、本地仏は千手観音といった具合である。

もう一つ例を挙げると、日光東照宮《にっこうとうしょうぐう》の祭神は徳川家康を神格化した東照大権現であるが、本地仏は薬師如来である。祭神の東照大権現は東照宮の本殿にまつられており、本地仏の薬師如来は通称、鳴き龍のお堂と呼ばれている本地堂にまつられている。

また、今では日光は二荒山《ふたらさん》神社、東照宮、輪王寺《りんのうじ》の二社一寺といわれてそれぞれ独立した宗教法人になっている。しかし、明治の神仏分離以前は日光山という一つの山が信仰の対象となっており、男体山《なんたいさん》（二荒山）、女峰山《にょほうさん》、太郎山という三山のそれぞれの頂上に神が降臨すると考えられていた。

そして、二荒山の祭神は大己貴命《おおなむちのみこと》で本地仏は千手観音、女峰山の祭神は田心姫命《たごりひめのみこと》で本地仏は阿弥陀如来、太郎山の祭神は味耜高彦根命《あじすきたかひこねのみこと》で本地仏は馬頭観音と定められていた。東照宮に隣接した輪王寺の三仏殿（本堂）には高さ七メートルを超える本地仏が安置されている。

また、本地垂迹説に伴って「権現」という神号が用いられるようになった。権現の「権」は「仮に」という意味で、建て替えに伴って建てられた仮の社を「権殿」と呼んでいる。先にも触れたように日本の神はインドの仏、菩薩が「仮に現した姿である」という意味である。

権現とともに「明神《みょうじん》」という言葉も使われるようになった。平安時代に編纂された法令書、『延喜式《えんぎしき》』神名帳《じんみょうちょう》には全国の二八〇〇余りの由緒ある神社の歴史や祭神などについて記されているが、その中でも特に由緒ある霊験あらたかな神社を「名神大社」と称する。明神の「明」はもともと「名神大社《みょうじんたいしゃ》」の「名」だったが、本地垂迹説が普及すると不動明王をはじめとする明王の「明」の字を当てるようになった。すなわち、「明王の力を持った日本の神」という意味である。

「権現」や「明神」は全国各地の霊験あらたかな神社の神号として中世以降に用いられるようになった。たとえば、熊野大社は「熊野権現」、春日大社は「春日明神」と呼ばれて信仰を集めたのである。しかし、これらの神号は神仏習合の申し子のようなものであることから、明治の神仏分離のときに使用が禁止されたのだった。

たとえば、東京の神田明神は神田神社と改められ、今もそれが正式名称になっていて神門の脇には「神田神社」と刻まれた大きな石碑が立っている。しかし、ほとんどすべての平均的な日本人は今も神田明神と言っている。神田神社ではご利益も半分以下になるという印象があるのだろう。また、時代劇で有名な銭形平次《ぜにがたへいじ》も「神社下の平次」では投げ銭もよく当たらないような気がする。やはり、「明神下の平次」でなければならないのだ。

すでに奈良時代には神宮寺などが創建され、神と仏はしっかりとタッグを組むようになった。そして、平安時代になって「本地垂迹説《ほんじすいじゃくせつ》」が確立すると、神仏習合はまさに佳境に入り、日本独自の宗教として民衆の間にも深く根を下ろしていった。

反本地垂迹説

本地垂迹説のような考え方を「仏主神従《ぶっしゅしんじゅう》」というが、これはもちろん仏教側からとなえられた理論である。つまり、仏が主体で神がそれに従属するという意味である。これに対して鎌倉時代の末には神が主体で仏が従うという考え方が登場してきた。もともと本地垂迹説は仏教側からとなえられたもので、これに神道側が反発してとなえたのが、「神主仏従《しんしゅぶつじゅう》」のいわゆる「反《はん》本地垂迹説」だった。

これを最初にとなえたのは、伊勢神宮の外宮の神官たちだった。内宮より五〇〇年遅れて創祀された外宮は、社殿の規模など何かにつけて内宮に遠慮している。内宮よりも格下と考えられているのである。

これに反発した外宮の神官が外宮の地位を上げるための根拠としたのが、「反本地垂迹説」だった。今も外宮の参拝者は内宮の一〇分の一程度といわれ、周辺も内宮のような土産物屋が軒を連ねる賑《にぎ》やかさはなく、むしろ聖地らしい静謐《せいひつ》を保っている。そして、早くから外宮には優秀な神官が集まって、神道理論を確立しようとする動きが活発であった。

外宮では『神道五部書《しんとうごぶしょ》』という五つの経典からなるものを編纂し、外宮の正統性を主張するとともに、神道の仏教に対する優越性を説いた。これによって「神主仏従」の思想を確立したのである。もともと、神道は「ドグマ（教義）なき宗教」「物言わぬ宗教」といわれ、特定の教義や経典を持っていない。しかし、合理的な教義とそれに基づく膨大な経典を持っている仏教に対抗するためには、何らかのドグマを整え、それを成文化する必要に迫られたのである。

その後、外宮を中心に空海に仮託した論書なども作られ、いわゆる「伊勢神道」の基盤が確立した。外宮の所在地が度会郡《わたらい》であったことや、外宮に仕える社家（神官の家柄）を度会氏ということから「度会神道」とも呼ばれている。

『神道五部書』はその後の神道界に大きな影響を及ぼしたが、室町時代には京都の吉田神社の神官、吉田兼倶《かねとも》が『唯一神道名法要集《ゆいいつしんとうみょうぼうようしゅう》』を著して反本地垂迹説の理論を大成し、「吉田神道（唯一神道）」を創始した。大化の改新以降の律令制の下では、神祇官《じんぎかん》という全国の神社を統括する機関があったが、すでに平安時代に律令制度が廃れると、神祇官も有名無実のものとなった。野心家で敏腕な政治家でもあった兼倶は、その間隙《かんげき》を縫って全国の神社を牛耳ることを目的とし、創始したのが吉田神道だったのである。

このような神道側の主張が起こったのは、もちろん仏教主体である本地垂迹説に対する反発もあっただろうが、二度に及ぶ元寇の結果、国家意識が高まったことは大きな原因であろう。このころから「神国」という言葉も使われるようになり、日本は万世一系の皇孫（天照大御神の孫）が治める、世界で最も優秀な国であるという考えが神道家を中心に広まった。その延長線上にあるのが、明治維新以降の国家神道である。

ただし、神道家の反本地垂迹説、さらには日本を神国とする考え方は極めて稚拙で非論理的なものだった。その結果、仏教に対抗するだけの論理を展開することができず、結局日本の信仰は、仏教が掲げた理論によって牽引《けんいん》されることになっていった。

密教と日本文化

インドでは古くから**マントラ**※1（真言）という一種の呪文《じゅもん》をとなえて、神と意思の疎通を図って願い事を叶えてもらおうとすることが盛んに行われてきた。今もインドの民族宗教であるヒンドゥー教ではマントラが多用されている。インドではすでに釈迦の時代（紀元前五世紀）からこのような呪術的な宗教が行われていたが、釈迦は呪術的な要素を取り入れることを固く禁じた。

釈迦は戒律を守ったり精神を集中したりする（瞑想《めいそう》する）ことによって煩悩（欲望）を制御し、本来あるべき人間の状態に戻すことを主張した。そして、その本来の状態（姿）が悟りの境地であるとした。このように原初的な仏教は、神のいない極めて理性的な宗教で、呪術的なものを排除していた。

しかし、紀元一世紀前後に大乗仏教が興起すると、その普及の過程でさまざまな土着の民間

※1　マントラ　陀羅尼とも呼ばれ、加持祈禱などのときに発する呪文の一種である。仏教以前からヴェーダの讃歌などに多用されていたが、これが密教に広く取り入れられるようになった。サンスクリット語の字句を音写して漢字で表す。密教では教理の本質を表すと言われているが、字義不明で翻訳しない（不訳）のが原則で、となえることに意義がある。

宗教や習俗を取り入れるようになった。大乗仏教は仏教の大衆化運動であり、呪術的要素が濃厚なヒンドゥー教との結びつきも強くした。仏教ではこのようなマントラなどを駆使する呪術的な要素を「密教《みっきょう》」と呼び、そのような要素を排除した仏教を「顕教《けんきょう》」と呼んで区別したのである。

釈迦の時代の仏教を「原始《げんし》仏教」「根本《こんぽん》仏教」などと呼び、釈迦亡き後の大乗仏教以前の仏教と区別して考える。大乗仏教はヒンドゥー教の影響を強く受けているのであり、むしろヒンドゥー教そのものといっても過言ではない。特に密教は、今もヒンドゥー教で行われている護摩などの儀礼をそのまま採用したものである。

また、大乗仏教で採用された初期の密教を「雑密《ぞうみつ》」といい、『大日経《だいにちきょう》』や『金剛頂経《こんごうちょうぎょう》』の成立によって教義を確立した密教を「純密《じゅんみつ》」と呼んで区別している。日本には「雑密」はおそらく仏教伝来（五三八）前後に伝えられていたと考えられる。たとえば、真言をとなえて一定の効果を引き出そうとすることは早くから行われていたようである。

空海も、入唐《にっとう》までに「虚空蔵求聞持法《こくうぞうぐもんじほう》」という雑密の行法を実践していたと伝えられている。この行法は智慧授けの神（仏）である虚空蔵菩薩の真言を数限りなくとなえると、記憶力が飛躍的に伸びるというものである。空海は二〇歳ごろに実践し、膨大な内容の経典もあたかも乾いた砂が水を吸うように、すらすら覚えることができるようになったと語っている。

もともと呪術的な要素は宗教の基層を成している。日本の神道の祓いや祈願なども極めて呪術的である。だから雑密の伝来によってマントラなどが入ってきたとき、日本人はこれを好んで実践したであろう。東大寺の開眼《かいげん》法要の大導師《だいどうし》となったインド僧の菩提僊那《ぼだいせんな》は真言（密呪）に長《た》けており、開眼法要では大仏の前で密呪《みつじゅ》（真言、呪文）をとなえた。このとき、菩提僊那は中国やインド、そして、アジア各地から来朝した居並ぶ老僧や日本の高僧を退けて、東アジア最大のイベントだった大仏の開眼法要の大導師に抜擢《ばってき》された。これは彼が密呪をとなえることに巧みだったことによるもので、当時の日本で密呪がいかに重要視されていたかを示している。

ヒンドゥー教から発展した大乗仏教は、その出自からしてインド人の民族性に合っていたことから、短期間にインド全土に広まった。二世紀、三世紀には『法華経』や『阿弥陀経』『般若経』などの多くの大乗仏典が作られた。そして、七世紀の中ごろには『大日経』と『金剛頂経』という密教経典が誕生し、大日如来を中心とする仏教（密教）の世界観が出現したのである。

これら二つの経典の出現により、それまでまちまちにとなえられていたマントラや加持祈禱の儀礼などに、一定の仏教的解釈が与えられて密教の教義が確立した。それ以降の密教を「純密」といい、その大成者はインドの龍猛《りゅうみょう》（龍樹《りゅうじゅ》）に求められる。伝承では龍猛が南インドの鉄塔の中に秘密の経典が隠されているという夢を見た。その夢に従って南インドを探索したところ鉄塔を発見し、その扉を開けると、中に『大日経』と『金剛頂経』が納められていたという。

弘法大師空海　唐から帰ってきた空海は、日本に密教を伝え、真言宗の開祖となった（東京国立博物館所蔵、画像出典：ColBase）

龍猛はその二つの経典を解釈して布教の基を作り、龍智《りゅうち》、善無畏《ぜんむい》、金剛智《こんごうち》、不空《ふくう》、一行《いちぎょう》、恵果《けいか》と経由して日本の空海に伝えられた。空海は三一歳のときに遣唐使船で入唐し、恵果阿闍梨《あじゃり》から密教の秘法を授かり、大量の経典や曼荼羅《まんだら》、密教法具などを携えて帰朝した。弘仁《こうにん》七年（八一六）には高野山に金剛峯寺《こんごうぶじ》を創建して密教の根本道場とし、弘仁一四年（八二三）には太政官符《だじょうかんぷ》によって東寺《とうじ》を下賜され、教王護国寺《きょうおうごこくじ》（通称「東寺《とうじ》」）と号して密教寺院に改めた。

空海の活躍によって密教は短期間に日本各地に広まり、その後の日本仏教の主導的役割を果たすことになった。また、空海がもたらした大日如来や明王などの密教の尊像も造られるようになり、今も各地の寺院にまつられている。現世利益の密教は天皇や貴族を中心に歓迎され、宮中では玉体安穏《ぎょくたいあんのん》（天皇の神体を安らかに保つ）の加持祈禱が行われた。鎌倉時代に民衆の間に仏教が広まると密教は民衆にも受け入れられ、民間信仰や民間の習俗とも融合して神仏習合の中核をなす信仰形態に発展した。

陀羅尼《だらに》や加持祈禱などの呪術的要素は山岳信仰とも結びつき、修験道《しゅげんどう》という日本独自の宗教の屋台骨を荷うようになった。そして、各地を巡歴した修験者（山伏）によって密教は民間にも根を下ろしていったのである。また、空海がもたらした不動明王は貴賤《きせん》を問わず篤《あつ》く信仰され、現在も成田山新勝寺では正月三が日に三〇〇万人もの初詣客が押し寄せる盛況ぶりである。そして、各地には不動坂や不動前など不動明王にちなむ地名も見られる。

このように、密教が繁栄した背景には、すべての衆生を余すところなく救うと訴えた密教の教義によるところが大きい。釈迦亡き後の仏教は救い漏らしの連続だった。たとえば、『弥勒《みろく》下生経《げしょうきょう》』という経典には、弥勒菩薩は釈迦入滅後五六億七〇〇〇万年後にわれわれの住む娑婆《しゃば》世界（現実の世界）に降りてきて、釈迦の救いに漏れた人々を救うとされている。つまり、この時点で釈迦の救済に漏れた人がいることを認め、しかも、漏れた人は二八二億人もいるという。現在の地球の人口が八〇億人弱だから二八二億人というとその三倍強になる。しかし、それは輪廻転生して死んでは生まれ変わる人の数で、その中で八〇億人弱の人々は今、地球上に生きているという意味である。

出家主義の小乗仏教では出家して厳しい修行に耐えても、ごく一握りの人しか悟りの境地にいたることはできないと考えられた。しかし、それでは万人救済をとなえた釈迦の教えに反すると考えた人々が大乗仏教の運動、つまり、仏教の大衆化運動を興した。

大乗仏教では弥勒菩薩や阿弥陀如来、薬師如来などのさまざまな仏が考え出されて、万人救済の意志を示してその実践に乗り出した。しかし、大乗の仏の救済活動にも限界があった。たとえば、阿弥陀如来は阿弥陀如来の救済の力を信じ、念仏をとなえたすべての衆生を救うといって「四十八の大願」を立て、もしそれが達成できなければブッダ（如来）にはならないと宣言した。しかし、父母を殺し、仏身を傷つけ、教団を破壊するような極悪非道の行いに至ったものはその限りではない、つまり、極楽往生させるわけにはいかないといっている。また、弥勒菩薩は釈迦の救いに漏れたすべての衆生を救うと言っているが、なにしろ救ってくれるのは五六億七〇〇〇万年後のことで、いくら時間の観念が希薄で気の長いインド人でもそれまで待つことはできないだろう。

そこで、六世紀頃になって毘盧遮那《びるしゃな》如来が出現し、それまでよりも多くの衆生を救うことを宣言した。しかし、毘盧遮那如来にも限界があった。毘盧遮那如来はサンスクリット語でヴァイローチャナといい、「太陽」を意味する。つまり、太陽系を守備範囲としているのだが、太陽系を離れて広大な宇宙に飛び出した者には手の施しようがない。

そこですべての衆生の救済を目指して登場したのが大日如来、摩訶《まか》毘盧遮那如来である。摩訶毘盧遮那如来はサンスクリット語のマハー・ヴァイローチャナの音写語（サンスクリットの発音を漢字の音で写したもの）で、「大日」と意訳して「偉大なる太陽」の意味である。もともと、毘盧遮那如来と同じ尊格だが「マハー（摩訶）」を冠してさらにパワーアップした仏である。そして、摩訶毘盧遮那如来は太陽系を含む宇宙の果ての果てまでを守備範囲にすることになった。この如来の出現によって太陽系から逸脱したものも救うことができるようになったのである。大日如来の来歴と功徳を説いた『華厳経』という経典には、この如来は蓮華蔵世界《れんげぞうせかい》（全宇宙）という宇宙の真ん中にいて常に法（教え）を説いており、「大日」が示す通りすべての衆生に救いの光明を注ぐと言われている。

また、仏教では「発菩提心《ほつぼだいしん》」ということが悟りへの第一歩として重要視される。「菩提」とは「悟り」の意味で、悟りを求める心を起こす（発する）ことが発菩提心で略して「発心《ほっしん》」という。誰でも発心すれば悟りを求める菩薩になれるのであるが、発心しないものは菩薩にはなれず救われない。

ところが、密教では何ら信心もなく発心しない者で、しかも、極悪非道の者でも救ってくれる。つまり、発心しない者は強引に仏道に導き入れて行いを正してくれるのである。そのように有無を言わせず教え導く役をするのが不動明王をはじめとする明王の役目である。大日如来は秘密の言葉（真言、明呪《みょうじゅ》）を使うため一般には理解できない。しかし、明王はその明呪をよく理解する。それで、「明呪の王」、「明王」と呼ばれるのである。

明王は大日如来の明呪による命令をよく復命して衆生を力ずくで教え導くという。憤怒相《ふんぬそう》

（怒りの表情）を浮かべて日夜、煩悩の撲滅に専心しているのである。たとえ、極悪非道の人間でも明王にかかれば抵抗することは不可能で、すぐさま仏道に引き入れられる。換言すればどんなに悪行を働いても救われるという安心感がある。密教のそのような特性が貴賤を問わず受け入れられた大きな要因であろう。

密教は日本の文化にも多大な影響を与えた。たとえば、浄土真宗《じょうどしんしゅう》以外のすべての仏教宗派で行われている、施餓鬼《せがき》のときに読まれるのは真言を中心とする経典である。施餓鬼は餓鬼道に堕《お》ちた餓鬼が年に一度だけ腹いっぱい食べられるよう、餓鬼に飲食を施す行事である。餓鬼道に堕ちた者の罪は深く、顕教では彼らを救うことはできない。だから、密教の真言をとなえてその霊を鎮めるのである。

年忌法要や盂蘭盆会《うらぼんえ》、彼岸のときに浄土真宗以外の各宗派では卒塔婆《そとば》（板塔婆）を立てる。他項でも触れたように塔婆の起源は日本古来の習俗にある（一七八ページを参照）が、板塔婆が見られるようになったのは平安時代の末のことで、密教と習合して梵字《ぼんじ》が書かれるようになった。そして、室町時代には現在見られるような板塔婆が普及したと考えられている。

また、このような板塔婆の前段階に密教の教理を象徴的にあらわした「五輪塔」がたてられるようになった。五輪とは地《ち》・水《すい》・火《か》・風《ふう》・空《くう》という物質の五つの要素とされ、同時にそれは人間の五体、ひいては大日如来の五体をあらわすとされている。その構造は下から方形（地）・円形（水）・三角形（火）・半月形（風）・宝珠形《ほうじゅ》（桃の実のような形・空）を重ねたもので、下からキャ、カ、ラ、バ、アの梵字が刻まれており、鎌倉時代になると主に武士階級の墓石として用いられるようになった。五輪塔が武士に好まれたのは、日ごろから死と隣り合わせに生きる武士にとって死んだ後、五輪に還《かえ》るということが安堵《あんど》感を与えたものと思われる。

また、鎌倉時代になると宝篋印塔《ほうきょういんとう》というものがたてられるようになった。これは方形の塔身の上に笠石《かさいし》を載せその四方に馬の耳のようなものをそなえ、笠の上部に五重塔の最上部に見られる相輪《そうりん》を立てたものである。中国の宋（一〇世紀～一三世紀）のはじめ、呉越《ごえつ》国の銭弘俶《せんこうしゅく》という王が**阿育王**※2（アショーカ王）の遺徳を偲《しの》び、阿育王塔を模してつくらせた八万四〇〇〇（実数ではなく極めて多くのという意味）の銅・鉄製の塔にちなんだと伝えられている。

もともと、宝篋印塔は『宝篋印**陀羅尼**《だらに》※3経』という経典を書写して納める塔で、宝篋印陀羅尼

※2　阿育王　紀元前三世紀のインド最初の統一国家マウリヤ王朝の第三世。祖父のチャンドラグプタ、父のビンドゥサーラ王の二代にわたって築かれた領土をさらに拡大してインド全土からシリアに至る広範な帝国を築いた。しかし、即位九年目にカリンガ（インド東部のベンガル湾一帯を統治した巨大な王国）に侵攻したときに多数の犠牲者を出したことを反省し、仏教に深く帰依して武力による征服を止めて仏教による政治を行った。かれは釈迦のストゥーパ（墓）を開いて仏舎利を米粒大に粉砕しインド全土に多くのストゥーパを建ててその中に納めた。また、各地に釈迦の言葉を刻んだ石柱を立てて仏教の教えの普及を図った。

※3　陀羅尼　サンスクリット語で「ダーラニー」といい、真言と同じく呪文である。短い呪文を「真言」、長めの呪文を「陀羅尼」というが、厳格な決まりはなく、同義語として使われることが少なくない。

をとなえれば人間の罪障は悉《ことごと》く消滅すると信じられていた。これが日本に伝えられて、各地に宝篋印陀羅尼を何百万回となえたことの証《あか》しとして、造仏や伽藍の建立の記念にたてられた。そして、五輪塔と同じく墓石としても活用された。

密教の陀羅尼（真言）は民間にも広まったが、それには**『般若心経』**※4の普及が一役買った。『般若心経』の末尾には「羯諦《ぎゃてい》　羯諦《ぎゃてい》　波羅《はら》羯諦《ぎゃてい》……」という陀羅尼が含まれている。そして、この陀羅尼の前に「是大神呪《ぜだいじんしゅ》　是大明呪《ぜだいみょうしゅ》　是無上呪《ぜむじょうしゅ》　是無等等呪《ぜむとうどうしゅ》」といって、この経典が偉大で神聖な陀羅尼（呪文）であることを宣言している。実は『般若心経』で一番重要なのはこの陀羅尼の部分で、**玄奘三蔵《げんじょうさんぞう》**※5も危急の事態にはこの陀羅尼だけをとなえていたと考えられている。そして、この陀羅尼はとなえやすく、日本でも歓迎されて人々は念仏のように口ずさんだようである。

この『般若心経』の隆盛と共に他の簡単な陀羅尼も民間でとなえられるようになった。怪我をしたときや何かの災厄をはらうとなえ言葉（呪文）の最後に「オン　バザラダト　バン（金剛界大日如来の真言）」をとなえることが多い。しかし、その真言は正確にはとなえられず、各地方の訛《なまり》を交えることが多いようである。

このように、民間に真言（陀羅尼）が普及したのは、各地を巡歴した修験者（山伏）が加持祈禱のときに真言をとなえ、それを受ける側にも唱和させたことによるところが大きいと考えられる。医療が未発達だった時代、人々は心身の健康や災厄の除去を山伏に託したのである。

また、民間では今でも「初午《はつうま》」の神事を行っているところがある。これは立春後の最初の午の日（初午）に行われる民間行事で、この日に稲荷社の総本社である伏見稲荷大社に祭神の宇《う》迦《か》御霊神が降臨したという伝承に因《ちな》んで行われるものである。もともとは五穀豊穣《ほうじょう》を祈願したのであるが、商業が発達した室町時代ごろからは商売繁盛を祈願するようになった。

昨年（二〇二三年）の二月五日、ＪＲ浦和《うらわ》駅から徒歩五分ほどのところにある古い商店街の一角の小さな稲荷の社で初午の神事が行われていた。参列者は四〇代から七〇代ぐらいの男女

※４　『般若心経』　紀元二世紀ごろにつくられたと考えられ、サンスクリット語の原名を「プラジュニャー・パーラミター・フリダヤ・スートラ」といい、玄奘三蔵が『般若波羅蜜多心経』と漢訳した。大乗仏教では悟りに至るために布施・持戒・忍辱《にんにく》・精進・禅定・智慧の六つの徳目を説き、これを「六波羅蜜」と呼んでいる。波羅蜜（パーラミター）は「完成」、また、フリダヤは「心」、スートラは「経」という意味である。これを現代語訳すれば「智慧（プラジュニャー）の完成（パーラミター）に至る真髄（フリダヤ）を説いた経典」ということになる。日本には奈良時代以前に伝えられたと考えられ、法隆寺には現存世界最古といわれるサンスクリット語の写本（重要文化財）がある。

※５　玄奘三蔵　玄奘三蔵（六〇二～六六四）は現在の河南省で生まれ若くして出家した。二〇歳ぐらいのときに当時、中国にあったすべての仏典を読破したが、その中に唯識に関する経典がほとんどないことに気づいた。唯識思想は空の思想と共に大乗仏教の根幹を成すもので、これがなければ大乗仏教の全容は理解できない。そのことを憂慮した玄奘はインド行きを志し皇帝に許可を願い出た。しかし、当時、中国では鎖国政策をとって出入国を厳しく禁じていたことから、出国の許可は下りなかった。二七歳のとき玄奘は密出国を決意しシルクロードの困難な旅を経てインドに至った。インドではナーランダー僧院で最新の仏教を学ぶと同時に仏典の収集に専念し、都合一七年の西域インドの旅を終えて膨大な数の仏典と仏具、仏像を携えて帰国した。帰国後は持ち帰った仏典の翻訳に専念し、『般若心経』をはじめとする膨大な仏典を漢訳した。また、玄奘は一七年間に及ぶ西域・インドの旅を『大唐西域記《だいとうさいいきき》』という旅行記（地誌）にまとめた。そして、後にこれをもとに著されたのが小説『西遊記』である。

四、五人。真言宗の僧侶が導師となって執り行われていた。僧侶は緑の衣を着、山伏の用いる結袈裟《ゆいげさ》（房のついた袈裟）を首から背中にかけ、頭には兜巾《ときん》（頭の中心部にちょこんと乗せる頭巾《ずきん》）を大きくしたものを被《かぶ》っている。

全体的には僧侶の姿だが、結袈裟と兜巾によって仏僧と山伏の融合をあらわしているものと思われる。そして、『般若心経』をはじめ複数の経文をとなえるのだが、そのほとんどは陀羅尼で、その合間には祝詞もとなえていた。真言をとなえているときには手持ちのお鈴《りん》を鳴らしたり**錫杖**《しゃくじょう》※6を盛んに打ち鳴らしたりしている。その合間には法螺貝《ほらがい》を吹き鳴らし、御幣《ごへい》を振っていた。天照大御神や大国主命、素戔嗚尊《すさのおのみこと》など日本の八百万の神、薬師如来や文殊《もんじゅ》菩薩、普賢《ふげん》菩薩などの多くの仏菩薩の名がとなえられ、祈願の成就が期される。まさに神仏のオールスターで神仏習合の極致、その完成形ということができよう。

ＪＲ浦和駅までは東京駅から宇都宮線か高崎線に乗って約二五分である。そこから歩いて五分ほどのところにも、神仏習合の行事が残っている。日本人が今も神仏両方の加護に限りない期待を寄せている証左であろう。陀羅尼と錫杖、法螺貝、御幣を振る光景を前にして、今も日本人は言い知れぬ安堵の念を得るのではないだろうか。

さらに密教が日本の文化に大きな影響を与えたものに密教美術がある。その代表格の曼荼羅《まんだら》は、伝来当初から数多くつくられて日本各地の真言宗や天台宗の密教寺院に掲げられた。そして、中世になって神仏習合が進展すると各地の寺社の景観を描いた「宮《みや》曼荼羅」や「参詣《さんけい》曼荼

那智参詣曼荼羅　熊野比丘尼と呼ばれる人びとが各地を巡り、この図を解説する「絵解き」によって、参詣を促していたとされる（熊野那智大社所蔵）

羅」などというものが盛んにつくられるようになった。「宮曼荼羅」は寺社の建物や周辺の自然の景観を描いたもの、「参詣曼荼羅」はそれに参詣する人々を画き入れたものである。どちらも軸装して折りたたんだものを御師《おし》などが各地に携行し、行く先々で開いて人々に見せ、参詣を勧誘するためのものである。

「熊野曼荼羅」「富士曼荼羅」「春日曼荼羅」など、各地の由緒ある寺社の曼荼羅が数多くつくられ布教に功を奏した。これらの曼荼羅には本地垂迹説に基づいて、それぞれの山の神の本地仏が描かれた。そして、麓《ふもと》を地獄と見做《みな》し、そこから餓鬼《がき》・畜生《ちくしょう》・修羅《しゅら》・人間・天上《てんじょう》の六道《りくどう》、さらに声聞《しょうもん》・縁覚《えんがく》・菩薩を経て、仏の世界に至ると考えられた。これは密教の曼荼羅の世界を描いたものである。特に江戸時代以降、寺社巡りが佳境を迎えると、人々は曼荼羅に惹《ひ》かれて参詣し、各地の霊場は未曾有《みぞう》の賑わいを見せた。

また、熊野では布教を担う御師に遊女も採用した。彼女たちは「熊野比丘尼《びくに》」と呼ばれ、熊野曼荼羅を携えて各地を巡歴し、これを広げていわゆる「**絵解き**《えと》※7」を行った。これが功を奏して大勢の参詣者が熊野に殺到し、参詣者が蟻の行列のように参道を歩く「蟻の熊野詣」という盛況ぶりを現出した。

その結果、熊野三山には莫大《ばくだい》な資金が集まり、三山ではこの資金を近畿地方などの武士や商人に貸し出して巨利を貪《むさぼ》った。最近の研究者はこの資金を「熊野マネー」と呼び、これがかつて近畿地方にあった相互銀行の原資となったともいう。

「宮曼荼羅」や「参詣曼荼羅」は密教寺院に掲げられる曼荼羅とは異質のものであるが、一つの画面に多くの仏・菩薩が描かれていることから、「曼荼羅」の名が与えられたのである。今も、多くの事物が一堂に会したり、絡み合ったりする状態を「○○マンダラ」と呼ぶことがある。平安時代のはじめに伝えられた密教は、瞬く間に日本に広まり、日本の文化に多大な影響を与えているのである。

浄土教の進展

浄土教は阿弥陀如来の西方極楽浄土への往生を願う信仰で、インドではすでに紀元二世紀に「浄土三部経」と呼ばれる『観無量寿経《かんむりょうじゅきょう》』や『阿弥陀経《あみだきょう》』、『無量寿経《むりょうじゅきょう》』などが成立していたと考えられる。これらを根本経典として阿弥陀如来の信仰が盛んになった。中国には二世紀の後半ぐらいから浄土教関係の仏典が伝えられ、五世紀には廬山《ろざん》の慧遠《えおん》が「白蓮社《びゃくれんしゃ》」という念仏の

※6　錫杖　上部に数個の金属製の輪がついた杖で、これを突いて歩くとチャリンチャリンという音がする。インド人はこの音を「シャクシャク」という擬音語で表現したことから「シャクシャク杖」、これを漢訳して「錫杖」の名が付けられた。本文中に出てくる錫杖は杖の部分を三〇センチメートルほどにしたもので、読経のときに打ち鳴らしてリズムを取るのに用いられるものである。

※7　絵解き　絵の意味を説明することで、平安時代末期には職業的に絵解きをする者も現れた。はじめ地獄絵の絵解きを行っていたが、中世以降は熊野曼荼羅などの絵解きを行うようになった。

結社を結成した。さらに、七世紀の半ばには中国浄土教の大成者として敬われる善導《ぜんどう》（六一三～六八一）が『観無量寿経疏《しょ》』を著して浄土教の教理を大成した。慧遠の念仏は声を出さない「観想念仏《かんそうねんぶつ》」だったが、善導は「南無阿弥陀仏《なむあみだぶつ》」と声に出す「口称念仏《くしょうねんぶつ》」を提唱した。

　日本には七世紀の前半に伝えられ阿弥陀如来の造仏などが盛んになった。初期の浄土信仰は阿弥陀如来を礼拝の対象として念相（瞑想）する「観想念仏（観念の念仏）」が主流だったが、平安時代のはじめに入唐した円仁（七九四～八六四）が中国の五台山《ごだいさん》で行われていた「引声念仏《いんぜい》」を伝えた。これが曲に合わせて称える「天台声明《てんだいしょうみょう》」の起源となり、京都の大原を中心に盛んに行われ、大原は中国の声明発祥の地に因んで「魚山《ぎょさん》」と呼ばれるようになった。また、平安時代の末には比叡山で修行した良忍《りょうにん》（一〇七二～一一三二）が大原に隠棲して来迎院《らいこういん》を開き声明の拠点として、後の**融通《ゆうずう》念仏宗**※1の祖となった。

　また、平安時代の中ごろには空也《くうや》（九〇三～九七二）が出て、人の多く集まる定期市などで念仏を勧めたことから「市《いち》の聖《ひじり》」と仰がれた。そして、空也の少し後には源信《げんしん》（九四二～一〇一七）が『往生要集《おうじょうようしゅう》』を著して浄土と地獄の様子を克明に描き出し、穢土《えど》（娑婆《しゃば》世界）を離れて速やかに浄土に往生すべきであるという「厭離穢土《おんりえど》　欣求浄土《ごんぐじょうど》」を説いた。『往生要集』は貴族を中心とする人々に衝撃を与え浄土教隆盛の端緒となった。

　また、平安時代末の永承《えいしょう》七年（一〇五二）が「**末法《まっぽう》の世**※2」の始まりとされたことから、多くの人々が念仏によって救われることを希求した。その結果、貴賤《きせん》を問わず極楽往生の信仰はまさに破竹の勢いで広まったのである。

平安時代末期から鎌倉時代になると一般民衆の中にも浄土信仰が広まり、法然《ほうねん》（一一三三～一二一二）は吉水《よしみず》（現在、知恩院《ちおんいん》のあるところ）に阿弥陀堂を開いて念仏の道場とした。法然は『選択本願念仏集《せんじゃくほんがんねんぶつしゅう》』を著して、末法の暗黒の世には念仏に頼るしか救われる道がないと強調した。この書は浄土宗の開宗宣言の書とされ、インドに起源を持つ浄土教だけによる宗派が確立したのである。吉水の阿弥陀堂には老若男女貴賤を問わず多くの人々が雲集した。この吉水の阿弥陀堂が後に浄土宗の総本山・知恩院に発展した。

法然の弟子になったのが親鸞《しんらん》（一一七三～一二六二）である。親鸞は九歳で出家して比叡山に登り、二〇年間修行をしたが得るところなく、二九歳のときに山を下りた。しかし、将来について何の計画も持たなかった親鸞は、六角堂《ろっかくどう》に籠《こも》って神仏から何らかの指針を得ようとした。九五日目の早暁、六角堂の本尊である救世《くせ》観音が夢に現れ、念仏に専心すべきことを告げた。六角堂を飛び出した親鸞は法然を訪ね即刻弟子になった。

※1　融通念仏宗　良忍を宗祖とする浄土教の宗派。永久五年（一一一七）に良忍は阿弥陀如来から「一人一切人、一切人一人、一行一切行、一切行一行」の偈《げ》を授かったといい、一人の念仏がすべての人に融通し合うとし、念仏によって極楽往生することを確信したという。この教えを理解して入信したものは毎日、一〇回念仏をとなえる（十念）ことを日課とする。

※2　末法の世　釈迦が亡くなった後、一五〇〇年、あるいは二〇〇〇年が経過すると修行をして悟りを得るものがいなくなる、暗黒の世界が訪れるという思想。

頂法寺（六角堂）　聖徳太子によって創建されたと伝わる。本堂が六角形であることから、「六角堂」と呼ばれてきた

親鸞は俗人に非《あら》ず、出家の僧侶に非ず、「非僧非俗《ひそうひぞく》」という極めてユニークな立場を生涯貫いた。また、戒律を守り、善行を行うなどの念仏以外の修行を否定し、念仏だけに専念して往生を遂げようとする「絶対他力」の教えを説いた。親鸞の教えは末法の世で救いを求める民衆の間で圧倒的な支持を得て浄土真宗の基となった。

浄土宗は、親鸞より少し後に時宗《じしゅう》の基を作った一遍《いっぺん》（一二三九〜一二八九）も輩出した。彼は瀬戸内海で勢力を誇った河野《こうの》水軍《すいぐん》の長男として生まれたが、承久《じょうきゅう》の乱に後鳥羽《ごとば》上皇側で参戦して敗れたことから、幕府の厳しい処分に遭い、一族は衰退の一途を辿《たど》っていた。将来に見切りをつけた父は一遍と二人の弟を連れて出家し、その後、一遍は才能を見込まれて浄土宗西山《せいざん》派の派祖・証空《しょうくう》に師事して「**一類各生**《いちるいかくしょう》」※3という絶対他力の思想を叩《たた》き込まれた。

二五歳のときに僅《わず》かに残った家督を継ぐために還俗《げんぞく》して実家に戻ったが、親族との家督争いに辟易《へきえき》して家を飛び出し、そのまま各地を巡歴する遊行生活に入った。そこで多くの信者を獲得し、時宗教団の基を築いた。一遍の念仏は親鸞の絶対他力を超える絶対他力の念仏であるということができる。

浄土教は平安時代の後半に先ず貴族の間に広まり、さらに、平安時代末期から鎌倉時代にかけて民衆の間にも急速に普及した。貴族たちは「阿弥陀来迎図《らいごうず》」などをつくって往生の縁《えにし》とし、また、宇治平等院鳳凰堂《うじびょうどういんほうおうどう》に代表される浄土建築、浄土庭園をつくってこの世に極楽浄土を再現した。

また、各地で「念仏会《ねんぶつえ》」が開かれ、老若男女が参集して念仏をとなえた。念仏会はもちろん信仰の集まりだったが、一般民衆のそれは一種のレクリエーションの意味合いもあった。そして、若者にとっては祭例などと同様、男女の出会いの場にもなったのである。今でいえばカラ

※3　一類各生　浄土教では念仏のみによって往生（悟り）を目指すことを「浄土門」、戒律を守り、坐禅や断食などの厳しい修行、加えて善行を積んで往生を目指すことを「聖道門」と言っている。念仏のみで往生できるとするのが「一類往生」で西山派の主張。念仏以外の修行も交えて往生しようとするのは「二類往生」といい、こちらは鎮西派の主張である。

オケに行くような気軽さで念仏をとなえていたようである。参加者も少なくなったが今も浄土宗の寺院を中心に念仏会が行われている。ただし、現在では若者の参加は少ないようである。

また、先に述べたように、中世の浄土教の隆盛は各地に浄土建築や浄土庭園を残している。宇治平等院鳳凰堂は、末法の世がはじまると言われていた永承七年（一〇五二）の翌年に藤原頼通《ふじわらのよりみち》によって建立されたものである。池の向こう側の鳳凰堂に金色に輝く阿弥陀如来像がまつられ、背後の壁には阿弥陀如来に従って臨終者を迎えに来た多くの菩薩像が懸けてある(現在はほとんどが霊宝館に移されている)。

また、岩手県平泉《ひらいずみ》の毛越寺《もうつうじ》の浄土庭園は奥州《おうしゅう》藤原氏がこの世に極楽浄土を再現したものである。その近くにある中尊寺《ちゅうそんじ》の金色堂《こんじきどう》は藤原三代の墓所として建立されたものだが、内外共に金をふんだんに使い、内部の須弥壇《しゅみだん》や柱などには螺鈿《らでん》細工を施した豪奢《ごうしゃ》なつくりである。

京都の浄瑠璃寺《じょうるりじ》は九体の阿弥陀仏がまつられていることから、「九品寺《くほんじ》」の名で親しまれている。九体が横一列に並んでいるため、阿弥陀堂も横長になっている。この地で修行していた僧侶や有縁の人たちが力を合わせて作ったといわれ、平等院鳳凰堂や中尊寺の金色堂とは違って簡素な作りになっている。

福島県いわき市の白水阿弥陀堂《しらみずあみだどう》は、大きな池の中之島に阿弥陀堂を据えた浄土庭園になっている。また、横浜市の称名寺《しょうみょうじ》の浄土庭園は戦後の発掘調査に基づいて再現されたもので、やはり池の中央に中之島があり、太鼓橋を渡って中之島に至り、そこから平橋を渡って本堂に至る。

ただし、ここは阿弥陀の浄土ではなく弥勒菩薩の浄土に至るのであり、本堂の本尊も弥勒菩薩である。

また、長野の善光寺は中世以降、阿弥陀信仰の中心として栄えた。善光寺は飛鳥時代に創建されたと伝えられる古刹《こさつ》で、創建当初から民衆に開放されて、盛んな信仰を集めた。善光寺の縁起によれば、この寺の本尊は日本に最初に百済《くだら》から伝えられた「金銅の釈迦仏」とされている。だから、本来は釈迦仏（釈迦如来）のはずだが、平安時代の末に阿弥陀信仰が破竹の勢いで広まると、信徒が勝手に本尊は阿弥陀如来だと思い込んでしまった。そして、秘仏であった本尊を是非とも拝観したいとの要望が高まった。そこで、善光寺では苦肉の策として阿弥陀如来像を造ったのである。これは前立本尊《まえだち》だが、それすらも造立と同時に秘仏化され、定期的な開帳が行われた。今では七年に一度の開帳になっている。

浄土信仰は日本の仏教、ひいては文化全体に多大な影響を与えた。それは念仏会などを通じて、日本人の民族宗教の一つに昇華していったのである。

禅文化とその影響

鎌倉時代のはじめに、天台宗の密教僧だった栄西《えいさい》（一一四一〜一二一五）が入宋《にっそう》して臨済宗《りんざいしゅう》を伝えた。これが日本への禅宗の初伝である。その後、栄西の弟子の道元《どうげん》（一二〇〇〜一二五三）も入宋して曹洞宗《そうとうしゅう》を伝えた。

禅の思想はとくに武士階級に歓迎され、鎌倉には建長寺《けんちょうじ》や円覚寺《えんがくじ》といった本格的な禅宗寺院が創建された。また、道元は福井県の山中に永平寺《えいへいじ》を創建して曹洞宗の拠点とした。当時、都のあった京都では比叡山（天台宗）が勢力を張り、法相宗《ほっそうしゅう》などの奈良の旧仏教も隠然たる勢力を保っていた。京都では新参者の禅宗が禅の専門道場を開くことは困難で、栄西は建仁《けんにん》二年（一二〇二）に京都の建仁寺《けんにんじ》を開いたが、ここを天台、真言、禅の兼学《けんがく》とし、禅宗の専門道場とはしなかった。兼学にすることによって天台宗や真言宗といった既成の宗派との対立を避けたのである。また、道元が福井に永平寺を開いたのは、とくに天台宗の衆徒（僧兵）の攻撃を躱《かわ》すためだった。

このように、京都で禅宗を広めるのは時期尚早《しょうそう》でさまざまな障害があった。一方、京都から離れた鎌倉では既成宗派の妨害もなく、しかも、武士たちが禅宗を好んだことから、心置きなく禅宗寺院を創建することができたのである。

鎌倉で最初に創建された禅宗寺院は臨済宗の寿福寺《じゅふくじ》で、正治《しょうじ》二年（一二〇〇）の創建である。北条政子が、前年に亡くなった夫の源頼朝の一周忌に栄西を招いて創建した。その後、建長五年（一二五三）には建長寺、弘安《こうあん》五年（一二八二）には円覚寺が創建され、その後創建された浄智寺《じょうちじ》と浄妙寺《じょうみょうじ》とともに、建長寺を第一位として「鎌倉五山」と呼ばれ、禅宗は日本の仏教の中心的存在となった。

室町時代になると、暦応《れきおう》二年（一三三九）に天竜寺《てんりゅうじ》、永徳《えいとく》二年（一三八二）には相国寺《しょうこくじ》が創建され、至徳《しとく》三年（一三八六）に足利義満が天竜寺を第一位、相国寺を第二位、建仁寺を第三位、東福寺《とうふくじ》を第四位、万寿寺《まんじゅじ》（後に廃寺）を第五位とする「京都五山」を確定した。このとき南禅寺《なんぜんじ》は、寺格を超えて五山の上に立ち、強大な勢力を誇ることになった。鎌倉五山も維持された。

また、南北朝時代に足利尊氏は夢窓疎石《むそうそせき》（一二七五〜一三五一）の進言により、鎌倉末期の騒乱で倒れた戦没者の追悼のために全国に安国寺《あんこくじ》を創建したが、その多くは臨済宗だった。夢窓疎石の許《もと》には多くの弟子が集まり、いわゆる「五山文学」の基盤が築かれた。漢詩や絵画（水墨画）などに優れた僧侶が出たが、室町時代の末に登場した雪舟《せっしゅう》（一四二〇〜一五〇六）も五山文学の出身である。

しかし、五山は本来の禅宗の主旨からは遠ざかり、参禅修行や禅の教理の追求よりも、文芸や芸術に重点が置かれた。これに対しては禅宗内外から批判が浴びせられたが、その急先鋒《きゅうせんぽう》は一休宗純《いっきゅうそうじゅん》（一三九四〜一四八一）である。彼は禅宗の綱紀粛正に取り組み、晩年に大徳寺《だいとくじ》の住《じゅう》持《じ》（住職）に就いて文芸や芸術に傾斜した臨済宗を、本来の参禅中心の宗風に改めた。

また、江戸時代、鎖国の中で唯一伝えられたのが黄檗《おうばく》宗である。黄檗宗は中国南部の福州《ふくしゅう》（福建《ふっけん》省）で黄檗希《おうばくき》運《うん》（?〜八五〇）が黄檗山に開いた禅の一派である。江戸時代はじめ明《みん》朝の動乱から逃れた華僑《かきょう》の人々が長崎に多く住んでいたが、彼らが菩提寺として興福寺《こうふくじ》、福済寺《ふくさいじ》、崇福寺《そうふくじ》の「長崎唐《とう》三か寺」を創建した。これらの寺には明僧も多く招かれ、純中国式の禅が行われていた。

そして、長崎の華僑や明僧のたっての希望で、中国の黄檗宗本山・万福寺《まんぷくじ》の住職をしていた隠元隆琦《いんげんりゆうき》を招き、隠元が崇福寺の住職を務めた。その後隠元は、万治元年（一六五八）には徳川幕府四代将軍・徳川家綱《いえつな》と会見し、同三年（一六六〇）には京都宇治に寺地を賜って黄檗山万福寺を創建し、黄檗宗の大本山とした。ここにいわゆる「禅宗三派」が揃ったのである。

後世に多大な影響を及ぼした日蓮主義

鎌倉時代に『法華経』のみに救いの道を求めたのが日蓮《にちれん》（一二二二～一二八二）である。安房小湊《あわこみなと》（千葉県）の漁師の家に生まれた日蓮は近くの天台宗の清澄寺《せいちょうじ》で出家し、一七歳のときに山を下り、鎌倉、比叡山、四天王寺、園城寺《おんじょうじ》などに遊学して見聞を広めた。その中で『法華経』こそ最高の教えで、末法の世で万人を救済するのは国家と国民が一丸となって『法華経』を信仰する以外に道はないとの確信を得た。

遊学の旅に終止符を打った日蓮は郷里に帰り、清澄山に信頼のおける僅かな人を集めて、自らの思いを語った。ときに日蓮三一歳、これが日蓮宗の立教開宗宣言である。以降、日蓮は再び鎌倉に出て精力的に辻《つじ》説法を行った。しかし、他宗を激しく攻撃する日蓮は民衆に迫害され、草庵《そうあん》に火をかけられて殺されそうになる。

『法華経』のみを唯一最高の教えとし、この経典を国家と国民が一丸となって信仰することによって救われるという日蓮の教えは弟子たちによって広められた。そして、国家が信仰するという思想は政治とも結びつき、他の宗派には見られない広がりをみせた。とりわけ、近代に至っては大衆的な宗教団体の思想的基盤となった。創価学会《そうかがっかい》や立正佼成会《りっしょうこうせいかい》、霊友会《れいゆうかい》など、いわゆる「御三家」といわれる団体は、みな日蓮の思想を基盤に置いている。また、明治以降は国家主義や民族主義と結び付き二・二六事件の思想的バックボーンとなった北一輝《きたいっき》や、日米最終戦争を想定して日本の優越を説いた石原莞爾《いしはらかんじ》などはみな熱烈な『法華経』の信者であり、日蓮主義者だった。

建築にあらわれた禅文化

禅の伝来とともに中国南部の宋の建築様式が伝えられた。先ず「唐破風《からはふ》」という椀《わん》形の破風が本堂の前面や門に取り付けられるようになった。この唐破風は禅宗寺院以外でも好んで採用され、神社の拝殿や神門などにも備えられるようになった。勅使門（天皇家の使者や新住職の晋山《しんざん》のときに用いられる門）などに用いられたほか、旅館や料亭の入り口の庇《ひさし》や神輿《みこし》、さらには霊柩車《れいきゅうしゃ》の屋根にも取り付けられるようになった。

花頭窓　釣り鐘形が象徴的で、寺社のイメージとしても馴染み深い

　また、「花《か》頭窓《とうまど》」という釣り鐘形の窓も禅宗と共に伝えられた。この窓は暗くなって内部で灯明を焚くと、その光がロウソクの炎のように見えることから「火燈窓」の字が使われていたが、木造建築は火気を嫌うことから「花頭」の字が用いられるようになった。禅宗以外でも用いられ、マンガなどに登場するお寺の窓にもよく描かれている。

　このほか、建物の礎石にも「礎盤」という椀形のものが登場した。それまでの礎石が床の下部に大半を埋め込んで上部の僅かに露出した部分に柱を立てていたのに対して、礎盤は石の床に置いただけのものである。多くは石で作られるが、木製のものもあり、中には柱の下部を椀形に切り出したものもある。

　禅宗で伝えられた中国南部の建築には曲線を用いたものが多い。特に鶴が羽を広げたような形の屋根が仏殿（本堂）などに見られるようになった。鎌倉円覚寺の舎利殿《しゃりでん》や岐阜県永保寺《えいほうじ》の開山堂（ともに国宝）は禅宗様式の典型としてよく知られている。

さらに日本の建築に多様な影響を与えたのは黄檗建築である。江戸時代には角柱《かくちゅう》が使われるようになったが、黄檗建築では角柱に合わせた角形の礎盤が使われるようになった。また、角柱の四隅には、損傷を防ぐために角を削る面取りが施されるようになったが、黄檗建築では面取りをした平面にさらに鑿《のみ》を入れて半円形に切り出した「星芒形《せいぼうがた》」が登場した。

また、丸窓も伝えられた。長崎の崇福寺の本堂には氷を砕いたような文様の「氷裂式組子《くみこ》」の丸窓がある。この丸窓は江戸時代になると数寄屋《すきや》建築などにも応用され、瓢形《ひさご》（瓢箪形《ひょうたん》）や三日月形の窓が作られるようになった。

本堂の廂には「黄檗天井」と呼ばれる蒲鉾《かまぼこ》形の天井が続く。これは唐破風の内側を長く連ねたようなもので、もともと唐破風はジャンクの船底を逆さにしたものだったことから、肋骨《ろっこつ》のような骨格が見られる。屋根も天井も雨水に耐える必要があり、防水の意味から船底の形が採用されたのである。

庭園の新機軸

禅宗の影響は庭園にも及んだ。当初、池畔に自然石を配する作庭が行われ、作庭に携わる禅僧は「石立僧《いしだてそう》」と呼ばれた。五山文学の形成にも影響力を持った夢窓疎石は作庭でも知られ、西芳寺《さいほうじ》（通称、苔寺《こけでら》）や天竜寺、鎌倉の瑞泉寺《ずいせんじ》の庭園などを手掛け、卓抜な才能を発揮した。

日本の庭園は奈良時代以前からつくられていたと考えられており、『日本書紀』には推古《すいこ》天皇が御所の南側に庭園を設《しつら》えていたことが記されている。また、蘇我馬子は邸宅内に方形の池を設け、その中にいくつもの島があった。このことから、馬子は「島大臣《しまのおおおみ》」と呼ばれていた。また近年の発掘調査で、長屋王《ながやおう》の邸宅跡から池の遺構が見つかり、池を中心に庭園が設けられていたことが分かった。

当時の庭園は自然の景観を模して、池や水の流れを作り、周囲にさまざまな木々を植えたものだったようである。そして、平安時代になると寝殿造の建物の前に池や流れを作り、池には魚を放して釣殿《つりどの》から釣りに興じ、船を浮かべて管弦を楽しんだ。『源氏物語』の中で光源氏が東西南北に庭を設え、それぞれに春夏秋冬の木花を植えて女性を住まわせたという記述がある。

このような日本の庭園の歴史の中で、鎌倉時代に登場した禅宗庭園は全く異質のものだった。簡素を旨とする禅宗では、樹木などを省略する傾向が表れた。こうして登場したのが「枯山《かれさん》水《すい》」の庭園で、玉砂利を使って大海や大河などを表すようになった。大徳寺大仙院《だいせんいん》の庭園や龍《りょ》安寺《うあんじ》の「石庭」がよく知られている。

七〇坪ほどの長方形の敷地に大小一五個の石を組み合わせ、その周りに僅かに地衣類《ちいるい》（苔）があるほか植物は何一つ見られない。前面に玉砂利を敷き詰めて水の流れを熊手で描き出して

石庭　京都市右京区の龍安寺の石庭は特に有名で、「虎の子渡しの庭」などとも呼ばれる

いる。このように徹底した省略を試みた枯山水庭園がどのように考案されたのか、ハッキリしたことは分からない。しかし、禅は参禅によって悟りの境地に至ることを目的とする。悟りの境地に至るとは、宇宙の根源に回帰することでもある。その意味で極限にまで省略された枯山水庭園は、すべての雑念を払った悟りの境地に近づくことができるといえるのではないだろうか。

その後、このような禅宗庭園のコンセプトは茶庭や坪庭にも継承され、日本独特の景観を創り出した。また、近世には醍醐寺三宝院《だいごじさんぼういん》の庭園を嚆矢《こうし》として、壮麗な大名庭園が作られるようになった。こちらも石を配するのであるが、色石を使うのが特徴である。大名はその権威の象徴として、各地の石を集めたのである。

茶禅一味

千利休によって大成された茶の湯の世界も、簡素を旨とし極限までの省略を試みる。豊臣秀吉が利休の庭に咲き誇っているという朝顔を見に行ったときのことである。利休は秀吉が来る前に庭の朝顔の花をすべて摘んでしまい、その中で一番美しい大輪の朝顔を茶室に生けておいた。

これを見た秀吉は怒りが込み上げたが、しばし見ているうちに感嘆の声を上げた。利休は最高の客人に究極の美を提供したのであり、秀吉もその意図を理解したのである。禅問答のような話であるが、与えられた**公案**[※1]を頭で考えるのではなく、全身で体得するのが禅問答の目指すところである。利休と秀吉は無言のうちに以心伝心、心が通じ合ったという話ではないだろうか。

あらゆるものを削《そ》ぎ落して核心に向かう禅と茶の湯には共通点がある。そのことを「茶禅一味《ちゃぜんいちみ》」と呼ぶ。また禅は、質実剛健を標榜《ひょうぼう》する武士道とも通じることから「剣禅一致《けんぜんいっち》」とも呼ばれる。これも千利休の話であるが、あるとき、利休が武士から果し合いを申し込まれた。利休は自分は武道の心得がないからと言って再三断ったが、武士の許しは得られなかった。そこで利休も諦《あきら》めて果し合いに臨む決意をしたのである。

しかし、利休はもちろん丸腰で茶の道具一式を携えて果し合いの場に臨んだという。襷《たすき》掛けに鉢巻姿の武士が今にも襲い掛かりそうな勢いで待ち構えている前で、利休はいきなり茶をたて始め、出来上がった茶を武士に勧めた。呆気《あっけ》に取られて見ていた武士も利休の完璧《かんぺき》な所作に感心し降参の意を示したという。

武道も茶の湯も形を重んじ、その所作の完璧さが目指される。その点では両者は同じ目標を抱いていたのであり、それに武士は感服し降参の意を示したのである。この話が事実かどうかは別として以心伝心、不立文字《ふりゅうもんじ》を重んじる禅と無言のうちに客をもてなす茶の湯が精神的なところで共通することを示した話である。

道元は主著の『正法眼蔵《しょうぼうげんぞう》』の中で花鳥風月などに悟りのヒントを見出《みいだ》すことを「現成公案《げんじょうこうあん》」といっている。一休禅師は暗闇に浮かべた船の上で鳥の鳴く声を聞いて悟りを得たという。永平寺では今も堂内に張った蜘蛛《くも》の巣やハチの巣、鳥の巣などを決して撤去することはないという。それらの中にも悟りへのヒントが隠されていると考えられているからである。

※１　公案　禅宗で優れた禅僧の言行などを集め、参禅のヒントにしたもの。もともと、中国の官吏登用試験である「科挙」の試験問題の意味だったが、後に禅宗で用いられるようになった。師僧から授けられた公案を手掛かりに参禅し師僧の部屋に行って問答をする「入室」を繰り返すことによって禅の境地を高めてゆく。臨済宗ではこのような「看話禅」という修行法を重視する。一方、道元の曹洞宗はひたすら坐禅に専念する「只管打坐《しかんたざ》」を重視する。

擬死回生――生まれ変わりの思想

古くから山は「他界」と呼ばれていた。言うまでもなく他界とは死者の世界で、亡くなった人が赴く世界である。山岳信仰が進展して山岳修行者が現れると、山は「擬死回生《ぎしかいせい》」の場と見なされるようになった。擬死回生とは一度、山に入って死を体験し、そこから再生して再び現世に還ってくるということである。

山伏の白装束は「死に装束」で、彼らは山に入って一度、死を体験した上で再生するのである。断崖《だんがい》の上から縄で吊《つ》るされて谷を覗《のぞ》き込む「谷覗き」の修行は地獄の体験である。また、「胎内巡り」と称して狭小な岩の間を潜り抜ける修行は再生の体験で、狭い岩の間は母親の胎内の象徴である。

「擬死回生」は仏教伝来によってもたらされた輪廻転生《りんねてんしょう》の思想に基づくものだが、仏教伝来以前から人々の間には「再生」という観念があったようである。たとえば、縄文時代の土偶は腹が膨らんだ妊婦を象《かたど》ったものが多く、ほとんどは故意に壊されている。このように土偶を破壊するのは再生を期するからであり、万物は創造と維持、破壊を繰り返すという考え方に基づく行為と考えられている。現在までに多少の欠損をもって発掘されている土偶は未使用のものということができる。さらに、神酒《みき》を飲んだ後のかわらけも古くは叩きつけて割られたのであり、奈良県の三輪山《みわやま》の山中では大量のかわらけの破片が確認されている。このかわらけの破壊も神に再生を願う行為だったと考えられている。

このような古代からの再生の思想が仏教の輪廻転生の思想と融合し、さらにそれが山岳信仰と結び付いた。そして、他界（死者の世界）としての山が再生の舞台とされたものと考えられる。また、山は他界であるとともに神の降臨する世界でもあり、神のエネルギーによって、植物や鉱物資源など人間を豊かにする貴重な産物の宝庫でもある。古代人はそのような山の持つ生産性を「再生」に結び付けたと考えられる。

山岳信仰と修験道の確立

山岳信仰はすでに奈良時代前後にはかなりの数の行者が金峯山《きぷせん》や葛城山《かつらぎさん》などに入って苦修錬行を行っていた。しかし、これらの修行者は出家して受戒した正式の僧ではなかった。彼らは朝廷には、勝手に山に入って修行し妖術《ようじゅつ》（怪しげな呪術）を使って衆人を惑わす不穏分子と見做されたのである。

山伏の祖と仰がれる役小角《えんのおづぬ》も吉野を拠点に修行を重ね、妖術を駆使して人を惑わすとの咎《とが》で伊豆《いず》に流されたと『続日本紀《しょくにほんぎ》』の文武天皇三年（六九九）の条に記されている。当時の寺院は官寺《かんじ》（国立の寺）で僧侶は国費で養成され養われていた。彼らは今でいう国家公務員でその時代のエリートだった。そのエリートよりも山中で訳の分からない修行に専念して妖術を遣う行者に求心力が奪われては国家の面目は丸潰《まるつぶ》れである。

今でいえば天台座主《ざす》よりも怪しげな新興宗教団体の教祖の方に人気があっては困るのである。だから、朝廷はそのような不穏分子の排除に躍起になったのであるが、それにもかかわらず山中で修行する者は増え続けた。

山岳信仰は仏教伝来以前から行われており、初期には道教の神仙術（仙人になる術）や神道の修行法を取り入れていたが、仏教が入ってからは仏教の修行をも取り入れて独自の修行方法を形成していった。そして、平安時代のはじめに密教が伝えられると護摩などの密教の修法や教義を取り入れて独自の信仰体系を確立した。

そして、奈良時代の末に皇位に就いた光仁《こうにん》天皇が山中での修行を解禁したことから、平安時代から鎌倉時代にかけてはより多くの人が山に分け入って修行に励むようになった。しかし、彼らの大半は正式な僧侶ではなく、自分の寺も持たなかった。ふだんは山に入って修行しているのだが、閉山期や積雪期には山を降りなければならない。そこで、密教の修法や教義に精通していた山岳修行者たちは、真言宗や天台宗の密教寺院に身を寄せることにしたのである。

このことは山岳修行者にとっても好都合だったが、密教寺院にとっても大きなメリットがあった。山岳修行者は加持祈禱《かじきとう》や占いなどに精通しており、それに加えて医療の心得も持ち合わせていた。一人か少数の仲間と深山幽谷で修行を続ける山岳修行者たちは、ケガや病気の治療を自分たちで行わなければならなかった。そこで、漢方の知識や簡単な医療行為を身に付けていたのである。医療が未発達な時代には加持祈禱によって病気平癒を祈ることが一般的だった。したがって医療に精通した彼らの存在は密教寺院の信者獲得にも貢献したのである。

すでに鎌倉時代の末までに真言宗、天台宗の寺院には多くの山岳修行者が参集した。そこで、室町時代のはじめに「修験道《しゅげんどう》」という一宗として独立したのである。「修験」とは「修行得験《しゅぎょうとくげん》」という意味で、山中で厳しい修行をすることによって「験力《げんりき》」、すなわち、超人的なパワーを獲得するという意味である。

以降、修験道は醍醐寺三宝院《さんぼういん》を本山とする当山派《とうざんは》と京都の聖護院《しょうごいん》を本山とする本山派《ほんざんは》に大きく分かれ、それぞれの傘下に多くの修験道系寺院と修験者（山伏）が所属することになった。とくに本山派の聖護院は室町時代に二万の末寺を擁して絶大な勢力を誇っており、全国の多くの修験の霊山を傘下に収めていった。また、両派との関わりを保ちながら、出羽三山《でわさんざん》や白山《はくさん》、九州の英彦山《ひこさん》、四国の石鎚山《いしづちさん》などは独自の修験道を保持した。

また、『修験道章疏《しゅげんどうしょうそ》』、『柱源神法《はしらもとしんぽう》』（本山派）、『柱源正灌頂儀則《はしらもとしょうかんじょうぎそく》』（当山派）などの教義書を作り上げ、修験道独自の教義を確立した。そして、修験道成立の過程で役小角が修験道の祖として仰がれるようになり、各地の霊山には役小角の像がまつられるようになった。

修験道は自然と一体となり、いわば宇宙の根源に同化することを目指すものである。そのために神道や仏教、道教の神仙思想などを融合し、加持祈禱などを駆使して理想郷（悟りの世界）に迫るものである。また、修験者（山伏）は各地の霊山を巡歴して土地の民間信仰や習俗を取り入れて、独自の宗教に仕立て上げたのである。その意味で民間信仰の意味合いが強く、それだけに広く受け入れられて、未曾有《みぞう》の発展を遂げたのである。

山伏の祖と仰がれる役小角は謎の多い人物であるが、民間では絶大な支持を得ていたようである。この役小角人気には山伏が貢献していた。山伏は民衆の中に入り込んで小庵を結んで定住し、占いや加持祈禱を行う傍ら医療行為も行って住民の信頼を獲得していった者もいた。

だから、先に紹介した「初午」の行事の導師も純然たる僧侶や神職の姿よりも兜巾《ときん》様の帽子を被り、結袈裟を着けた山伏に似た姿の方が好まれ、人々により信頼感を与えるものと考えられた。江戸時代には通行が規制されたことから町や村に定住していわゆる「山伏業」を営む「里山伏」が増えた。そして、彼らの中には自らの権威づけのために役小角の末裔《まつえい》を標榜するものも多かったようである。時代的前後関係や歴史を意に介さない人々の中には、今も「どこどこの坊さんは役小角の子孫だ」と言って憚《はばか》らない人もおり、ずばり「役小角だ！」と言っている人もいる。それほど、修験道は民間に深く浸透していたのである。

彼らは災厄除《よ》けや五穀豊穣《ほうじょう》、商売繁盛、病気平癒などに関する祈りのエキスパートで、彼らと住民の間には菩提寺の住職との関係以上の信頼があったのだろう。このように修験道は仏教や神道の枠を超えて民間の習俗として人々の間に浸透していった。そして、それは最も日本人の民族性にマッチした信仰形態で、生きた宗教として存在し続けてきたのである。

明治五年（一八七二）に修験道廃止令が出されて、修験道は壊滅的な打撃を受けた。しかし、一連の神仏分離政策が失敗に終わったことが明らかになった明治一〇年過ぎ頃からは修験道も復活の兆しを見せ始める。そして、第二次世界大戦後の昭和四〇年代ごろからは大峰修験や出羽修験などの山伏たちが峰入り修行を行うようになっていった。

仏壇をまつる文化

最近、特に都市部では仏壇がない家庭も多い。これは昭和三〇年代の高度経済成長の時代に郷里を離れて都会に移り住む人が急増し、田舎の実家には仏壇があるのでわざわざ都会の転居先にまで仏壇を持たない人が増えたことと、マンションなどに住む人が多くなって仏壇を置くスペースがなくなったことも原因と考えられる。

そして、都会で新たな生活をはじめた人たちは親との交渉も少なくなり、したがって先祖とのつながりも希薄になっていった。今は東京や大阪などの大都市では都会進出組の二世、三世、あるいは、四世が一家を構えている。だから、仏壇の意味が分からない人も少なくないようである。

『日本書紀』の朱鳥元年（六八六）の条には天武天皇が国ごとに仏舎《ぶっしゃ》を作って仏像をまつり経典を読誦《どくじゅ》せよとの勅令を発したと記されている。この「仏舎」は仏像を納める厨子《ずし》の役割をしたようで、後に普及した先祖の霊を納める仏壇とは異なると考えられている。恐らく当時の豪族などの富裕な家に仏舎がそなえられたものと思われる。

また、それより早く推古天皇の時代（在位五九二〜六二八）には法隆寺の玉虫厨子《たまむしのずし》（飛鳥時代、国宝）が作られたとされている。これは推古天皇の念持仏（個人的に礼拝するための仏像）を納めたものである。また、同じく法隆寺には橘夫人念持仏厨子《たちばなふじんねんじぶつずし》というものがあり、橘夫人の念持仏の阿弥陀三尊像が納められている。橘夫人は藤原不比等《ふじわらのふひと》の妻で、聖武天皇の妃《きさき》の光明《こうみよう》皇后の母である。これらも仏壇の一種と考えられているが、後に一般的になった仏壇のように先祖の霊をおさめるのではなく、あくまでも仏像をおさめる厨子だったと考えられている。

また、平安時代には御所の清涼殿の東側に「二間《ふたま》」という仏間が設けられ、ここに歴代天皇の念持仏が納められていた。さらに、室町時代には清涼殿の北側に「黒戸《くろど》」という細長い部屋があり、二間とおなじようにここに歴代天皇の念持仏や**位牌**《いはい》※1、経典、仏具などが納められ、中に天皇が入って僧侶の加持祈禱などを受けた。室内や戸が護摩の煤《すす》などによって黒くなっていることから黒戸と呼ばれた。

第一〇一代・称光《しようこう》天皇（在位一四一二〜一四二八）、第一〇三代・後土御門《ごつちみかど》天皇（在位一四六四〜一五〇〇）は黒戸で崩御した。黒戸には位牌が納められていたことから、それ以前の仏像のみをまつる厨子よりも仏壇としての役割が大きかったと考えられる。ちなみに、御所にあった二間や黒戸は明治の初年に撤去されることになり、念持仏や位牌は京都の泉涌寺《せんにゆうじ》に移されることになった。皇室が率先して神仏分離をする必要があったためである。

仏壇は中国やタイなど他国には見られない日本独自の風習で、檀家制度が確立した江戸時代以降、一般家庭にも普及した。そして、日本で仏壇が特異な発展を遂げたことには日本古来の葬送儀礼と深い関わりがある。

古来、日本では遺体を埋葬する「埋葬墓」と死者の霊をまつる「詣《まい》り墓」とがあり、前者を「塔所」、後者を「廟所《びょうしょ》」と呼んでいた。そして、廟所については複数設けられることも一般的だった。源頼朝などの歴史上の人物の墓（廟所）が方々にあるのはそのためである。

このような遺体と霊をわけてまつることを「両墓制《りょうぼせい》」と呼んでおり、これはインドなど各地に見られる墓制である。しかし、インドなどでは遺体は火葬にしてガンジス川などに流すが、死者の霊については特に仏壇や廟所のようなものを設けてまつる習慣はない。この点が同じ両墓制でも大いに異なるのである。

仏壇に死者の霊をまつる風習は日本の神に対する信仰（神道）に起源があるようである。日本の神はふだんは天界にいるのだが、その神を礼拝するときには神社の本殿や家庭などの神棚

※1　位牌　中国の儒教では君臣などの上下関係を重んじることから、人が亡くなると「木主《もくしゅ》」という板に生前の官名や位階などを書いて仏前にそなえた。この木主が武士や貴族の間に広まり、江戸時代には一般民衆の間にも普及した。また、位牌に書かれる戒名は本来、授戒したときに授けられる名で生きているときに授けられるものである。しかし、日本では死後に授けられるようになり、木主の風習を受けて本来の戒名の他に位階や官職名も加えられるようになった。

に招いて祈願をする。この習俗が仏壇での礼拝を可能にしたと考えられる。ちなみに、インドでも棚や机の上に祭壇を設けてシヴァ神などの神を礼拝する風習はあるが仏壇のような半固定的な設備を設けることはない。

われわれ日本人は、遺体や遺骨が埋葬されている墓所に行って供養をする一方で、家庭では仏壇に参って一家の安泰などを祈る。仏壇にはその家の先祖が宿り、これを鄭重にまつることによって生きているものに幸いをもたらしてくれると考えられているのである。

新たに仏壇を購入したときや修理が出来上がった時には「お霊《たま》入れ」という仏事を行う。「お霊入れ」を行っていない仏壇は食器棚や洋服ダンスと同様、単なる入れ物に過ぎない。しかし、「お霊入れ」を行うことによってそこに先祖の霊が入って来る準備ができるのである。

また、仏壇を買い替えるときや修理に出すときには「撥遣式《はっけんしき》」という儀礼が行われる。これは仏壇に宿る魂を抜き取る儀式で、これを行うことによって仏壇は単なる箱、入れ物になり修理の手を入れることが可能になる。そして、古い仏壇は粗大ごみなどに出すのではなく、寺院のお焚き上げなどで焼いてもらう。

「お霊入れ」や「撥遣式」は僧侶を呼んで行われるが、近年では菩提寺を持たない人も多く、仏壇店が代わりに行い、要らなくなった仏壇は関連の寺院でまとめてお焚き上げを行うことが多くなってきている。

仏壇はインドや中国をはじめ他国には見られない日本独自の習俗である。そして、それは日本古来の両墓制に淵源し日本の神の信仰に基づくものである。一般庶民が年忌法要などを営み墓を建てるようになったのは室町時代以降のことで、このころから仏壇や位牌も一般に普及し、江戸時代になると、檀家制度の確立に伴ってほとんどの家庭に位牌をまつる仏壇が備えられるようになった。

最後に仏壇には大きく分けて「唐木《からき》仏壇」と「金《きん》仏壇」とがある。前者はケヤキなどで作った黒塗り、あるいは塗りを施さない素地のもので、主に関東以北で用いられ、後者は外側を黒塗りにして内部に金箔《きんぱく》を貼った豪華なもので関西や北陸地方などで用いられる。もともと仏壇は唐木仏壇のような簡素で小型のものだったと考えられる。しかし、室町時代に活躍した本願《ほんがん》寺《じ》第八世の蓮如《れんにょ》（一四一五〜一四九九）が豪華な金仏壇を奨励した。そこで、京都を中心とする関西地方や西日本、蓮如が盛んに布教活動を行った北陸地方に金仏壇が普及したのである。

蓮如の時代、本願寺は参詣の人の姿も見えないほど荒廃しており、蓮如はその立て直しのためにさまざまな改革を行った。金仏壇の奨励も立て直しのために考案されたアイディア商品の一つで、高価な金仏壇を檀家が購入することで復興の浄財にあてたのである。このような経緯から、今も京都の本願寺の周辺には仏壇店が多く軒を並べている。

本来の仏教にはない仏飯を供える習俗

空海は亡くなる数日前から一切食べ物を口にしなかったという。弟子たちが心配して粥《かゆ》などを持っていくと「止みね！　止みね！　人間の味を用いるな！」と言ったという。空海は数年来、重篤な病に冒され承和《じょうわ》二年（八三五）の三月二一日（旧暦）に遷化《せんげ》（死去）した。病気はガンだったと考えられ、腫瘍《しゅよう》が皮膚の外側に出てくるほどの重病だったらしい。

空海は亡くなる間際まで東寺の住職として公務をこなしていたが、承和二年になって死期が近づいたことを悟ると病を押して高野山に登り、そこを死に場所と定めたのである。もともと空海は東寺を娑婆世界における活動の場、高野山を「悟りの里」と位置付けていた。だから、この世を去る時には高野山に登って悟りの境地に達することを理想としたのである。

高野山に登ってからも病状は悪化の一途を辿ったようであるが、その一方で空海は悟りの境地に達したことを確信した。つまり、ブッダ（仏）となったのである。もともとブッダは香の香りを食物とし、たとえ肉魚を用いない精進料理であっても人間の食べ物は一切口にしない。だから、「人間の味を用いるな！」と言ったのである。

没後、空海は高野山の奥の院にある廟所で今も生き続けており、そこから抜け出しては四国をはじめ全国を巡って人々を救済し続けているという、弘法大師入定伝説が語り継がれるようになった。そして、空海が「人間の味を用いるな！」と言ったにもかかわらず、今も廟所の前には朝夕、食事が供えられている。

もともと仏教では仏に人間の食べる物を供える習慣はないが、日本では日常的にいわゆる「仏飯《ぶっぱん》」が供えられ、盆や彼岸といった特別の期間には品数も豊富になる。また、葬儀のときには「枕飯《まくらめし》」といって枕辺にてんこ盛りにした飯を供え、民間の風習ではその上にさらに箸を突き立てて高さを出す。

このような「仏飯」が慣例化したのは神に対する神饌の習俗に基づく。日本の神は美食家の上に健啖家《けんたんか》で神事や祭りには何はさておき神饌がないとご機嫌を損ねる。だから、神事や祭りのときには先ず神饌を供えるのであるが、それが神事や祭りの重要な部分を占めるのである。また、頂き物の菓子や果物などを仏前に供えるという習慣は、今も一般家庭でも行われている。到来物は先ず仏に供えてから人間が食べる。これは神道の直会《なおらい》の習慣で、年忌法要の後に「お斎《とき》」とか「鉢洗い」などと称して参会者一同で清めの食事をするのも直会の遺風である。そして、そのときにもその法要の主人公である故人の遺影などの前にいわゆる「蔭膳《かげぜん》」を供える。これは仏教的にいえば成仏した、日本の古い信仰でいえば神になった亡き人に供える神饌に他ならないということができるだろう。

祖先崇拝と先祖供養

六世紀に仏教が伝えられると、それ以前から行われていた葬送儀礼も仏教的な解釈が加えられ、仏教思想や儀礼が諸所に入り込むようになった。たとえば、盂蘭盆会《うらぼんえ》は中国発祥の行事であり、彼岸に至ってはインドはおろか中国にもない日本独自の習俗である。これらの行事が仏教と結び付くことによって日本独自の宗教（習俗）に変容したのである。

神社の祭礼では共同体（ムラ）の近くの山の頂に降臨した神を饗応し、神を喜ばせ満足してもらうことによって、その果報として五穀豊穣などの幸いをもたらしてくれることを祈願した。そして、盂蘭盆会においても仏の世界から還って来た精霊《しょうろう》（先祖の霊）を饗応することで果報を授かることが期待されるのである。

このように、神社の祭礼と盂蘭盆会は同じ構造を持っているのである。しかし、祭例のときに降臨する神が共同体の先祖という集団の霊であるのに対して、盂蘭盆会で降臨する神（仏）は家々の個別の先祖の霊であるという違いがある。だから、神社の祭礼では共同体の鎮守社《ちんじゅしゃ》に参集して祭りを行うのに対して、盂蘭盆会は各家々で行われる。

また、今も盂蘭盆会では迎え火を焚いて精霊を迎え、送り火で仏界（天）に送る。神社の祭礼でもこれと同じ神迎えと神送りの神事が行われる。例祭の早朝、氏子たちは神社の拝殿に集まり、宮司が本殿の御扉《みとびら》を開けて神饌《しんせん》（神々の食事）を供えて祝詞を奏上し、巫女が巫女舞を演じる。その日の夕（宵宮《よいみや》）には神楽や歌を奉納して神を饗応する。そして、翌日の本祭では神輿や山車が練り歩き、氏子中に神威を振りまく。祭りの最後に再び氏子たちが拝殿に集まって神を送り出すのである。

日本では神社の祭礼の方が先に存在し、仏教が入ってきてから盂蘭盆会などが行われるようになった。そして、今では祭例は神輿渡御や山車巡行が行われ、境内や参道に露店が並ぶ賑々《にぎにぎ》しい行事のイメージが強いが、その本質は天界から還ってくる先祖の霊をまつる先祖供養にほかならない。そして、仏教が入ってくると仏教思想を取り入れて先祖供養を行うようになったのである。

ちなみに、インドにはない儀礼である。それが日本に入ってきて、日本の先祖供養や民間信仰と習合して、独自の盂蘭盆の法要になったのである。もともと神社の祭りも祖先神が帰ってくる特別の日だったが、盂蘭盆会も同じように先祖の霊が帰ってくる日になった。

ただし、神社の祭りは一体化した祖先の霊が帰ってくるのに対して、盂蘭盆会では各家々の霊が帰ってくる。神社の祭りでは一体化した祖先の霊が共同体の中心にある神社に帰ってくるので、人々は神社に集まって祭りを執り行う。一方、盂蘭盆会では各家々の先祖の霊が各戸に帰ってくるので、行事は各家々で行われる。ただし、盂蘭盆会でも各戸の霊は一旦《いったん》、共同体の菩提寺に集合する。だから、人々は提灯《ちょうちん》を持って菩提寺の墓地まで各家々の先祖の霊を迎えに行くのである。

このように、神社の祭りと盂蘭盆会は先祖の霊を迎えるという点では同じ構造を持っている。日本で古くから行われていた神迎えの神事に仏教的要素が入り込んだものである。ただし、仏教は個人の信仰だったことから、個別の霊を迎えるようになったのである。

すでに奈良時代には宮中で盂蘭盆会が旧暦七月一五日に行われたという記録があるが、今もこの日を中心に盂蘭盆会が行われている。中国の道教《どうきょう》では旧暦一月一五日、七月一五日、一〇月一五日を上元・中元・下元の「三元《さんげん》」といい、何をするにも好適日とされてきた。そこで、一月一五日は元服、一〇月一五日（新暦一一月一五日）は七五三の通過儀礼が行われるようになった。そして、中元には生身魂《いきみたま》といって普段世話になっている両親などに贈り物をして感謝の意を表す日となっていた。

この風習が現代でも行われている「中元」となった。ただし、いわゆる「お中元」は明治時代に新たに登場した勧工場《かんこうば》（後の百貨店、デパート）が古来の中元の習俗に倣って新手の商法（中元商戦）を考案したものである。

また、日本では古くから農作業が一段落した七月の中旬に先祖や両親に感謝し、とくに海浜の地方では魚を獲《と》ってきて両親に食べさせ、祖先に感謝する習俗があったと考えられている。民俗学では日本古来の太陽信仰と祖霊崇拝が彼岸の起源であると考えられ、民俗学者の五来《ごらい》重《しげる》は、日本での「ひがん」の語源は「日の願い」である「日願」であるとし、それに仏教の

「彼岸」の語が当てられたと考える。

仏教の「彼岸」はサンスクリット語のパーラミターの訳語で「到彼岸《とうひがん》」とも訳され、われわれの住む娑婆世界（世俗の世界）とは対極にある悟りの世界（彼岸）に渡ることを意味する。つまり、仏教の「彼岸」は日本古来の先祖が赴いて神となる世界（天界）と同一視されたのである。そこで、彼岸には先祖のいる清浄な世界に思いを馳《は》せ、自らもやがてそこに到達したいと願う風習を生んだのである。

昭和二三年（一九四八）に制定された「国民の祝日に関する法律」では、春分の日は「自然をたたえ、生物をいつくしむ日」とされ、秋分の日は「祖先をうやまい、なくなった人々をしのぶ日」とされている。とくに、秋分の日は日本古来の祖先崇拝の精神が謳《うた》われている。

昭和三〇年代後半の高度経済成長以降、核家族化が進展して祖先とのつながりも希薄になってきている。さらに、近ごろの新型コロナウイルスの感染拡大で葬儀も満足にできない状況が続いていて、祖先とのつながりはますます薄らいできている。この状況は今後も続くものと考えられる。

それでも春秋の彼岸には墓参りをする光景が各地で見られ、意識するとしないとにかかわらず、まだまだ日本人の心の片隅には祖先を敬う気持ちが消えていないようである。祖先に思いを馳せることは今、現に生きている自分の系譜を確認することでもある。その意味でとくに日本人にとっての祖先崇拝は今後の生き方を左右する問題でもある。

太子信仰と大師信仰

仏教は飛鳥・奈良時代は国家の仏教、平安時代は貴族の仏教ということができる。この時代の仏教は一般民衆とはかなりの隔たりがあり、今でこそ法隆寺や東大寺などに拝観料さえ納めれば誰でも入ることができるが、飛鳥・奈良時代から平安時代の末にかけては、そのような大寺院に一般民衆が近寄ることすらタブーとされた。

しかし、平安時代末期に浄土信仰が広まり、鎌倉時代の武家政権になると民衆の知識レベルも急速に向上した。それは武士にはもともと農民だったものが多く、農民をはじめとする一般民衆と近い立場にあったことと関連している。鎌倉時代はいわゆる平等の観念が生まれ、相続においても男女の区別なく均分相続が一般的になり、女性の地位も向上した。

そのような状況の中でそれまで貴族や僧侶などが独占していた歴史上の人物に対する情報が民衆の間に一気に広まったのである。聖徳太子は生前から伝説化されていたといわれているが、その存在を知っていたのは貴族や僧侶といった一部の知識人に限られていた。弘法大師についても同じことが言える。

しかし、鎌倉時代になると親鸞や一遍、日蓮などが自ら民衆の中に飛び込んで説法をし、それによって民衆の知識は一気に増幅した。浄土真宗の寺院の本堂には中央に阿弥陀如来、向かって右手に親鸞上人像、同左手に聖徳太子が安置してある。これは親鸞自身が日本で最初に仏教を普及した聖徳太子に対する信仰を持っていたことによるものであるが、聖徳太子というビッグネームを用いることによって自らの教えを弘《ひろ》める助けにした面も見逃すことができない。日蓮宗寺院にも聖徳太子像がまつられている場合が多いが、これも日蓮が太子信仰を持っていたという理由とともに、布教の助けにしたものと考えられる。

また、弘法大師の「大師」は聖徳太子の「太子」と音が通じることから、当時の人々は両者を同一人物と見做した。そして、太子の功績は大師の功績、大師の功績は太子の功績と考えられ、両者の功績が合してとてつもない巨人タイシ、巨人ダイシが誕生したのである。

特に弘法大師が杖《つえ》を立てた処から水や温泉が湧き出したというような弘法大師伝説は、大師の名が民間に流布した鎌倉時代以降に語られるようになったものである。また、聖徳太子が聡《そう》明《めい》で一度に一〇人の話を聞いてすべて理解したという話がある。これについて聖徳太子伝などでは一度に三三人の話を聞き届けたと書いてある。この聖徳太子伝の話が民間に伝えられたとき、いくら頭が良くても三三人はあり得ないだろうということで、一〇人に減らされたのではないだろうか。

弘法大師像を本尊とする真言宗寺院には聖徳太子像がまつられていることが多い。たとえば、神奈川県の川崎大師《かわさきだいし》は厄除《やくよ》け弘法大師を本尊とするが、山門を潜った右手の奥に瀟洒《しょうしゃ》な太子堂があり、像高一メートルほどの聖徳太子像がまつられている。これは大工や左官といった建築関係の職人の信仰の結社である「太子講《たいしこう》」の本尊で、聖徳太子が大陸から建築や土木の技術を取り入れて四天王寺や法隆寺などの大伽藍を建築したことから、建築土木の祖と仰がれているためである。このことから、太子講の本尊の中には墨壺《すみつぼ》や手斧《ておの》、左官のコテなどを手にした像も見られ、いかにも民間信仰で作られた像らしい。

また、音が通じることから混同されたものに大黒天の信仰がある。これは大国主命の「大国」と仏教の大黒天の「大黒」がともに「ダイコク」と発音されたことに由来する。大国主命は因幡《いなば》の白兎を助けたことで知られる出雲大社の祭神。一方、大黒天はサンスクリット語で「マハー・カーラ」、文字通り「真っ黒」という名のインドの神で仏教とともに日本に伝えられた。

大国主命は「大きな袋を肩にかけ」という歌にもあるように大きな袋を持っており、仏典には大黒天も袋を背負っていると記されている。そのことからも両者は同一視されたのだろう。そして、仏教の大黒天はもともと戦闘の神で恐ろしい憤怒の相（怒りの表情）を浮かべている。しかし、室町時代の後半になると、温和で優しい性格の大国主命に惹かれる形で穏やかな福相を浮かべるようになり、福神の象徴として打ち出の小槌《こづち》を持ち、米俵に乗る像がお目見えした。

また、江戸時代には足元の米俵の上に数匹のネズミが表されるようになった。もともとインド出身の大黒天にネズミは縁もゆかりもないのだが、足元にネズミがいるのは記紀の神話によるものである。大国主命は素戔嗚尊の六世の孫とされているが、素戔嗚尊は大国主命が国津神《くにつかみ》、つまり、地上の神になるためにさまざまな試練を与える。その中で地中の穴に閉じ込められ、穴の中に火を放たれる。劫火《ごうか》の中で大国主命は絶体絶命の危機に陥った。しかし、そのとき数匹のネズミが地下の穴から顔を出し、大国主命を導いて脱出させてくれたという。これが大国主命の足元にネズミがいるゆえんである。

出雲地方の人は出雲大社の祭神を大国主命とは言わずに「ダイコクサマ」という。これには大国主命と大黒天の両方の意味が含まれているものと思われる。また、室町時代から江戸時代にかけて商人の間で大黒信仰が盛んになり、各地で「ダイコク講《こう》」が組まれるようになった。彼らはダイコクさまの前で秘密の会合を開き、価格協定や出荷量の調整などのいわゆる「闇カルテル」を行っていたという。そして、そのような密約はダイコクサマの名において一切他言しないという固い約束を交わしたのである。

また、商人たちは日ごろから闇カルテルなどを組んで消費者を欺き、利を貪っていることに罪の意識も感じていた。そこで、年に一度か二度、「ダイコク講」と称する大安売りを行って消費者に利益を還元したのである。また、円満な風貌《ふうぼう》のダイコクさまは同様の服装のエビスと共に信仰され、エビス・ダイコクと並び称され各地に対像がまつられた。そして、商人たちの秘密の会合も「エビス講」と呼ばれることもあった。

江戸時代には関東を中心に大安売りは「エビス講」の名で行われるようになり、今も茨城県などでエビス講の名が残っているところもある。そして、明治になって百貨店（デパート）が登場すると、エビス講やダイコク講は歳末大売り出しなどと呼ばれるようになった。これがバーゲンセールの起源である。

さらに室町時代の末ごろには三面《さんめん》大黒という像が造られるようになった。これは正面に温和な大黒天の顔、向かって右手に弁才天の小ぶりの顔、左手に毘沙門天《びしゃもんてん》の小ぶりの顔が覗いており、腕は六本ある。本体は袋を担いだ大黒天の姿だが一体の中に三尊の徳を閉じ込めたものである。

この三面大黒は江戸時代に盛んに造られて人気を博し、これが七福神に発展していった。七福神はインド出身の大黒天、毘沙門天、弁才天に中国出身の寿老人、福禄寿《ふくろくじゅ》、布袋《ほてい》、そして、日本生まれの恵比須神が一つの船に乗り込んだもので、日本人好みの神仏混淆《こんこう》の尊像である。

言うまでもなく日本の信仰は多神教であるが、日本人は神と仏を一緒くたに拝まないと気が済まない。だから、先に述べたように初詣などには神社と寺に次々と参り、一般家庭にも仏壇と神棚を向かい合わせにまつっているところも少なくない。昔、稲尾和久《いなおかずひさ》というプロ野球の名投手がいたが、ここぞというときにファンは「神さま、仏さま、稲尾さま」ととなえて合掌していた。これも日本人の民族性、宗教的志向を示すものとして興味深い。

日本人の宗教心を傷つけた檀家制度

法隆寺や飛鳥寺など仏教伝来間もない飛鳥時代に開かれた寺院は天皇や豪族などの有力者によって創建され維持されてきた。このころの寺院は檀越《だんおつ》（有力者な支持者）の寄進によって支えられていた。しかし、すでに奈良時代には律令制が衰退し平安時代になって荘園《しょうえん》制度が確立すると寺院は広大な寺領荘園を保持し、貴族と共に荘園領主となった。そして、寺院の運営は荘園からの租税によって賄われるようになった。

このような荘園制度は種々の制度改革を経験しながら室町時代の末まで続くが、豊臣秀吉の太閤検地《たいこうけんち》によって遂に消滅することになった。また、鎌倉時代に浄土宗や浄土真宗、日蓮宗など民衆を対象とした宗派が相次いで現れると寺院も大衆化した。つまり、かつて一氏族か少数の大檀越によって支えられた寺院は「**檀家**※1」と呼ばれる大勢の一般民衆によって支えられるようになったのである。

室町時代の末に伝えられたキリシタン（キリスト教）は伝来当初は急速に普及した。織田信長はキリシタンを容認しキリシタンがもたらす異国の風俗を歓迎した。豊臣秀吉も当初は信長

※1　**檀家**　「檀家」という言葉はサンスクリット語のダーナという言葉を元に作られたもの。「ダーナ」は施しをするという意味で「檀那」と漢訳される。本来は、施しができるほど余裕のある裕福な人という意味である。

に倣って容認したが、慶長元年（一五九六）に起きた**サン・フェリペ号事件**※2を契機にキリシタンの弾圧に転じた。

徳川家康は仏教や神社といった宗教一般に整然とした統制を敷いたがキリシタンも他の宗教と同様に扱い、特に厳しい弾圧を加えることはなかった。しかし、九州などを中心に急速に普及していたキリシタンに警戒感を抱き、慶長一七年（一六一二）には「禁教令」を発し、以降、弾圧に転じた。そして、同年にはいわゆる隠れキリシタンに「寺請証文《てらうけしょうもん》」を書かせ、これが檀家制度のはじまりとなった。

寛永《かんえい》一四年（一六三七）に**島原《しまばら》の乱**※3が起こると幕府はキリシタン弾圧をさらに強め、寛永一七年（一六四〇）には「宗門改役《しゅうもんあらためやく》」を設置し、「踏み絵」などを行って信者を徹底して焙《あぶ》り出す体制を整えた。

寺請証文とは檀那《だんな》寺《でら》（菩提寺）の住職が檀家（信徒）の一人一人についてその寺の檀家であることを証明した文書のことである。これは一種の戸籍制度で、これによってすべての日本人がいずれかの宗派の寺院に所属することになったのである。

「檀家」という言葉はすでに鎌倉時代からあったが、江戸時代の檀家制度では檀家の「家」の概念が変容した。それまでの檀家の「家」は「篤志《とくし》家《か》」とか「作家」「画家」などのように、ある分野に専心するものやある分野で特に秀でた能力を持つものを指し、個人に対する呼称だった。

しかし、檀家制度のもとでは「家」は文字通り「いえ」の意味になり、本来、個人の信仰である宗教（仏教）が家ぐるみの集団の信仰に変化したのである。それまでは実家が浄土宗である女性が真言宗の家に嫁いでも、その女性は浄土宗のままで良かった。しかし、檀家制度の下では自動的に婚家先の宗派に改宗することになった。

また、出生や死亡に際しては菩提寺の住職がそれを確認して幕府に届け出を出し、結婚や旅行、家の建築や増改築にも菩提寺の住職の認証が必要だった。寺（菩提寺）は幕府の末端の行政機関の役割を果たしたのであるが、檀家からすれば生まれてから死ぬまでのすべての行動が菩提寺の住職に監視されていて、いわば、首根っこを押さえられた窮屈な状態になった。

※2　サン・フェリペ号事件　室町時代末期の慶長元年（一五九六）、イスパニア（スペイン）のサン・フェリペ号が暴風に遭って土佐に漂着した。豊臣秀吉の部下の増田長盛が船を臨検して船荷を没収したが、これに立ち会ったイスパニア人の水先案内人が、イスパニアは宣教師を派遣して現地の住民を手なずけ、その後で軍隊を送り込んで領土を占領するのだと言った。これに激怒した秀吉は先に発していた「伴天連追放令」を強化して宣教師や信者を一斉に逮捕し、翌年には長崎で磔の刑に処した。これが「二十六聖人の殉教」で、ここから日本におけるキリシタン殉教史がはじまった。

※3　島原の乱　江戸時代初期の寛永一四年（一六三七）、島原藩主・松倉重政父子の圧政に対する農民の不満が高まっていた。このとき、一六歳の益田時貞（天草四郎）を盟主とするキリシタン牢人が三万八〇〇〇人の農民を率いて百姓一揆を結んで蜂起した。幕府は板倉重昌を派遣して鎮定させようとしたが、原城に立て籠もって頑強に抵抗する農民軍は陥落しなかった。そこで、江戸から老中松平信綱が派遣され、一二万の兵で原城を取り囲んで兵糧攻めにし、さらにオランダ船に援護射撃を要請して、やっとのことで翌年に城を陥れた。この乱はキリシタンに対する幕府の態度を硬化させ、寛永一六年（一六三九）には五度目の鎖国令を出し、鎖国が本格化する大きな転機となった。

檀家制度によって村ごとに必ず一つの寺がなくてはならなくなり、そのことによって日本の寺院の数は倍増した。もともと信仰に基づいて修行に専念し、それによって獲得した力量を発揮して衆生を救済するのが僧侶の役割で、寺は僧侶や信者の拠点となるべき場所だった。しかし、中世以降仏教が民衆の間に普及すると、民衆を教え導く一方で、葬儀にも深く関与するようになった。

そして、檀家制度が確立すると、信仰の拠点としての新たな寺院の建立や布教活動が厳しく制限され、寺は専ら葬儀に専念するようになり、いわゆる「葬式仏教」と揶揄《やゆ》されるようになったのである。その一方で一定の檀家を確保できるようになった菩提寺は経済的に安定し、僧侶は怠惰を恣《ほしいまま》にし、檀家を監視する立場にあることから不遜《ふそん》な態度を取るようになった。このような、寺と僧侶の在り方は檀家の不興を買い、そのことが明治の廃仏毀釈《はいぶつきしゃく》を引き起こす原因のひとつにもなったと考えられる。

檀家制度はすべての日本人から自由な信仰を奪った。しかし、檀家制度が極めて短期間に全国的に実施できた一つの要因は、それまで長きにわたって日本人が続けてきた年中行事などが、そのまま継続されたからであると考えられている。他所でも述べたように、二大仏教行事とされている盆や彼岸はもともと神道に淵源するもので、それに仏教的な説明が加えられただけのものだった。だから、民衆にとってはその主体が寺院でも神社でも、どちらでも良かったのである。

仏教伝来以前からドグマなき宗教としての神道を信奉して来た日本人は、教えや思想よりも儀礼を重んじてきた。だから、儀礼が以前通りに行われていれば文句はなかったのである。

もう一つは日本人が宗教をはじめとする文化に寛容な態度を示し、それが権力者からの強力な押し付けであっても、さしたる抵抗もなく受け入れたということが考えられる。つまり、盆や彼岸などの年中行事だけ今まで通りに行えれば特段の不満はなかったということができる。

ヨーロッパではキリスト教とイスラム教との間で熾烈な布教競争を繰り広げ、遂には十字軍《じゅうじぐん》の遠征という大規模な紛争に至った。また、キリスト教内ではカトリック教会とギリシャ正教との闘争はヨーロッパを西と東に分断した。これらの点で日本の事情はヨーロッパとは大きく異なる。これは他民族の領域（国家）と国境を接しない日本人には闘争心が希薄で、大抵の課題は受け入れるという民族性によるのではないか。

ただ、日本人は檀家制度によってその宗教心を傷つけられたということも否定できない。そして、明治維新の神道の国教化（国家神道）によっても信仰心を踏みにじられた。さらに、敗戦によって国家神道は解体されたが、今度は一夜にして価値観が顚倒《てんとう》したことに戸惑いを禁じ得ないでいる。そして、その戸惑いが外国人から日本人は無宗教であるとか信仰心がないとか言われる原因になっていると考えられる。

日本人は無宗教か？

日本には今も約七万七〇〇〇ヵ寺の寺院と約八万八〇〇〇社の神社があるといわれている。これに家々や会社の敷地内やビルの屋上にまつられているお稲荷さんの社などを加えれば、とてつもない数の神社が存在することになる。さらに、路傍や田畑の畦道《あぜみち》にまつられている地蔵や馬頭観音《ばとうかんのん》などの石仏、庚申塚《こうしんづか》や道祖神《どうそじん》などを入れれば、それこそ天文学的な数字になるということができるだろう。

また、初詣には神社と寺院を梯子し、旅行に行けばその行程には必ず神社仏閣が組み込まれている。そして、若い人でもお稲荷さんの社や路傍の石仏に手を合わせる姿は日常的に見ることができる。

日本人は外国人から無宗教だとか信仰心がないなどというレッテルを貼られ、だから、信頼性に欠けるといわれている。しかし、上述したような状況を見れば決してそのようなことはないのである。

ただ、日本人はキリスト教徒やイスラム教徒のように特定の信仰を持たないということは言えるだろう。日本人が古くから拠り所としてきた神社の信仰は宗教というよりも生活の規範のようなもので、神社にまつられている神に鄭重に仕えることによって大過ない日常生活、ひいては人生を送ることができると考えているのである。

早くから大陸（中国）の文化を受容してそれを自家薬籠中のものにして重宝に使ってきた日本人は、外来の文化や文物に対して寛容であり、その到来物を喜んで受け入れる民族性がある。平安時代に編纂された私撰《しせん》歴史書『扶桑略記《ふそうりゃっき》』には、仏教公伝に先立つこと一六年前の五二二年の条に、渡来系の司馬達等が自邸に仏像を安置して日々礼拝していたという記述がある。おそらくそれよりもはるか以前に渡来人が仏教を持ち込んでいたと考えられるが、日本人は私的な信仰に関してはほとんど関心を示さず、いい意味で寛容な態度を取ったのである。

五三八年に百済から正式な外交ルートを通じて仏教が伝えられると、蘇我氏と物部氏の間にその受容を巡って熾烈な争いが生じた。しかし、一般民衆はそんなことは意に介さず、隣の住人が仏像を礼拝し経をとなえていても違和感を感ずることもなかったものと考えられる。

横浜の外国人墓地の周辺には日本聖公会《にほんせいこうかい》や山手カトリック教会などが建ち並び、多くの観光客で賑わっている。そして、日本人のほとんどはそれらの教会にあたかも日本の神社仏閣と同じように礼拝して手を合わせている。これは、キリスト教徒やイスラム教徒には考えられないことだろう。もし、キリスト教徒が自分の教会に行く途中にイスラム教のモスクがあったとしても、足を踏み入れることはないのである。

また、私の古くからの知り合いにこんな家があった。その一家は家族の集合写真を載せ、聖書の言葉を記した年賀状を毎年、送ってくる。年賀状を受け取った人たちはその一家はみなクリスチャンなのだと思っていた。しかし、近年、その家の主《あるじ》の母親が一〇三歳で亡くなり、通夜、葬式に行って驚いた。

その家は近くに浄土宗の菩提寺があり、通夜と葬式はその寺の僧侶が執り行った。目を疑ったのは茶毘《だび》に付した遺骨が戻ってきたときのことである。骨箱は黒のビロードの布に包まれ、正面には白い十字架が表されている。後で主に話を聞くと、一家のうちクリスチャンは母親だけで他の家族は全員浄土宗なのだという。そして、その母親も浄土宗の檀家だというのだ。

そのため、後日、教会で追悼のミサを行い、その後、菩提寺の僧侶が来て四十九日の法要を営んでから、菩提寺にある先祖累代の墓に埋葬するのだという。つまり、一家の中で一人だけがクリスチャンで、日曜日には教会に通い、しかし、法要などがあると菩提寺にも行く。そういう人と家族が何十年もの間、一緒に暮らしていたのである。

世界では紛争や戦争が絶えないが、その原因の多くは宗教の違いにある。ローマ・カトリック教会は七回にわたって十字軍を遠征してイスラム教との間に熾烈な闘争を繰り広げた。

第4章

儒教と国学

儒教とは？

中国では紀元前七七〇年に周《しゅう》が洛邑《らくゆう》（成周《せいしゅう》）に都を移してから、紀元前二二一年に秦《しん》の始皇《しこう》帝《てい》が中国を統一するまでの時代を「春秋戦国時代」と呼んでいる。この時代は群雄が割拠して激しい闘争を繰り広げた。このような状況の中で、各国は有能な思想家の意見を取り入れて国家体制の基盤を築こうとした。その結果、この時代には新たな思想が数多く生まれ、それらは総称して「諸子百家《しょしひゃっか》」と呼ばれるようになった。

その中で後世に最も影響を与えたのが孔子《こうし》（前五五一～前四七九）を祖とする儒家（儒教）で、その思想は性善説を強調した孟子《もうし》（前三七二頃～前二八九頃）、性悪説を説いた荀子《じゅんし》（前二九八頃～前二三五頃）らによって継承された。また、これとは別に無差別の愛（兼愛）を説いた墨《ぼく》子《し》（前四八〇頃～前三九〇頃）の墨家《ぼっか》、さらには宇宙の摂理に従って無為自然に生きることを理想とした老子《ろうし》（生没年不詳）や荘子《そうし》（前四世紀頃）が提唱した道家、強大な君主が法と策略によって国家を統治すべきことを説いた商鞅《しょうおう》（?～前三三八）・韓非子《かんぴし》（?～前二三三）・李斯《りし》（?～前二〇八）らの法家、論理学を説いた名家、兵法を説いた兵法家、外交策を説いた縦横家、天体と人間生活の関係を説いた陰陽家《いんようか》、農業技術の発展の重要性を説いた農家など多種多様な思想が現れた。そして、これらの思想家の中には君主に認められて国家の顧問となるものもあった。

その中でも孔子の儒家は、中国ばかりでなく朝鮮や日本をはじめとするアジアの広い地域に影響を与えた。儒教の思想は家族道徳を社会秩序の基盤に据え、親に対する「孝」をはじめとして家族間のケジメと愛情を天下に及ぼしていけば理想的な社会を実現できると説いた。秦の時代には「焚書坑儒《ふんしょこうじゅ》」によって弾圧され、また、時代によっては為政者が仏教や道教を信仰して儒教は等閑に付されたこともあった。特に唐代（六一八〜九〇七）には仏教が重んじられたことから、儒教はしばらくの間、影を潜めた。

しかし、宋代（九六〇〜一二七九）になると朱熹《しゅき》（朱子・一一三〇〜一二〇〇）が現れて儒学

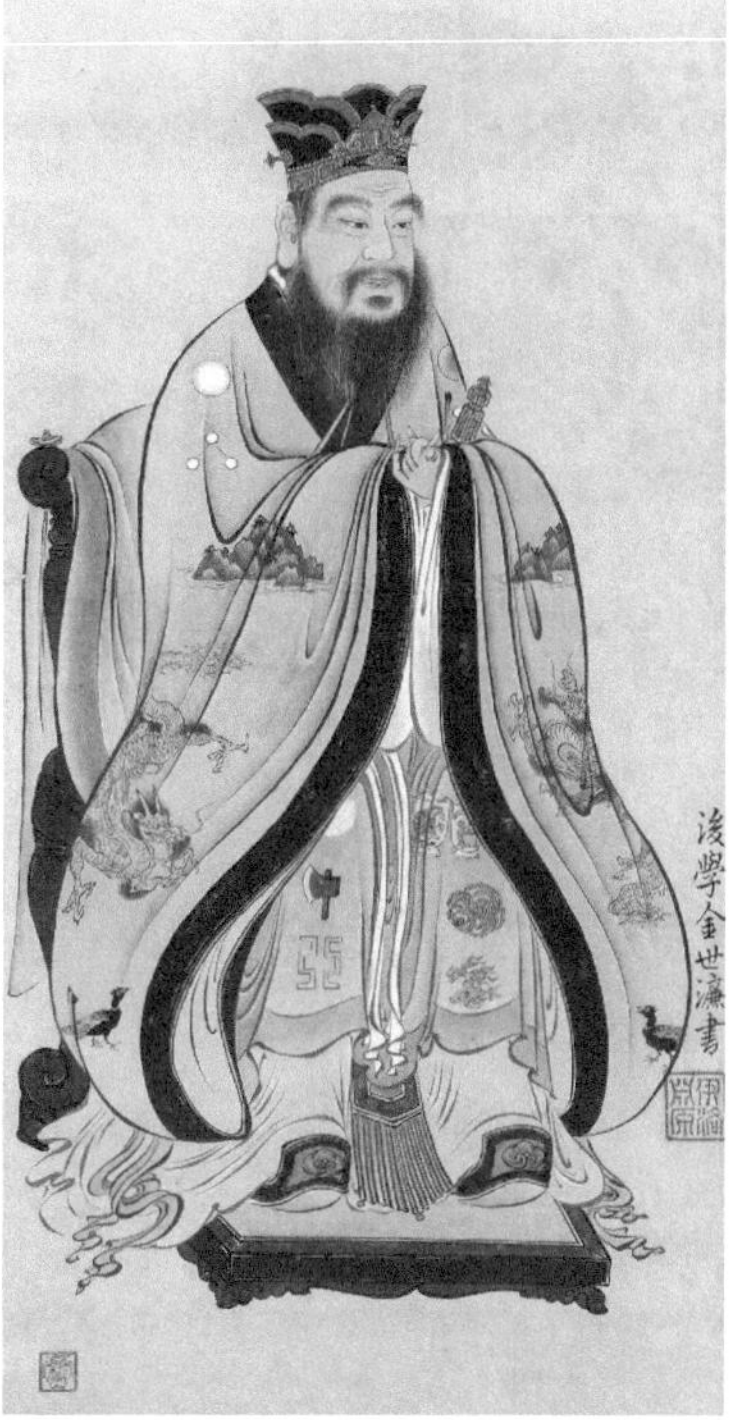

孔子　中国の春秋戦国時代を代表する思想家で、儒教の祖。今でも中国や日本に孔子をまつる孔子廟が数多くある（狩野山雪画、東京国立博物館所蔵、画像出典：ColBase）

の哲学的部分を強化して朱子学を創始した。朱熹は古来、基本典籍として重んじられていた『論語』『大学』『中庸《ちゅうよう》』『孟子《もうし》』の「四書」と『易経』『書経』『詩経』『礼記《らいき》』『春秋』の「五経」(これら九書をまとめて「四書五経」という)を学問研究の中心に据えて、儒教思想を政治と深く結びつけた。

仏教より早く日本に伝えられた儒教

仏像が日本に伝えられたのは欽明天皇七年(五三八)のことであるが、儒教の伝来はそれよりも前のことである。応神天皇《おうじん》(四世紀後半~五世紀前半)の時代に百済から王仁《わに》(生没年不詳)がやって来て『論語』と『千字文《せんじもん》』を伝えた。その後、継体天皇《けいたい》(四五〇~五三一)の五一三年に百済から五経博士《ごきょうはかせ》が渡来して儒教を伝えたとされている。

大化の改新以降、中国に倣って律令制度が整備されると、儒教の影響が色濃くみられるようになった。律令で定められた官吏養成のための大学では「四書五経」などの儒教経典を学ぶ「明経道《みょうぎょうどう》」が教授された。また、聖徳太子の「十七条憲法」は仏教思想によって国を治めようとしたものと言われているが、実は主君関係を重視するなど儒教思想がその大半を占めている。

儒教とほぼ同時に道教や陰陽五行説《いんようごぎょうせつ》も伝えられたが、これらと儒教が融合して日本独自の陰陽道に発展した。奈良時代には陰陽寮《おんみょうりょう》という役所が設置された。平安時代には陰陽道によって忌日や鬼門が占われ、服喪期間や方違《かたたが》えなど貴族の日常生活にも大きな影響力を持った。安倍晴明など有能な陰陽師が出て貴族たちに持て囃《はや》されたことはよく知られている。

鎌倉時代になると禅宗などの僧侶《そうりょ》によって朱子学が伝えられるようになった。建久一〇年（一一九九）に入宋《にっそう》した俊芿《しゅんじょう》（一一六六～一二二七）は二千余巻の儒教の典籍を持ち帰った。彼が、持ち帰ったのは宋学、すなわち朱子学の経典で、これが日本に朱子学が伝えられた端緒であるといわれている。

また、この時代に元が南下して宋を圧迫し、多くの禅僧が避難して日本に亡命してきた。建長寺開山の蘭渓道隆《らんけいどうりゅう》（一二一三～一二七八）や円覚寺開山の無学祖元《むがくそげん》（一二二六～一二八六）などども亡命僧の一人である。そして、鎌倉の禅寺では禅とともに儒教（朱子学）が盛んに学ばれるようになったのである。特に正安《しょうあん》元年（一二九九）に元から来日した一山一寧《いっさんいちねい》（一二四七～一三一七）は朱子学に注釈書を伝え、それによって、日本における朱子学研究が本格的になったという。さらに室町時代になると、京都五山や鎌倉五山などを中心とする臨済宗寺院で儒学（朱子学）が学ばれた。

そして、室町時代後半には下野国《しもつけのくに》に足利学校《あしかががっこう》が設立されて儒学の講義が行われ、孔子廟《びょう》が設けられた。また、この時代に儒教は地方にも拡散し、長州や薩摩などを中心に儒学の講義が盛んに行われるようになった。

江戸時代になると、幕府は儒学（朱子学）を公認し、儒教道徳は武士の生活、および人生にわたる規範として重んじられるようになった。元禄時代に改訂された「武家諸法度《ぶけしょはっと》」では「文武忠孝を励まし、礼儀を正すべき事」とされ、武士道の根幹が儒教精神で支えられることになった。湯島《ゆしま》に孔子廟・湯島聖堂《ゆしませいどう》を開き、後に昌平坂《しょうへいざか》学問所を併設して儒学（朱子学）の講義を行った。昌平坂学問所は官吏養成の学校で後の東京大学の前身になった。

また、江戸時代には儒学の一派、陽明学《ようめいがく》も伝えられた。中江藤樹《なかえとうじゅ》（一六〇八～一六四八）は人間は本来平等であると説き、その思想は武士ばかりではなく、農民や商工業者に広く支持された。陽明学者の中には同じ儒教でありながら朱子学を批判して、幕府の弾圧を受けたものもあった。

また、江戸時代の後半には、儒教や仏教など外来の思想や学問を排除して日本独自の道（古道）を追求する国学が創始された。国学者は外来の思想などを排除したとは言っているが、その論法には儒教や仏教の思想を取り入れている。そして、幕末から明治維新にかけて国学者や神道家の主張が他を圧倒していくが、彼らのとなえる忠君愛国《ちゅうくんあいこく》や家父長主義《かふちょうしゅぎ》が儒教の根本思想であることは間違いない。

明治になって近代化を急いだ政府は旧来の儒教倫理の排斥を目指すが、現実には江戸時代と変わらない儒教倫理が闊歩《かっぽ》し、それはさらに影響を強めていった。維新政府がとなえたのは相変わらず忠君愛国や家父長主義であり、それが大日本帝国憲法にも遺憾なく発揮されている。憲法に先立って民法の制定が行われたとき、当初、平等主義的なフランスの民法に基づいて試

湯島聖堂　東京都文京区。徳川綱吉が建立した孔子廟で、後に幕府の学問所となった

案が出された。これを閲覧した法学者の穂積《ほづみ》八束《やつか》は「民法出《い》でて忠孝亡ぶ」と言って猛反対し、結局、家父長主義的な民法が制定されたのである。

明治二三年（一八九〇）に下された「教育勅語（「教育に関する勅語」）」には「（前略）斯ノ道ハ実ニ我カ皇祖皇宗ノ遺訓ニシテ子孫臣民ノ倶ニ遵守スヘキ所（後略）」とある。「斯ノ道」は「忠君愛国の道」、「皇祖皇宗」は天照大御神とその子孫、つまり、歴代天皇のことである。つまり、忠君愛国の道は皇祖、皇宗の遺訓であるから、必ず守らなければならないということを国民（臣民）に強要しているのである。

このような儒教倫理は江戸時代には武士階級の間の君臣関係や家族関係の秩序維持のために構築されたもので、江戸時代の庶民、特に町人にとってこのような儒教倫理はほとんど無関係だった。江戸時代の庶民はもっと大らかに自由奔放に生きていたのである。だからこそ、江戸や大坂を中心にいわゆる大衆文化が全盛を迎え、井原西鶴の好色物や突飛な装束で演じる歌舞伎が大流行したのである。

しかし、明治になると武家のものであった儒教倫理がすべての国民に押し付けられるようになった。新政府は欧米列強に倣って近代化を推し進めたが、その過程で欧米人に見られても恥ずかしくない日本の建設を目指した。つまり、行儀の良い日本人になってほしかった。だから、長幼の序を保って身を修め（修身）、家族の秩序を維持すること（斉家）が強調されたのである。

そして、日本は欧米列強に倣って植民地獲得に乗り出し、止めどもなく軍備を拡張し、日中戦争、果ては太平洋戦争の惨劇を引き起こした。そのような軍国主義の背景にも儒教思想があったことは否定できない。そして、戦後も保守層や右翼分子の中には戦前と変わらない儒教的な傾向を持っている者がいることも確かである。

法令における儒教思想

大化の改新以降、律令制度が確立すると身分制度が明文化されるとともに官制や土地制度などが整備された。しかし、平安時代になると律令制は早くも衰退した。そして、公家《くげ》（貴族）の実態に相応《ふさわ》しい法令の整備が求められた結果、「格式《きやくしき》」が制定された。「格」は律令の規定を補足・修正するもの、「式」は施行細則である。平安時代前期に「弘仁格式《こうにんきゃくしき》」「貞観格式《じょうがんきゃくしき》」「延喜格式《えんぎきゃくしき》」のいわゆる「三大格式」が制定された。

これらの格式は律令を継承したもので、そこには大化の改新以降に受け入れられた儒教思想の影響もみられる。しかし、平安時代になって摂関制度が確立し天皇の権威が弱まると、貴族制度も変容した。それに伴って儀式や礼法などを実践するための成文化されない慣習法が重んじられるようになる。その結果、藤原実資《ふじわらのさねすけ》（九五七～一〇四六）の『小右記《しょうゆうき》』など、貴族の日記が用いられるようになった。

『源氏物語』などにも見られるように、平安時代の貴族はさまざまな儀式の遂行に時間と資力を割いた。冠婚葬祭に際しての作法や服装、参列者への引き物などは細かく決まっており規定に忠実に従うことが求められたのである。つまり、律令や格式などの成文法の範囲を超えたものを、慣習法などで規定しなければならなかったのである。

そして、平安時代の後半になって武士が台頭してくると貴族の地位が相対的に低下し、伝統的な儀礼や作法を知ることに貴族としての価値が認められるようになった。そこで、教養のある貴族たちはこれらの研究に専念するようになり、「有職故実《ゆうそくこじつ》」という学問を確立したのである。

そして、鎌倉時代になると武士たちももちろん冠婚葬祭などを行ったが、彼らにはそれらの儀礼に関する知識がなかった。そこで、武士たちはその指導を貴族に頼ったのである。また、もともと日本の天皇は朝廷での神事や祭事などに専念し、国民に模範を示す存在としてその地位を保ってきた。特に承久の乱以降は天皇や貴族の地位は衰退したが、その地位を辛うじて保ったのは、貴族たちが有職故実を研究して伝統的な儀式作法を保ち続けてきたことが大きいといえるだろう。

人間の行動は儀式化されて体裁を整えることによってその権威が高まる。フランスのルイ一四世（一六三八〜一七一五）はヴェルサイユ宮殿を建設し、そこでの生活を細部に至るまで儀式化することによって国王自身の権威も高め、自ら「朕は国家なり」と豪語したことはよく知られている。

律令はもちろんのこと、それを継承し改変した格式も儒教的色彩の強いものだった。大嘗祭《だいじょうさい》や元服や裳着《もぎ》（女性の元服）、官位の選定、さらには五節句などの年中行事にも儒教の影響が見られる。平安時代の後半には国風文化が台頭して儒教思想とは距離を置くようになるが、その根幹は崩れることはなかった。そして、鎌倉時代になると武士道と結びつくようになる。鎌倉時代の武士道は「御恩と奉公」という日本独自の封建的主従関係に根差したものである。

そして、その主従関係は家族を中心とする儒教的倫理に基づくものなのである。また、この時代には武士の身分を「**御家人**[※1]」というようになった。はじめ、御家人は「家の子」と呼ばれ、主君のもとに集まった一族（郎党《ろうとう》）の意味である。その一族は中国のように血縁ではないが、それに準ずる、あるいはそれ以上の固い絆《きずな》で結ばれた一族だった。つまり、「親の血を引く兄弟よりも」固い絆で結ばれていたのである。

そして、その一族の頂点に立つのが君主であり、それは絶対的な権限を持った父親である。そこには、儒教の家父長的思想がはっきりと表れているのである。ただし、武士団はもともと農民を中心に形成されてきた。彼らは古くから共同で農作業を行ってきたことから、男女や長幼の区別をするという観念が希薄だったのである。

そのような農民を中心に形成されてきた武家社会にあっては女性の地位も意外に高く、いわゆる「男尊女卑」的な傾向は見られなかった。尼将軍といわれた北条政子もそのような中で育てられたのである。また、この時代の相続は現代と同じ分割相続が原則で女性にも家督相続権があり、女性の主君も存在したのである。しかし、首長と仰がれるのは本家（宗家）の主《あるじ》で、分家の主たちは本家に従った。鎌倉時代に北条氏の宗家が絶大な勢力を誇ったのはそのためである。

ところが、鎌倉時代の末期から室町時代のはじめにかけて、分割相続によって分家が増えると宗家の主と分家の主との区別が判然としなくなり、双方が一族の長であると主張して一族の争いが生じるようになった。たとえば、室町幕府の将軍家でも本家と分家の間の家督争いが生じ、細川《ほそかわ》などの管領《かんれい》家でも同じような争いが生じて、それが応仁《おうにん》の乱の原因にもなった。

※1　御家人　武士たちは一族首長の下に集まってくるものを「家の子」、あるいは「家人《けにん》」と呼んだ。そして、鎌倉時代になると幕府への尊敬の念から「御家人」と呼ばれるようになった。

そこで、この時代には分割相続を改め、宗家の長男による単独相続になったのであり、儒教思想に基づく家父長主義的な傾向が強まるとともに、女性の地位の低下を招いた。そして、そのような傾向は江戸時代に至ってさらに強まり、明治になっても長子の単独相続が厳守されたのである。戦後は民主憲法の下、均分相続になった。しかし、保守的な人々の中には未《いま》だに長子相続を主張し、家父長主義を理想とする考えを持ったものも少なからずいるようである。

江戸時代の武士の倫理を支える

関ヶ原合戦を最後に戦はなくなり、それ以降、二六〇年余りにわたって平和な時代が続いた。その中で武士は戦闘の機会がなくなり、軍功をたてて主君の恩に報いるという武士道の精神も薄れていった。そして、武士の身分は世襲化され、俸禄《ほうろく》を得て非生産的な生活を送らざるを得なかった。

そんな状況の中で武士を統制する新たな秩序が求められたのである。戦闘が繰り返されているうちは、豊臣秀吉のように一介の下級武士から軍功を挙げて太閤《たいこう》にまで出世するチャンスもあった。しかし、戦闘のない平和な時代になると武士の身分は固定化し、しかも、その身分は世襲化して現状から抜け出すことは難しくなった。

この時代には現状の身分からの脱却は不可能になったが、一方で失態を犯すと改易などの制裁を下され、減俸は元より武士の身分を奪われることもあった。だから、江戸時代の武士たちは俸禄を得て幕政や藩政の一端を担い、大過なく過ごすのをこととしたのである。そして、武士の生活を支えていたのは農民から徴収される年貢であった。そんな中で農耕などに従事しない武士を「無為徒食《むいとしょく》の輩《やから》」と非難する向きもあった。

また、伝統的な権威（天皇）に頼ることなく実力で政権を作り上げた幕府には、その権威を正当化する思想が必要だった。そこで、幕府は同じ儒教の中でも最も政治的色彩の強い朱子学を公の学問として採用し、それによって武士の存在意義を定めて社会の秩序維持を図ろうとしたのである。

儒教は孔子の言行録とされる『論語』に基づいて発展した学問であるが、時代を追ってさまざまな解釈が現れ、中でも南宋の朱熹は儒教の聖典である「四書五経」の言説を、極端なまでに政治に結び付けて解釈した。たとえば、唐詩以前の詩の集成である『詩経』に載っている恋愛の詩をも政治的に解釈した。こうした朱熹の見解は為政者にとって国をまとめるには極めて有効なものだった。そこで、幕府も朱子学を積極的に採用することになったのである。

朱子学は鎌倉時代に宋の禅僧によって伝えられたのが始まりであるが、江戸時代にその研究に先鞭《せんべん》をつけたのは藤原惺窩《ふじわらせいか》（一五六一～一六一九）である。彼は儒教（朱子学）思想に基づいて世俗社会（武家社会）の倫理を説き、幕藩体制に意義を与えた。そして、惺窩に師事したのが林羅山《はやしらざん》（一五八三～一六五七）である。彼の説は惺窩の説を踏襲したものであったが、より具体的に封建制度を支持するものだった。そのことから、徳川家康に召し抱えられ、幕府の文教政策を担うことになった。その後、羅山は秀忠、家光《いえみつ》、家綱の四代の将軍に仕え、彼の子孫も代々幕府の文教政策に参与した。

また、羅山は寛永七年（一六三〇）に家光から上野　忍岡《しのぶがおか》に土地を与えられ、二年後にそこに私塾（学問所）を開き、多くの門人が参集した。後にこの私塾は神田《かんだ》に移されて昌平坂学問所となった。

朱子学はその後も幕藩体制の封建的秩序を支える学として重視されたが、江戸時代後半の寛政の改革のとき、「寛政異学の禁」が発せられて昌平坂学問所での朱子学以外の講義と学習が禁止された。

また、朱子学が武家の倫理として普及すると家父長主義、男尊女卑の傾向も強まった。「幼にしては父に従い、嫁しては夫に従い、老いては子に従う」という言葉が女性に対して向けられた。この言葉は「五経」のひとつ『礼記』などに見えるもので、女性は生涯を通じて父親や夫、そして、夫が亡くなってからは子（息子）に従うものとされた。また、享保の改革のころには貝原益軒《かいばらえきけん》の著述を元に書かれた『女大学《おんなだいがく》』が世に出て、女性は男性に隷属的に仕えるものであることが強調された。

江戸時代の中期ごろから幕府や諸藩の財政が悪化し、それを是正するためのさまざまな改革が行われた。享保の改革や寛政の改革では奢侈《しゃし》を戒め、身分秩序を明文化することが重視された。その一環としてあらわれたのが女性差別的な規定だったのである。

このような実生活、ひいては人生に対する一種の規範ははじめは武士階級を対象としたものだったが、間もなく都市や農村部の比較的富裕な民衆の間にも広まった。そして、ある階層以上の家庭では結婚に際して家柄を重んじたり、結婚したら実家の敷居は跨《また》いではならない、などといわれたりしたのである。明治以降、欧米に倣ってそういった男尊女卑的な志向は形式的にはなくなった。しかし、その後もそのような風潮は残存し、今でも地方の旧家などでは結婚に際して家柄などを重んじる傾向が見られる。

先にも述べたように、もともと儒教倫理は士大夫（儒教的教養を身に付けた者）に対して説かれたもので、一般庶民には何ら関係のないものだった。しかし、明治になると新政府は近代化を旗印に掲げる一方で、江戸時代以来の儒教（朱子学）的倫理を継承したのである。そして、第二次大戦後もその風潮は一部の保守的な人々の中に潜在している。国会議員がたびたび女性差別的な失言をするのはそのあらわれである。それは単なる「失言」ではなく、内面に潜んでいる本音を吐露したに過ぎないのである。

古道の探求にはじまる国学

日本には六世紀に仏教が伝えられ、それよりも早く儒教や道教が伝えられた。そして、大和政権は儒教思想に基づいて中央集権国家の建設を目指したのである。聖徳太子の「冠位十二階」は儒教的身分秩序を確立しようとしたものであり、「十七条憲法」もその大半は儒教倫理に基づくものということができる。そして、大化の改新以降は儒教思想が律令制度を支えることになった。

奈良時代には、聖武天皇が国分寺建立や大仏造立を行って、仏教思想による国家の統制を試みた。しかし、その根底で官制や職制などを支えたのは儒教思想で、官吏養成を目的とした大学では儒教（儒学）が必修とされた。このような儒教思想を根幹に置く国家運営は平安時代にも継承された。

そして、鎌倉時代になって武士の世の中になると、儒教は封建的主従関係を支えることになり、室町、江戸を通じて儒教が国家運営に重要な地位を占めたのである。

一方で、江戸時代の学者の中には、儒教や仏教の影響を受ける以前の日本古来の文化や思想を探求する者が現れた。記紀万葉などの日本の古典を研究するようになって、「国学」という学問が確立したのである。国学の形成は一種の民族主義の端緒と考えられ、記紀万葉や『源氏物語』といった日本の古典の中に、日本民族固有の感情や思想を見出そうとした。このような日本人固有のものの考え方やあり方は「古道」といわれ、それを新たな神道説として提唱していったのである。

国学の祖といわれるのが契沖《けいちゅう》（一六四〇〜一七〇一）である。彼は古代の日本が神道で治められていた時代を回顧して『万葉集』こそ古き良き時代の遺風を伝える文献であるとして、その実証的研究に取り組み、その注釈書である『万葉代匠記《まんようだいしょうき》』を著した。彼の研究方法は山鹿素行《やまがそこう》（一六二二〜一六八五）や伊藤仁斎《いとうじんさい》（一六二七〜一七〇五）、そして、荻生徂徠《おぎゅうそらい》（一六六六〜一七二八）らによって形成された「古学派」の手法に基づくものだった。

このような古典研究は荷田春満《かだのあずままろ》（一六六九〜一七三六）や賀茂真淵《かものまぶち》（一六九七〜一七六九）によって継承され、彼らはそれをさらに発展させた。荷田春満は『万葉集』などの研究を通じて復古意識を明確に打ち出し、それは後の国学者たちの立場の主流となり、国家意識を強め、日本優越論をとなえる端緒ともなった。

賀茂真淵は春満の晩年の門人である。真淵は『万葉集』などの古典研究を通じて「ますらおぶり」という男性的でおおらかな日本人固有の心を発見し、古代人が持っていた「高き直《なお》き心」に還ることを提唱した。

賀茂真淵の後を継いだのが本居宣長《もとおりのりなが》（一七三〇〜一八〇一）である。彼は伊勢松坂《まつさか》の商家に生まれ、京都で医学を学んだが、その傍ら儒学や和歌を学び、契沖の著作を読んで古典を通じて日本の古代の心の解明に意を注いだ。その後、松坂に滞在していた賀茂真淵を訪ね、『古事記』の実証的な研究に取り組みその中に日本の「古道」を見出して『古事記伝《こじきでん》』を著し、また、『源氏物語』や和歌などの古典を幅広く渉猟することで、学問としての国学を集大成させた。

日本人の本来のあり方は神話の神々の行いに倣い、図らいを捨てて奔放に振舞うことにあるとし、それを「惟神《いしん》」の道と名付けた。そして、その道は仏教や儒教のように人間が知恵を絞って考え出したものではなく、歴代の天皇によって継承してきたものであるとした。これは「教育勅語」における「皇祖皇宗ノ遺訓」という言葉に結びついている。

また、宣長は特に儒教の思想を「漢意《からごころ》」といい、その合理的、理論的立場を捨てることによって「惟神」の道が自《おの》ずから表出してくると考えた。そして、この道に従って喜怒哀楽の情を抑制することなく表出することが、人間が本来、持ち合わせているはずの「真心」の働きであるとしている。

このような本居宣長の思想を受け継ぎ、さらに、発展させたのが平田篤胤である。彼は出羽国久保田《くぼた》藩（現在の秋田県）の藩士の子として生まれたが、二〇歳の時に脱藩して郷里を離れ、江戸に向かった。江戸ではさまざまな職業を転々としながら苦学し、寛政一二年（一八〇〇）には兵学者の平田篤穏《ひらたあつやす》に認められて、その養子になった。

その後、本居宣長の著作に出会い大きな衝撃を受け、古典の研究に邁進するようになった。ただし、篤胤はコペルニクスの地動説やニュートンの万有引力の法則も知り得て強い衝撃を受けており、日本の古典ばかりではなく幅広い分野に興味を示した。また、天狗などの妖怪にも興味を示し、天狗の国に行ったという少年の話を聞いて『仙童寅吉物語《せんどうとらきちものがたり》』を著した。

篤胤の研究方法は宣長の実証的、合理的手法とは異なり、主観を重んじる感情論に偏るところが大きかった。だから、その著作にも牽強付会的な面が多く見られ、各所に論理的矛盾が見られる。また、江戸時代には日本固有の文字としての「古代文字」の研究が盛んになるが、すべては学者たちによって捏造《ねつぞう》されたものだった。篤胤が認定した「古代文字」もほとんどハングルをもとにしたものだった。

もともと、国学は仏教や儒教など外来の宗教や思想を批判することに重点が置かれた。篤胤はその批判精神をさらに強め、儒教の中国崇拝や仏教の浄土教を排斥して、神道至上主義に基づく「復古《ふっこ》神道」をとなえた。篤胤の思想は多くの論理的矛盾を内包した感情論に終始したが、その論調は討幕運動に血道をあげていた志士たちの間で歓迎された。彼ら勤王の志士たちが篤胤の思想をもろ手を挙げて受け入れたのは、理屈を抜きにした篤胤の日本中心主義、尊王攘夷論が、余り物事を深く考えることなく行動に出る彼らの思考、行動のパターンによく適合したからであると考えられる。そして、平田篤胤の思想は水戸の尊王攘夷論とともに、討幕運動の原動力となったのである。

明治維新の思想的根拠となった国学と儒教

江戸時代の後半に国学が台頭してくると、日本国家の優越性が盛んに喧伝《けんでん》されるようになった。これは周辺の国家はすべて文化的に遅れた劣った国であるとする、中国古来の「華夷《かい》思想」、中国（漢民族）が世界の中心であるとする「中華《ちゅうか》思想」に倣ったものである。

中国の漢民族の場合は、確かに周辺の異民族などに明らかに後進性が認められたことから、自らの優越性を主張したのである。しかし、日本の場合は中国や朝鮮の高い文化を吸収してきた経緯があり、その意味では自国の優越性を誇示できる状況にはなかった。そこで国学者などは日本は天照大御神の子孫（天皇）が代々治める国だから世界で最も優れた国であると主張したのであるが、この言い分は理論的に破綻《はたん》していると言わざるを得ないだろう。

そして、歴代天皇が統治するということは「万世一系《ばんせいいっけい》」であることが大前提になる。そこで、大日本帝国憲法の第一条に「大日本帝国ハ万世一系ノ天皇之ヲ統治ス」と規定している。「万世一系」とは言うまでもなく天照大御神以来、皇孫（天皇）が血縁で続いているという意味であるが、すでに戦前から「欠史八代《けっしはちだい》」といわれて、血縁の途切れが指摘されており、また、室町時代には南北朝に分かれていたので、万世一系を証明することは難しいのである。

また、「王政復古」をとなえて、悠久の過去から未来永劫《えいごう》にわたって永続的に続く普遍的な天皇の存在が求められ、天皇の神聖性が殊更に強調された。そこで、大日本帝国憲法第三条には「天皇ハ神聖ニシテ侵スヘカラス」と規定され、遂に天皇は何者によっても侵害することのできない絶対的な存在にまつりあげられたのである。

そして、国民（臣民）にはその絶対的な天皇に忠実に従うことが求められ、明治二三年（一八九〇）に発布された「教育勅語《きょういくちょくご》」では、「忠君愛国《ちゅうくんあいこく》」が学校教育の基本であることが強調された。また、儒教的な家父長主義も強調され、家族の中では戸主（一般に父親）が絶対的な権力を持つようになり、そのことが民法にも反映されて婚姻や居住に関して戸主の承認を必要とするほか、相続権も男性長子のみが行使できた。

また、主権は当然君主（天皇）にあり、国民は臣民《しんみん》と呼ばれて君主に絶対服従することが求められた。近代国家の要件である憲法が制定されて集会、言論、著作の自由などの権利が謳《うた》われたが、それらは法律などによって制限され、不完全極まりないもので、立憲君主制といってもその内実は絶対王政と何ら変わるところのないものだった。

明治維新は近代国家の建設を強力に推し進めながら、その一方で王政復古を強力に主張して古色蒼然《そうぜん》たる精神的支柱を求め、その方針は「和魂洋才」という言葉にまとめられた。フランス革命がアンシャン・レジームの打破を宣言し、アメリカ独立革命も旧植民地体制の解体を叫んで独立を勝ち取った。そして、中国の辛亥《しんがい》革命も帝政を倒して民主的国家の建設を進めた。明治維新も薩長を中心とする下級武士が幕藩体制を壊すことが目的だった。しかし、彼らは幕府は倒したものの旧体制を刷新して民主国家の建設を目指そうとはしなかった。彼らは封建的社会の中で獲得してきた既得権を守ることに血道を上げ、民主国家の建設などということは全く念頭になかったのである。

そして、国学者や神道家がとなえた非論理的な思想を無理やり国家建設のテーゼに掲げ、それを強引に国家体制の中に組み入れていったのである。

朱子学

儒学は紀元前六世紀に孔子が説いたとされる『論語』を元にしたもので、『論語』と後進の著作とされる『大学』『中庸』『孟子』の「四書」に『詩経』『書経』『礼記』『易経』『春秋左氏伝』の「五経」を加えた「四書五経」を基本典籍として、人間が生きていく上で必要な倫理道徳を説く学問である。

孔子の没後、多くの弟子たちが出て多様な理論を展開した。その中で一三世紀に登場した朱《しゅ》熹《き》（朱子）は後世に最も大きな影響を与えた。もともと儒学の根本は修身・斉家《せいか》・治国・平天下にあり、自らを修めて（修身）父子・兄弟などの身近な家族が道徳を守ること（斉家）によって、国が治まり（治国）、やがて世界平和が訪れる（平天下）と説くところに特徴がある。

朱熹はこの中でも君臣関係を中心に据えてその秩序の維持が治国、平天下に至る道であると強調した。もともと孔子も君臣関係の秩序を重んじたが、朱熹はさらにこれを推し進めて儒学による国家統制の道を強調したのである。このような朱熹の提唱した儒学を「朱子学」と呼んでいる。

朱熹は世の中を平和裏に収めて人々を救おうという「経世済民《けいせいさいみん》」の思想を説き、その根本である家族関係については父権が強調されて、いわゆる「家父長主義」の根拠ともなった。

この時代には学識のある文人によって政治を行う「文治主義」がとられ、「**科挙**[※1]」が官吏登用の中心になった。科挙に合格した人々は士大夫《したいふ》と呼ばれ、官界に進出して貴族に代わって政治の主導権を握るようになった。政治と深く結びついた朱子学は彼ら士大夫の要望にもよくこたえるものだったのである。

また、明（一三六八～一六四四）の時代になると、王守仁《おうしゅじん》（王陽明《おうようめい》・一四七二～一五二九）が施政の学としての朱子学を批判して「陽明学」を提唱した。彼は無学な庶民や子どもでも、その心の中には純粋な道徳を持っている（心即理《しんそくり》）と説き、そのような純粋な精神をありのままに表すことに重きを置いた（これを「知《ち》行合一《こうごういつ》」という）。この思想は学者や知識人のみならず一般庶民にも受け入れられた。

このような朱熹の学問は為政者の学として時の権力者に歓迎され、日本でも江戸時代には幕府の公認の学とされた。つまり、江戸時代後期の武家の秩序は朱子学によって維持されることになり、それが各武家の家族のさまざまな分野にまで浸透していったのである。

孔子が「女子と小人とは養い難し」といったといわれているように、もともと儒教では男尊女卑の思考が強かった。そして、江戸時代になると女性は「幼にしては父に従い、嫁しては夫に従い、老いては子に従う」という一種の不文律が確立し、武家の女性の大半は大人しくこれ

※1　科挙　隋唐時代から（廃止は一九〇五年）優秀な人材を広く集めるために行われた儒教による官吏登用試験。非常に難関で詩人の杜甫は後年に至るまで何度も受験したが合格せず、ついに諦めたという。

に従ったのである。

陽明学

儒学の中で朱子学とともに後世に多大な影響を与えたのは明代《みんだい》に王陽明《おうようめい》が確立した「陽明学《ようめいがく》」である。王陽明は天地万物に遍満する宇宙の原理である「理」を朱熹のように世界の構造の中にではなく、人間の心の中に見出し、人間が生まれながらにして持っている本性（心の本体）がそのまま天理《てんり》（宇宙の摂理そのもの）であるという「心即理」を提唱した。そして、その心が善悪是非を判断する働き（良知）を形成するのであり、その心の導くままに生きていくべきであると主張した。この考え方を「致良知」という。

王陽明は「知は行のはじめであり、行は知の完成である」として、「知行合一《ちこうごういつ》」を説き、「良知」は実践することによってはじめて価値があるとした。これは朱子学がともすれば観念論に終始していることと大いに異なる。身近なことの実践を重んじる陽明学は学者や知識人ばかりでなく一般庶民にも共感をもって迎えられた。

その中で日本の「陽明学の祖」といわれるのが中江藤樹《なかえとうじゅ》である。彼は四国の大洲《おおず》藩に仕官したが、二七歳のときに老齢の母親を養うために故郷の近江《おうみ》に帰り農業を営みながら独自の思想を展開した。藤樹は朱子学に基づく武士の生き方がうわべの儀礼などだけに徹するもので、行動と心が一致していないことを批判し、陽明学の「知行合一」に倣って時と処、身分に応じた道徳を実践していくことの重要性を説いた。

もともと孔子は万人平等を説き、その思想はあらゆる人々に開かれたものだった。しかし、その後研究が進み、哲学的な解釈が加えられると、官僚など一部の教養人の学問に変容していった。とくに隋唐時代に官吏登用試験である科挙の制度が創設されると、儒学は科挙の必須《ひっす》科目となり、科挙に合格して高級官吏となった「士大夫」の学問になった。

そのような流れの中で朱熹のような学者が現れたのであり、日本でも主に「大夫」と呼ばれた上級武士の間で受け入れられた。そして、江戸時代には儒教の中でも特に倫理的色彩の強い朱子学が幕府の公の学問となり、武家社会の倫理道徳を支える基準として機能したのである。したがって、もともと朱子学の倫理道徳は一般庶民には余り縁のないものだったということができよう。

一方、陽明学の方は主に農民や町人の間で歓迎された。江戸時代には国家の経済基盤を担っていた農民は厳重な管理統制下に置かれた。それは幕府や諸藩が年貢（租税）を懈怠《けたい》なく取り立てるための方策だった。「士農工商」といわれるように、農民には武士（士）に次ぐ地位が与えられたが、それは形式的なもので実際には最下級の身分に甘んじなければならなかったのである。

当然のことながらそのような強い統制は農民の不満を増幅させた。その不満の捌《は》け口として万人平等を説く陽明学が歓迎されたのである。一方、江戸時代には江戸や大坂に住む町人はかなり自由な生活を謳歌《おうか》することができた。そして、彼らは自由を束縛する朱子学よりも陽明学を歓迎したのである。

また、この時代に幕府が一方的に社会秩序を形成し、各階級の存在意義や役割を規定していく中で、物を売って利潤を追求する商業は卑しい職業であるとされ、「士農工商」の中の最下位に位置付けられた。

京都の丹波の農家に生まれ、幼いころに京都の商家に丁稚《でっち》奉公に出された石田《いしだ》梅岩《ばいがん》（一六八五～一七四四）は奉公の傍ら独学で神道や儒教、仏教を学んで実体験に基づく町人の道、人の道を追究した。彼は商業で得た利益は武士の俸禄と同じであるといい、商人として生きることの正当性を主張した。そして、「正直」「倹約」「勤勉」が町人が社会的責任を果たす道であると説いた。

江戸時代は町人文化（市民文化）の隆盛期だった。これはヨーロッパで一七世紀以降に市民文化が隆盛期を迎えたことと軌を一にしている。そして、ヨーロッパでは経験論哲学など実践に基づく思想が現れて市民文化の精神的支柱となった。日本でも町人文化を支える新たな思想が模索されたのである。

その流れの中で注目されたのが陽明学であった。陽明学は朱子学のように観念的なものではなく、中江藤樹が農業の実践から生活道徳を引き出したように、何よりも実践を重んじた。つまり、日々の暮らしに奔走する農民や町人にとっては、観念的な生き方を強要する朱子学よりも陽明学の方が歓迎されたのである。

二宮尊徳《にのみやそんとく》（一七八七～一八五六）は「推譲《すいじょう》」と「分度《ぶんど》」を説いて農民の生き方の指針を示した。「推譲」とは倹約に努めつつ他者に譲る謙譲の心。「分度」は経済力や分際に応じた、つまり、分を弁《わきま》えた生活設計を立てることである。そして、推譲と分度は天地や他者から与えられたものであり、その恩に報いる「報徳」を忘れないことが大切であると主張した。二宮尊徳は今でいう経営コンサルタントで、「推譲」や「分度」、「報徳」の思想に基づいて多くの衰亡した農家や商家を立て直した。そこにも陽明学の実践を重んじる思想が窺えるのである。

一方、朱子学は現実にそぐわない、いわば机上の論理を振り回して、武士階級の倫理道徳を規定した。その結果、武家社会は儀礼や形式を重んじるようになり、実生活とはかけ離れた社会を形成していった。そして、武家社会は機能不全に陥り、幕藩体制は崩壊したのである。幕府が陽明学を武士の学問として採用していたらどうなっただろうか。

第5章

異国に対する優越感と劣等感

東アジアの辺境の地にある日本

日本人が最初に大陸に渡ったのは紀元五七年のことで、中国の史書『後漢書《ごかんじょ》』「東夷伝《とういでん》」に記されている。これが文献に登場する最初の記録である。このとき、倭奴国の王が後漢の都、洛陽に使者を遣わして貢物を賜ったという。これに対して後漢の光武帝は金印（印綬《いんじゅ》）を授与し、日本の王に「漢委奴国王《かんのわのなのこくおう》」という称号を授けたという。

津田左右吉は洛陽を訪れた日本人はその文化の高さに驚嘆の目を見張り、驚きを禁じ得なかっただろうと追想している（『文学に現はれたる我が国民思想の研究』より）。当時の日本は弥生時代の中期で稲作は定着したが、未《いま》だ竪穴《たてあな》式住居に住んでいた。使者の目にも後漢の文化の高さが歴然としていただろうことは想像に難くない。

当時の中国（後漢）は絶大な勢力を誇っており、観念的には周辺の小国を属国と見なしていた。周辺の小国は後漢の権勢を頼んで貢物を携えて皇帝に謁見し、皇帝はその見返りにさまざまな品を与え、国王などの称号を授与して国としての存在を認めた。これを朝貢貿易といい、二〇世紀初めに清国が滅びるまで東アジアや東南アジアの基本的外交関係だった。

さらに、『後漢書』には、紀元一〇七年に倭の一国が一六〇人の生口《せいこう》（奴隷）を献じたと記されている。また、『三国志』の『魏志《ぎし》』倭人伝《わじんでん》によれば、二三九年に邪馬台国の卑弥呼が魏の洛陽に使者を送り貢物を献じた。魏の明帝《めいてい》はこれを大いに喜び、卑弥呼に「親魏倭王《しんぎわおう》」の称号を与えたという。五世紀に書かれた中国の歴史書『宋書《そうじょ》』には、倭《わ》の五王が南朝の晋《しん》や宋にしばしば使者を送り、爵位《しゃくい》（王位など）の授与を求めて朝貢していたことが記されている。

これらの交流はすべて朝貢の形で行われ、日本は中国に従属することを明らかにしたのである。中国には古くから「華夷《かい》思想」があり、漢民族で構成される中華（中国）が最も優れた国で、周辺の国はみな夷狄《いてき》（野蛮人）と見なしていた。だから、東海の辺境の地に位置する日本は劣った国と見なされていたのである。

しかし、当時の倭人（日本人）は中華の文化の高さにただただ驚嘆して尊敬の念を抱くだけで、自らが文化的に劣っていることに対するコンプレックスは抱かなかったのではないだろうか。この時代には未だ漢字が伝えられておらず、日本人は読み書きができなかった。従って夷狄や漢民族の間の優劣に関しての認識もなかっただろう。

しかし、五世紀ごろに漢字が伝えられると、ごく少数ではあるが知識人の間に漢字を使いこなせる人が現れた。ただし、五七年に洛陽を訪れた日本の使節が意思の疎通を図ることができたのは、恐らくすでに弥生時代に来日して定住していた帰化人から漢語を習ったものと思われる。

そして、仏教が伝えられた六世紀以降になると、漢字の知識は徐々に広がり、聖徳太子は『法華経』や『維摩経《ゆいまきょう》』の注釈書を書いたと言われるほど漢字や漢文に精通していた。推古天皇一五年（六〇七）、聖徳太子は隋の煬帝《ようだい》に使者を派遣して国書を送った。その中で「日出《ひい》ずる処《ところ》の天子、書を日没する処の天子に致す。つつがなきや……」といい、日本を中心として中国をその下に置いたのである。これに対して煬帝は不快感を露《あら》わにしたものの、日本に使者を派遣し、隋との交流が始まった。

聖徳太子は当時一流の知識人で、書物などから大陸の状況もよく把握していたものと考えられる。従って日本が中国よりも劣っていることは十分に分かっていただろう。にもかかわらず、「日出ずる処の天子」といって日本が世界の中心であると表現したのは、中国に対するコンプレックスの裏返し。つまり、虚勢を張って見せたのである。

聖徳太子をはじめとする当時の知識人は明らかに大陸に対する劣等感を持っていたことは容易に想像がつく。それと同時に大陸の文化や文物に対して限りない憧憬《しょうけい》の念を抱いていたことも確かである。だから、大化の改新以降は大陸の文化を見倣って律令《りつりょう》制度を整備し、新たな中央集権国家の建設に力を注いだのである。このことは、明治維新以降、欧米列強をモデルに近代国家の建設を目指したのと同じである。

外国人の呼称の変遷

日本では古くは外国のことを総称して「コマ」と呼んでいた。弥生時代から朝鮮半島との交流が盛んで、すでにこの時代に多くの渡来人が日本に住み着き、大陸の高度な文化をもたらした。そして、四世紀ごろに朝鮮半島は百済、高句麗、新羅の三国に分かれて覇を競ったが、日本は三国いずれの国とも交流した。五三八年には百済から仏教が伝えられ、日本が仏教を信奉するきっかけとなった。

そのほかにも朝鮮半島を経由してさまざまな文物が輸入された。中国よりも距離的に近い朝鮮は模範とすべき国だったのである。そして、仏教伝来後に寺社の門前で邪気を払うとされる狛犬《こまいぬ》が伝えられた。狛犬は本来は獅子《しし》（ライオン）である。しかし、ちょうどそのころ朝鮮から犬が献上されたことから、朝鮮の代表をコマ（高麗）として「コマイヌ（狛犬）」と名付けられたのである。

このような事情から、当時の日本人は「コマ」を外国の総称としたようである。ただし、仏教を伝えてきたのは百済であり、聖徳太子の時代には新羅から菩薩《ぼさつ》像は送られてきた。だから、当時の日本人は百済や新羅も外国として認識していたことは想像に難くない。ただ、総称としては「コマ（高麗）」を用いていたようである。

しかし、遣唐使船が派遣されて唐との交流が盛んになると、今度は「唐《から》」が外国の総称となった。大化の改新以降は唐の政治制度に倣って律令制度を整備し、長安《ちょうあん》の都に倣った平城京を建設した。この時代には唐の文化や文物は朝鮮半島を経由しないで直接輸入されるようになり、より多くのものに触れられるようになったのである。

唐からは伽羅《きやら》や沈香《じんこう》などの高価な香や高級な織物や紙、仏典をはじめとする書籍などがもたらされ、それらはすべて一流品であるとの認識が醸成された。現に唐物《からもの》は一流品だったのである。日本人はこれらのものを「唐物」といって珍重した。この呼称は戦後のある時期まで残っており、昭和三〇年代まで特に地方では洋品店（シャツやジャケットなどの洋物を売る店）のことを「唐物屋《とうぶつや》」と呼んでいた。また、中国から来た人のことを「唐人」と呼び、転じて外国人一般を指す呼称となったのである。

室町時代の末にはポルトガル人の乗った船が種子島《たねがしま》に漂着して鉄砲を伝えた。それ以降、イスパニア（スペイン）人も訪れるようになった。ここに日本人はそれまでの外国人とは異なるタイプの外国人（ヨーロッパ人）の存在を知ることになったのである。そして、日本人は彼らのことを「南蛮人」と呼んだ。これは彼らが南方からやって来たことに由来する呼び名であるが、「蛮人」は文明の程度の低い野蛮人のことで、そこには多少の差別意識が含まれていたようである。

さらに、江戸時代になるとスペイン人やポルトガル人に代わってイギリス人やオランダ人がやって来た。彼らは髪や目の色もスペイン人やポルトガル人と異なり、顔は彫りが深く体格も良い。その外見を見た日本人は彼らを「紅毛人《こうもうじん》」と呼んだ。つまり、赤毛の人という意味である。あるいは、毛の生えた唐人を略して「毛唐《けとう》」とも言った。この「毛唐」という言葉は蔑称として近年まで使われていた。

また、この時代には同じ西洋人でもロシア人のことは「赤蝦夷《あかえぞ》」といって区別していた。「蝦夷」はアイヌを含む東北や北海道に住む人々を指す言葉だったが、ロシア人が赤ら顔をしていたことからそのように呼ばれたのだろう。ただし、この呼び名は東北地方に住む人々がつけたもので、彼らは自分たちが「蝦夷」と呼ばれていることから、区別するためにそのように呼んだものと考えられる。

さらに、同じく幕末から明治にかけては外国人、特に欧米人のことを「異人《いじん》」とも呼んだ。もともと「異人」という言葉は異質な人という意味で、自分たちが住む社会とは異なるものという意味だった。日本人がはじめて欧米人に接したとき、その体形や風貌《ふうぼう》などから明らかに異質なものと感じたのだろう。

外国人一般を「唐人」と呼ぶ習慣は近世から近代に至るまで続いた。たとえば、幕末から維新に生きてアメリカ総領事ハリスに仕えた「お吉《きち》」は「唐人」と呼ばれた。つまり、唐人のハリスに仕えたものという意味である。もともと、「唐人」は中国人に向けられた呼び名だったが、この時代には外国人、特に欧米系の白人のことを指したようである。

日本には弥生時代以降朝鮮半島からやって来た渡来人が住み着き、われわれの社会に同化していた。鎖国された江戸時代にも長崎の居留地にはかなりの数の中国人が住んでいた。そして、幕末の開国に伴って横浜や神戸の外国人居留地に多くの中国人が居住し、彼らを中心に横浜中華街や神戸の南京町《ナンキンまち》が形成された。しかし、彼らは体形や風貌が日本人と変わらなかったことから「異人」とは呼ばれなかったのである。

さらに、第二次世界大戦後に米兵が大量に入ってくると、一般民衆にとっては「アメリカ人」が外国人の代名詞になった。戦後の一時期はイギリス人であろうがフランス人であろうが欧米系の白人はすべて「アメリカ人」と呼ばれたのである。また、一部ではアメリカ人の兵隊のことを「ジーアイ（GI）」とも呼んだ。元来、「GI」とは「ガヴァメント・イシュー（government issue）」の略で、アメリカでも下士官以下の兵隊の俗称として使われていた。これが戦後の占領時代に一部の日本人の間で米兵を指す言葉として使われたが、これには差別的意味も含まれている。

このように、日本人の間で外国人を示す呼称は時代によって変化したが、戦後の日本では一般に「外国人」あるいは、略して「外人」と呼ばれてきた。そして、この呼び名は主に欧米系の白人のことを指すようだ。また、幕末には外国人を「異人さん」と敬称をつけて呼ぶことがあったが、「外人さん」という呼称も、外国人に対するコンプレックスと尊敬の念の表れだったのかもしれない。

「外人さん」とは誰か

明治維新のころに日本にやって来た外国人は「異人さん」と呼ばれていた。

第二次世界大戦後、アメリカを中心とする連合国軍の兵士が大量に日本に進駐してきたが、欧米人は一見しただけでは何人か分からないので、大方の日本人は白人を見れば「アメリカさん」と呼ぶようになった。

不平等条約を強いて、日本人を蔑視《べっし》した欧米人を「異人さん」と呼び、二発の原爆を落とし、主要都市を爆撃した張本人を、第二次世界大戦後には「アメリカさん」と呼んで受け入れた。そして、多くの国民が反米感情を持たなかったことは、よく言えば寛容な民族ということができるが、端的に言って「お人好《よ》し」だろう。

これは日本人が早くから持っていた上のものには服従するという観念によるところも大きいのかもしれない。古くは天皇のことを「上」といい、「かみ」といっていた。そして、江戸時代になると将軍や幕府のことを「おかみ」といい、「おかみ」に所属するもの、あるいはその運営に関わるものはすべて「お（御）」の敬称を冠して呼ぶことが習わしとなった。例えば伝《てん》馬町《まちょう》の牢屋《ろうや》は「御牢」と呼び、幕府の金は「御用金」、その御用金を納めた倉は「御金蔵」と呼ばれたのである。

英語が話せないことを恥じる日本人

街角で外国人に英語で道を聞かれたとき、日本人の多くはそれに英語で答えられないことを恥に思うらしい。世界の中でも母国語以外の言葉で話しかけられて、それに答えられないことを恥じる民族は日本人ぐらいなのではないだろうか。たとえば、ロンドンの街角でイギリス人に日本語で道を尋ねたらどうだろうか。イギリス人は軽く肩をすくめて立ち去るに違いない。しかし、逆の立場に立つと日本人はそれを恥じ入るのである。

これも日本人の持つ外国人コンプレックスの表れで、明治以降、とくに第二次大戦後のアメリカニゼーションの影響と考えられる。そして、その淵源《えんげん》を辿《たど》れば日本人は古くから大陸の文化に憧憬の念とともに劣等感を持っていたことに行きつくのだろう。

第一次世界大戦以降、アメリカは世界の鉱工業生産高の六割以上を占め、世界の金の約七割を保有して世界経済の覇権を握るに至った。そこでアメリカ合衆国の母国語である英語を世界の共通語として強要していったのである。現代ではすっかり英語が世界の共通語としての不動の地位を占めている。

フランス語やドイツ語は英語と同じインド・ヨーロッパ語族に属するので、フランス人やドイツ人にとって英語の習得は比較的容易で、二、三ヵ月も学習すれば日常会話には事欠かない状態になる。ところが、日本語はアルタイ語系に属するとされ、英語とは言語体系が異なる。そのことから、日本人にとって英語の習得は困難を伴うのである。

第二次世界大戦中、日本の敗戦が濃厚になると、アメリカを中心とする連合国は占領後の統治政策の策定に着手していた。連合国（アメリカ）は日本の国語を英語とする計画を立て、日本人捕虜などに英語教育を行った。しかし、多くの日本人は容易に英語を習得することができず、けっきょく、計画を諦《あきら》めることになったという。

日本人の語学習得の悪さは頭の良し悪しの問題ではなく言語体系の相違が原因なのである。現在では小学校三年生から英語が必修科目になり、その後、中学、高校で六年間、大学に進学すればさらに二年間英語を必修科目としているケースが多い。つまり、小学校三年生から大学二年まで都合一二年間、英語を学ぶことになるのである。

しかし、学校の授業だけで英語、特に英会話をマスターする例は余り見られないのである。近年は若い人を中心に英語がペラペラという人も増えているが、そういう人の多くは別に英会話教室に通っている人が多いようである。ただし、英会話教室にせっせと通ってもなかなか上達しない人も少なくないようで、巷《ちまた》の英会話教室が繁盛している秘密はその辺にあるようだ。

最近では国際会議に出席する日本の政治家なども英語でスピーチをするのが当たり前になってきた。しかし、彼らの中でまともに外国人に通じる英語を話しているのはごく僅《わず》かで、大半は原稿を読むか、短いスピーチなら予《あらかじ》め記憶しておいたもので、発音の観点からどこまで外国人に通じているか疑問である。また、最近では新幹線の中の英語でのアナウンスを車掌自らが行っている。しかし、これもほとんど棒読みの場合が多く、車内の騒音と相俟《あいま》ってネイティブには聞きづらいのではないだろうか。

このように、日本もグローバル化の波に乗ってさまざまな場面で英語を使うことが多くなっている。しかし、日常の生活の場で英語が必要になることはほとんどない。前述したように英語で道を聞かれることもめったにないことで、人によっては一生そんなシチュエーションには遭遇しないかもしれない。そして、これから五〇年経ってもその状況は変わることがないだろう。小学校から英語を必修科目にするよりも、歴史や国語、文学の教育に力を入れた方が個人の情操の面でも文化の高揚の面でもより益のあるものになるだろう。

粟散辺土——日本は辺境の国

先にも述べたように日本人はすでに弥生時代から大陸の文化に憧憬の念を抱くとともにコンプレックスを抱き続けてきた。そして、平安時代になると一部の知識層や僧侶などの間に「粟《ぞく》散辺土《さんへんど》」という観念が浮上してきた。

これはインドや大陸（中国）から見て日本は東海の海上（辺土）に粟粒《あわつぶ》を散らしたように浮かぶ小国であるという意味である。この言葉はもともとインドで生まれた仏教語で中国に仏教が伝えられてから中国人が使うようになり、日本との交流を通じて日本に向けられた言葉であると考えられる。

それが仏典などを通して日本に伝えられると、日本人自身が自らの国土を卑下する形で「粟散辺土」と呼ぶようになったのである。確かに日本は日本海と太平洋に挟まれた弧状列島でインド亜大陸や中国大陸から見れば辺境の地にある矮小《わいしょう》な国である。当時は正確な地図もなく、地理的な知識は漠然としたものであった。ゆえに、仏教などの文献を見て日本人ははじめて自らの国土の矮小さを認識したのである。

また、元来、日本人は国土という観念を持ち合わせていなかった。特に平安時代の貴族たちは平安京という山に囲まれた狭小な盆地の中に住み、そこから外に出ることはほとんどなかった。だから、彼らにとってその狭い平安京が日本の国であり、そこが全世界だったのである。もちろん、彼らも書物などを通じてインドや中国についての知識を得て、その存在を知り得てはいた。

しかし、当時の貴族は『源氏物語』にも見えるように、狭い平安京の中で酒宴や夜這《よば》いに興じ、外の世界にはほとんど興味を示さなかったようである。清少納言の『枕草子』には「香炉峰の雪は簾《すだれ》を撥《かか》げて看《み》る」という有名な一節を踏まえた段がある。香炉峰は霊山として知られる廬山《ろざん》の一峰で、この一節は唐の詩人・白楽天《はくらくてん》の詩を引用したものである。『源氏物語』にも中国の漢詩からの引用が多く、その中には中国の景勝地の名も見える。

彼らは外の世界には目を向けず、平安京を全世界として安逸を貪《むさぼ》っていたのである。寛仁三年（一〇一九）には刀伊《とい》の入寇《にゅうこう》があって女真族《じょしんぞく》が九州に攻め入って略奪行為を働き、多くの住民を虐殺した。このとき、大宰府が中心になって反乱を鎮めたが、中央政府は報告を受けても何ら対策を講じなかった。というよりもあえてこの一件には関わらないという態度を取ったのである。

つまり、当時、政府の中枢にいた人々は外国の存在を朧気《おぼろげ》ながら意識していながら、意識的に無関心な態度を取った。また、識者の見解などから、中国が大国で日本は粟散辺土であるという意識も微《かす》かに持ち合わせていたであろう。しかし、そのことはあまり考えないことにしていたのかもしれない。

しかし、実際に唐の状況を見聞し、その文化に直《じか》に触れた最澄や空海などの高僧、吉備真備《きびのまきび》などの遣唐使は貴族たちとは異なる見解を持っていたのではないか。困難な道のりを経て唐の高い文化に触れて帰国した彼らは、日本が粟散辺土であることを痛感したに違いない。

彼らは異国に対する劣等感を逆手にとって、新しい思想や秩序の構築に乗り出したのである。その結果として最澄は比叡山に天台宗を開き、空海は高野山に真言密教の基盤を確立した。その後、鎌倉時代になって比叡山には多くの碩学《せきがく》が登って修学し、「鎌倉新仏教」といわれる新たな仏教が生まれることになったのである。

粟散辺土の観念はその後も継承された。とりわけ、明治以降にはこの劣等感をバネにして日本の近代化を推し進めようという機運が高まった。そして、その機運は幕末から国学者などがとなえていた日本優越論と結びつき、近代国家建設の原動力になったのである。しかし、そのあまりにも性急な改革はさまざまな弊害をも生み出した。その国家優越論は日本がアジア、ひいては世界の中心であるという思想にすり替えられ、日清・日露の戦争や太平洋戦争の精神的バックボーンとなったのである。

そして、今も日本人の多くは粟散辺土的なコンプレックスを抱き続けているといって良いだろう。日本人がことさらに横文字を用い、外国製品を称賛するのはその表れだろう。

日本優越論のあらわれ

先にも述べたように、平安時代には識者を中心に粟散辺土という観念が共有されて、大陸に対する劣等感が生まれた。一方でその劣等感に対抗し、それを打ち消すような形で日本は世界の中心にある優秀な国であるという日本優越論、日本中心主義の思想が現れた。

日本は、天照大御神の子孫（歴代の天皇）が代々、治める国だから素晴らしいとしたのである。このように天照大御神を至上の存在と考え、その子孫を神聖視することは長きにわたって継承され、戦前まで引き継がれたのである。また、この主張の大前提には万世一系があった。つまり、歴代天皇が間断なく一系で続くことが求められたのである。

このような考え方に先鞭《せんべん》をつけたのが天武天皇（?～六八六）である。彼は伊勢神宮にたびたび参拝し、天照大御神が天皇家の祖先で至上の神であるとアピールした。また、「大嘗祭《だいじょうさい》」を四度も行ったといわれている。「大嘗祭」は新天皇が即位して最初の新嘗祭《にいなめさい》で、これによって正式に即位したことが示される。

通常は在位中に一度行われる儀式で天武天皇のほかに複数回行った天皇は存在しない。また、「天皇」という称号を使ったのも天武天皇のころからと考えられている。それまでは一族の首領には「王」とか「大王《おおきみ》」の称号があてられており、天皇家以外の豪族の長《おさ》も「王」と呼ばれていた。しかし、大和政権が形成されて天皇家は他の豪族を従えるようになると、豪族の「王」や「大王」と差別化を図るために「天皇」の称号を用いるようになった。

「天皇大帝《てんこう》」とは中国古代の北極星を神格化した最高神の意味で、神聖この上ない存在である。これは秦の始皇帝がそれまでの「王」に替えて「皇帝」を名乗ったのと同様、他の諸侯との差別化を図る意味があった。ただし、「皇帝」は「光り輝く神」という意味で神であることを具体的に示した「天皇」は皇帝を凌《しの》ぐ存在だった。そして、天皇は粟散辺土にありながら世界の中心にいるとされ、天皇が治める国土は他を遥《はる》かに凌ぐ優秀な国であると考えられたのである。

神国思想

日本中心主義を助長したのは「神国思想」である。これは文字通り自らの国を「神の国」とする思想で、古代エジプトなどでは国王を神と見做して国家を統治した。このような政治体制を「神権政治」と呼んでおり、基本的には神の加護によって支えられている国という意味である。エジプトでは早くからナイル川の増水を利用して灌漑《かんがい》農業が行われていたが、そのような大事業を遂行するためには神のような指導力が必要だったのである。

一方、日本ではナイル川のような大河がなく、大規模な治水工事や灌漑事業も行われなかった。それで大事業を統括する強力な権力体制は生まれず、エジプトなどとは違う形で神国思想が発生し展開してきた。日本では皇祖神である天照大御神の子孫が統治する国だから「神国」であるとされたのである。先にも述べたように、天武天皇のころから「天皇」という称号が用いられはじめ、天武天皇は皇祖神である天照大御神をまつる伊勢神宮にたびたび参拝した。この時点で「神国」という言葉は見られないが、ここに神国思想の萌芽《ほうが》を認めることができるのではないだろうか。

しかし、鎌倉時代の二度の元寇は日本人の国家意識、民族意識を弥《いや》が上にも高め、より強力な政治権力に支えられた国家が求められた。鎌倉時代後半に登場した思想家・北畠親房《きたばたけちかふさ》（一二九三〜一三五四）は主著の『神皇正統記《じんのうしょうとうき》』の冒頭で「大日本者神国也《おおやまとはかみのくになり》」と明言している。そして、その根拠として日本は天照大御神の子孫である天皇が代々、国を治めてきたのであり、それは他の国には例のないことであると述べている。よって、ここでは、だから大日本国は世界に冠たる優れた国であるということを暗にいっているのである。

また、鎌倉時代の武家政権の成立によって天皇を頂点とする貴族政治が崩壊の危機に曝《さら》されたが、北畠親房の神国思想は天皇制を維持する基盤ともなった。江戸時代になるとこの北畠親房の見解は国学者に支持され、儒教思想とも融合して日本中心主義の思想的根拠となった。

そして、国学者たちは親房の神国思想を再構築して尊王攘夷論を展開し、それが幕末の討幕運動の精神的基盤となった。また、水戸学派は歴代天皇が日本の国家を統治することが日本の「国体（国のあるべき姿）」であると主張した。

さらに、幕末の国学者たちは統治者たる天皇のみならず臣民（国民）をも天照大御神の後裔《こうえい》と考え、日本全体を天皇を父親とする家族と考えた。ここに家父長主義の堅固な社会秩序が確立され、明治五年（一八七二）に出された「三条の教憲」では「敬神愛国ノ旨ヲ体スヘキ事」「天理人道ヲ明《あきらか》ニスヘキ事」「皇上ヲ奉戴シ朝旨ヲ遵守セシムヘキ事」の三条にまとめられ、国家神道に基づく国民教化の指針とされた。

このような天皇至上主義は明治二二年（一八八九）二月に公布された大日本帝国憲法では「天皇ハ神聖ニシテ侵スヘカラス」として天皇を唯一無二の存在と位置付けたのである。また、翌年一〇月三〇日に下された「教育ニ関スル勅語（教育勅語）」ではそれを補う形で「忠君愛国」の精神が国民教育の基本と位置付けられたのである。

もともと神国思想は大規模な灌漑事業などの遂行に際して必要に迫られて生まれたという面があり、また、神によって選ばれた優秀な民族であるという「選民《せんみん》思想」をも含んでいる。選民思想は自らの民族の優秀性を主張する余り、他の民族を排斥するという悲劇的な側面を備えていた。

そして、日本はイタリア、ドイツとともにファシズムの一員に加わり、「大東亜共栄圏」をスローガンに欧米に代わってアジア支配に乗り出し、悲惨な結果を残したのである。かつて首相を務めた森喜朗《もりよしろう》は「日本は天皇を中心にしている神の国」であるという発言をして批判の矢面に立ったが、「大日本者神国也」という言葉を丸呑みにした感がある。そして、今でも保守層の中には国学者などの国体論を無批判に鵜呑《うの》みにしている人士が少なからず存在しているのである。森元首相もその一人であろう。

三国伝来の善光寺阿弥陀如来

長野の善光寺の本尊は三国伝来の一光三尊《いっこうさんぞん》阿弥陀如来として知られている。善光寺は七世紀の中頃に開かれた古刹《こさつ》で、前立《まえだち》（身代わり）本尊の阿弥陀如来は七年に一度開帳されて多くの参詣者が訪れる。

開基の若麻績《わかお》善光《みのぜんこう》は渡来系で長野の地方官をしていたと伝えられている。その善光が所用で大坂に出かけたとき、帰途に難波《なんば》の堀江《ほりえ》というところを通り過ぎようとすると、堀の中に光を放つものがあった。不審に思った善光が近づいてみるとそれは燦然《さんぜん》と輝く仏像だった。不思議な縁《えにし》を感じた善光は堀の中からその仏像をすくい上げ、故郷に持ち帰ることにした。善光は仏像を背負って帰路を急いだが、夜になると昼間の強行軍が祟《たた》って、疲れて眠ってしまった。すると、仏像が起きだし、善光を背負って夜道を急いでくれて、あっという間に長野に着くことができた。

帰宅した善光は仏像を自宅にまつり、毎日、妻と息子とともに礼拝を欠かさなかった。そして、一〇年ほどたったある日、仏像が「私はあまりにも尊い姿をしているので、その姿を人前に曝すのはこのましくない。よって、これからは姿を隠すからそのつもりでいるように。しかし、姿を隠しても私は以前と同じくここにいて皆の願い事を聞き、救済に努めるから安心するように」と言って、自ら姿を隠してしまったという。それから、一四〇〇年余りの間、誰の目にも触れることなく善光寺の本堂の奥の瑠璃壇《るりだん》の中にいるのだという。

このように、善光寺の本尊は当初から絶対秘仏として扱われたきたが、平安時代の後半になって人々の間から一目で良いから拝みたいという要望が高まった。そこで、鎌倉時代のはじめに前立《まえだち》（レプリカ）をつくり、定期的に開帳を行うようになった。また、善光寺の縁起には本尊は仏教伝来の時に日本に最初に伝えられた仏像であると記されている。『日本書紀』にもこのことが記されており、伝来の仏像は金銅の釈迦仏とされている。しかし、平安時代の後半になって阿弥陀信仰が盛んになると、人々が勝手に天下の名刹《めいさつ》善光寺の本尊は阿弥陀如来に違いないと思い込み、善光寺もこれに応《こた》えて阿弥陀如来としたものと考えられる。

また、飛鳥奈良時代から平安時代に至るまで日本の寺院は天皇や貴族の専有物で、一般庶民は立ち入ることすら禁じられていた。しかし、善光寺や大阪の四天王寺、浅草の浅草寺などは創建当初から一般庶民にも開かれた寺だった。老若男女貴賤《きせん》を問わず多くの人々の参拝によっ

善光寺　長野県長野市。7年に1度の開帳や、本堂の地下を巡る「お戒壇巡り」が有名

て栄え、人々の信仰が善光寺如来を創り出したということができるのである。ちなみに、今も七年に一度の「御開帳」で公開されるのは前立本尊で、当の本尊は瑠璃壇の中に静かに納められている。

また、善光寺如来はインド、中国、日本という三つの国に伝えられた「三国伝来」の阿弥陀如来といわれている。日本では古代から中世に至るまでインド、中国、日本の「三国」は全世界の意味で使われてきた。そして、釈迦生誕の地であるインドで生まれた如来が、当時の日本人の憧憬《しょうけい》の地である中国を経由して伝えられたため、善光寺如来は限りなく尊い存在だったのである。そのことが爆発的な信仰を呼んだと考えられる。

そして、この如来が日本に来るまでの経緯については次のような伝説がある。釈迦在世当時、インドに月蓋《がっかい》という莫大《ばくだい》な富を有するが極めて吝嗇《りんしょく》で信仰心の欠片《かけら》もない長者がいた。長者は美しい娘をこよなく愛していたが、あるとき、その娘が疫病にかかり明日をも知れぬ容体になった。長者は大いに悲しみ、普段は目もくれなかった釈迦に相談を持ち掛けた。すると、釈迦は娘の病気を治したければ等身大の阿弥陀如来像をつくるに足る黄金を用意するようにと指示した。しかし、吝嗇な長者は黄金を購入する金を惜しんで躊躇《ちゅうちょ》し、なかなか決断ができずにいた。そうこうしているうちに娘の病状がますます悪化した。そこで、長者は遂に意を決して黄金を手に入れた。

釈迦が眉間《みけん》の白毫《びゃくごう》から光を放って金塊に当てると、金塊は瞬く間に阿弥陀如来像となった。そして、今度は釈迦如来と阿弥陀如来が一緒になって眉間の白毫から光を放って娘に当てた。すると、娘の病は瞬く間に癒《い》えたという。その後、如来はインド全土を巡って疫病などで苦しむ人々をすべて救い終えて中国に渡った。中国でも疫病など困苦に喘《あえ》ぐ人々をことごとく救い、朝鮮半島を経由して日本にやって来た。

しかし、この仏像を巡って崇仏派の蘇我氏と排仏派の物部氏との間で激しい論争が起こった。崇仏派の蘇我氏は仏教は外国でも信奉されている教えであるから、良い教えに違いない、だから、日本でも受け入れるべきであると主張した。これに対して排仏派の物部氏は蕃神《ばんしん》（外来の神、すなわち仏）を受け入れれば日本古来の神々が怒り疫病や内乱といった災いをもたらすに違いないといって受け入れを強硬に否定した。

けっきょく、ときの欽明天皇も両氏の争いにはっきりした裁断を下すことができず、到来の仏像を「試みにまつれ」、つまり、この仏像をまつったら物部氏の言うように本当に疫病や内乱などが起こるかどうか試しにまつってみよといって、蘇我氏の長の稲目に下賜した。

稲目は拝領した仏像を向原《むくはら》（現、奈良県高市郡明日香村）の私邸にまつったが、間もなく疫病が大流行した。そこで、物部氏は向原の私邸を襲って打ち壊し、仏像を持ち出して難波の堀江というところに遺棄した。それから、約一〇〇年後に若麻績善光が堀からすくい上げて郷里に持ち帰ってまつったのが、今の善光寺の本尊であるという。

また、京都の清凉寺にも三国伝来という清凉寺式釈迦如来立像《りゅうぞう》がまつられていて早くから盛んに信仰されている。この像は釈迦が三六歳のときの姿をとらえた生き写しの像と言われ、「生身の釈迦如来」として多くの人々の信仰を集めている。そして、この仏像にも善光寺如来と同じ、造像から日本に渡ってくるまでの伝説が語られているのである。

ただし、この像には以下のような造像から清凉寺にまつられるまでの経緯も伝えられている。その伝説によれば、釈迦在世当時、インドのある国にウダヤナ王（優塡王《うでんおう》）という国王がいて、国王は釈迦に深く帰依していた。しかし、釈迦が三五歳で悟りを開いた年の翌年、大勢の信者の前で説法をしていたとき、聴衆の中におしゃべりをしたり居眠りをしたりしているものが多く見受けられた。これを見た釈迦は折角説法をしても身に入らないだろうと判断し、一夏、身を隠すことにした。釈迦は帝釈天の居城のある忉利天《とうりてん》という天界に昇り、そこで亡き母親と対面して親しく語り合って一夏を過ごした。

一方、釈迦がいなくなると地上では大騒ぎになった。釈迦に深く帰依し、敬愛してやまなかったウダヤナ王は深い悲しみにとらわれ、遂には病の床に臥《ふ》せってしまった。すると、臣下のものたちが心配して、山から牛頭《ごず》栴檀《せんだん》という香木を切り出してきて釈迦の等身大の彫像を作ってくれた。その像に対面したウダヤナ王は元気を取り戻し、間もなく釈迦も帰ってきて病はすっかり癒えたという。

こうして、造られた仏像が最初の仏像であるとされ、優填王（ウダヤナ王）が釈迦を思慕して造られたことからこの像を「優填王思慕像」と呼んでいる。しかし、実際には紀元一世紀の半ばごろ、古代インド西北部のガンダーラ（現在はパキスタン領）において最初の仏像が造られた。

優填王思慕像が実際に造られたのは紀元四世紀ごろのグプタ王朝のことと考えられている。その後、この様式の仏像はその伝説とともにインドで大流行し、同じ様式の仏像が数多く造られた。そして、七世紀にインドを訪れた玄奘三蔵がこの仏像に心を奪われ、同じ様式の仏像を造らせて中国に持ち帰った。その後、中国でも優填王思慕像は多くの人の心を奪い、この地でも多くの摸像《もぞう》が造られた。

平安時代の中期に宋（中国）に学んだ奝然《ちょうねん》（九三八〜一〇一六）はこの優填王思慕像に感銘を受け、中国人の名仏師二人に依頼して摸像を造ってもらい、その像を携えて帰国した。その後、その像は京都の清凉寺で信仰を集めたことから「清凉寺式釈迦如来」と呼ばれるようになり、各地で「清凉寺式釈迦如来」と呼ばれる同様式の像が造られるようになって、約一二〇点が現存している。グプタ様式といわれるこの像は縄目模様の頭髪や彫りの深い風貌、絹の質感を表現したきめ細かい衣紋《えもん》などが特徴である。釈迦が三六歳のときの生き写しの像ということで類などにハリがある若々しい顔つきになっている。

また、京都の清凉寺の像（国宝）の体内には五臓六腑《ろっぷ》と呼ばれる布でつくられた人間の内臓の模型が納めてある。これは奝然が「生身」の仏像ということで納めたもので、そのほか、経典類や銅銭、さらには、奝然のへその緒まで納められている。

そして、この清凉寺式釈迦如来は善光寺如来と同じ「三国伝来」の仏として信仰を集め、月蓋長者の発願で造られたものが中国を経由して日本にもたらされたという伝説が付託されている。また、江戸時代には善光寺如来が両国《りょうごく》の回向院《えこういん》で開帳されたのを皮切りに出開帳（出張の御開帳）がブームになった。それに伴って清凉寺の本尊も出開帳を行い、善光寺如来と競い合う形で信仰を集めた。

日本は大日如来の故郷

しかし、一方で平安時代の後半になると日本は大日如来の本源の地である「大日本国」であるという認識が生まれ、さらには天照大御神が守る「神国」であるという考えが浮上してきた。そして、大日如来は日本で生まれたのであって、その本体は天照大御神であるという考えが生まれた。三国思想の場合はインドで生まれた仏が東漸して日本に至り、この国の人々を救済すると考えたのであるが、「大日本国」や「神国」という観念ではそれが逆転して仏教をはじめとする諸文化は日本で生まれ、それが西に向かって広がっていったと考えられるようになったのである。

また、大日本国で大日如来が生まれたという根拠として、日本列島の形は大日如来の**種字**《しゅじ》[※1]であるヴァン𑖪𑖽の形をしており、列島の海底には密教法具の**独鈷**《とっこ》[※2]が埋まっていると主張されるようになった。そして、それらの種字や独鈷の姿はイザナギノミコトとイザナミノミコトが国生みのときに、天《あめ》の沼《ぬ》矛《ぼこ》で大海を掻《か》き回したときに垣間《かいま》見たといわれるようになったのである。

このように日本を大日本国ととらえ、大日如来の生国で仏教発祥の地ととらえた背景には、この時代インドではすでに仏教が衰退し、中国でもたびたび仏教弾圧（破仏）があって教団の維持もままならないという状況があり、その情報を学僧たちが『**大唐西域記**[※3]』などを通じて把握していたことによるところが大きい。

また、平安時代の仏教は奈良時代の南都六宗のような中国から直輸入された仏典の研究のみに終始するのではなく、最澄や空海、そして、円仁や円珍《えんちん》をはじめとする多くの碩学《せきがく》が出て独自の理論を展開し、日本独自の仏教を形成した。したがって、この時代には日本の仏教界全体に日本独自の仏教を確立したという自覚と誇りがあり、その日本仏教は仏教発祥の地であるインドを凌いだという自負すらあったと考えられる。だから、日本が大日如来の生国であり、仏教そのものが日本発祥であるという大胆かつ傲慢《ごうまん》な主張が公然ととなえられたのではないだろうか。

先の大日如来が日本生まれであるとか、仏教が日本で成立したなどという見解は、史実をまったく無視したもので、牽強付会を通り越して一笑に付すべき珍論である。

元寇と神国思想の高揚

鎌倉時代半ば日本は二度にわたって元の襲来を受けた。チンギス・ハーン（一一六七?～一

※1　**種字**　真言密教で用いられる仏、菩薩の象徴的表現で、諸仏のサンスクリット語名の頭文字や諸仏に定められている真言（呪文の一種）の一文字で表現したものである。

※2　**独鈷**　密教法具のひとつで、ヤリの先を背中合わせにしたような金属製の器具。ほかに、先が三つに分かれた三鈷杵、五つに分かれた五鈷杵などがあり、それも密教の修法には不可欠の法具である。

※3　**『大唐西域記』**　玄奘三蔵（六〇二～六六四）は西域を経てインドに至り、インドで最新の仏教を学ぶとともに膨大な数に上る仏典を収集して都合一七年の旅を終えて帰国した。帰国後は持ち帰った仏典を翻訳して偉大な功績を残した。『大唐西域記』は皇帝の命により一七年間の西域、インドの旅の記録をつづったもので、当時の各地の状況を知る上で貴重な資料である。また、この『大唐西域記』を元に書かれた小説が『西遊記』である。

二二七）は中央アジアから南ヨーロッパに至る広範な領土を征服したが、その後継者はさらにヨーロッパに遠征してユーラシア大陸の東西にまたがる広大な地域を領土とする大帝国、元《げん》を打ち立てた。そして、チンギス・ハーンの孫フビライ・ハーン（在位一二六〇～一二九四）はさらに南に版図を伸ばして朝鮮半島の高麗《こうらい》を制圧して服属させ、日本にもたびたび使者に国書を託して朝貢を強要してきた。

鎌倉幕府はこれを拒否し、元の襲来に備えて異国警固番役を設置して九州北部の御家人に警戒させた。しかし、最後通牒《つうちょう》も握り潰《つぶ》された元は文永一一年（一二七四）一〇月二〇日、数百隻の軍船に数万の兵員が分乗して博多湾に上陸した。これが第一回の元寇で、「文永の役」と呼ばれている。日本側は九州に所領を持つ御家人を動員して迎え撃った。日本軍は元の「てつはう」と呼ばれる新式の火器や不慣れな集団戦で苦戦を強いられ、多くの犠牲者を出したが、元軍の損害も少なくなかった。

元軍は日中戦って夜になると軍船に戻ることを常としていたが、彼らが軍船に引き上げて休息をとっているとき、たまたま暴風雨が起こって軍船はことごとく大破し、元軍の兵士は海の藻屑《もくず》と消えた。この暴風雨がいわゆる「神風」である。

第一回の元寇は神風によって救われる形で日本は事なきを得た。幕府は再度の襲来に備えて異国警固番役を強化し博多湾沿いに石の防塁を築いて元の襲来に備えた。一方、襲撃に失敗した元は態勢を立て直し、再度の侵攻の機会を狙っていた。

蒙古襲来絵巻　日本に上陸した元軍は火器や集団戦で日本軍を苦しめた（模本、東京国立博物館所蔵、画像出典：ColBase）

弘安四年（一二八一）五月三日、元は一四万人の兵を四〇〇〇隻の兵船に分乗させて先《ま》ず対馬に上陸して多くの島民を虐殺して略奪を行い、博多湾に入港した。しかし、日本軍が奮戦して上陸を阻み、元の軍勢は一時、軍船に引き上げた。このとき、再び暴風雨が起こって元軍は大損害を受けて撤退した。これが第二回の元寇で「弘安の役」と呼ばれている。

平安時代に遣唐使船が廃止されて以来、中国との国交が途絶えていた日本では幕府も朝廷も外国の情勢に疎く、元が強大な勢力を持っていることもあまり意識されていなかっただろう。それに加えて神国思想や日本中心主義が優勢になり、中国ははるか西方の辺境の国という認識が高まっていたようである。

だから、元からの国書もまともに扱うことなく、拒否したというよりも等閑に付したのであろう。このような態度は第一回の元寇を受けてもあまり変わることなく維持されたようである。第一回元寇後の建治《けんじ》元年

（一二七五）に遣わされた元の使者は、鎌倉の龍ノ口《たつのくち》の刑場で斬首《ざんしゅ》されている。

しかし、その一方で幕府や朝廷は各地の霊験あらたかとされる寺社に外敵退散の祈禱や祈願を行わせ、天皇自ら石清水八幡宮などに赴いて武運長久を祈願した。二度の元寇は偶然の暴風雨によって、結果的には日本が勝利を収めたのであるが、当時の日本人はその暴風を「神風」と捉《とら》え、神々の加護によって勝利を収めることができたのだと考え、日本が「神国」であるとの認識をいやがうえにも高めたのである。

そして、このときに想起されたのが記紀の神話にも現れている神功皇后《じんぐうこうごう》の新羅遠征の説話だった。神功皇后は第一四代・仲哀天皇の皇后で、第一五代応神天皇の生母である。仲哀《ちゅうあい》天皇は熊襲《くまそ》を討つために神功皇后を伴って九州に遠征した。九州では天照大御神が、西の方に豊かな国があるから、まずはそこを征服するのが先決であるという神託を下した。しかし、仲哀天皇がその神託を疑って信じなかったため、天罰が下って天皇は即死することになった。すると、今度は神功皇后に即刻、新羅を討つようにとの神託が下った。そこで、神功皇后は武内宿禰《たけのうちのすくね》を参謀として、早急に軍備を整えて新羅に遠征した。このとき、大坂の住吉神社の祭神の住吉三神が大将軍となって軍勢を率いたといい、その神徳が功を奏して新羅は戦わずして降伏したという（以上、記紀より）。

つまり、神々の加護によって日本が勝利を収めたのだという神功皇后説話が神国思想の根拠となったのであり、元寇のときにはこの説話はさらに信頼性の高いものになったのである。実際に日本と新羅の間には数度にわたる戦闘があった。しかし、六六三年の白村江《はくそんこう》の戦いで唐と新羅の連合軍に大敗し、以降、日本は朝鮮半島の経営から撤退した。記紀の話はこのころの日本と新羅の関係に取材したものである。

しかし、とりわけ、『日本書紀』は天皇家の正統性を内外にアピールするためにつくられた日本の正史（正しい歴史書）である。したがって、その中で日本の敗北を記すことは許されず、史実を逆転させて神々の加護によって日本が大勝したことに作り替えられたのである。しかし、神功皇后説話はたびたび改変を繰り返しながら、神国思想の根拠となっていった。

朝鮮通信使と朝鮮人蔑視

日本と朝鮮、中国との国交は、平安時代中期に遣唐使船が廃止されて以降、途絶えていた。室町時代には足利義満が明との間の国交を回復し、勘合《かんごう》貿易を行ったが、豊臣秀吉の朝鮮出兵を機に日朝関係は断絶して最悪の状態になった。しかし、徳川家康は朝鮮との国交を正常化し、朝鮮は新将軍就任の慶賀《けいが》などのために大勢の使節を派遣した。これがいわゆる「朝鮮通信使」で一回に三〇〇人から五〇〇人の使節が、都合一二回にわたって派遣された。

朝鮮通信使は丁重に迎えられ、幕府や諸藩は莫大な費用を支出した。通信使の厚遇ぶりからは、特に明治以降に見られるような朝鮮人蔑視は表向きは見られない。しかし、記紀には新羅王を「馬飼」といっている。つまり、国王どころか一介の「馬飼」に過ぎないといって蔑《さげす》んでいるのである。さらに、『寺社縁起』では新羅王に「我等ハ日本国ノ犬ト成」らんと誓わせ、王宮前の盤石に「新羅国ノ大王ハ日本ノ犬也」と刻んだと記されている。そして、「犬追物ト云事ハ、異国ノ人ヲ犬ニ象テ敵軍ヲ射ル表示ナルガ故ニ、今ノ世ニ至ル儘絶ヘザル者也」といって蔑視の観を最大限に強めている。

「犬追物」は柵で囲んだ中に犬を放し、犬を敵に見立てて馬上から矢で射るもので、武芸の鍛錬を兼ねた遊びとして鎌倉時代の武士の間で流行した。

このような、朝鮮蔑視の姿勢は粟散辺土の劣等感の裏返しとして浮上してきた日本中心主義、神国思想の結果として形成されたものである。そして、朝鮮通信使が歓待されたとしても、その根底にはかかる蔑視観が潜み続けていたのである。ただし、一般民衆の目には朝鮮通信使の行列は高い文化の象徴として映ったのではないだろうか。彼らは異国情緒豊かな衣装や装身具を着けた朝鮮人の姿に見とれて喝采《かっさい》を送ったのではないだろうか。

明治維新を迎えるとその蔑視観が鮮烈に蘇《よみがえ》った。そこでは欧米列強への劣等感を払拭《ふっしょく》する形で朝鮮や中国に対する優越感が優勢になったのである。そして、日本優越論と朝鮮蔑視の態度は西郷隆盛らの「征韓論《せいかんろん》」の誘因ともなり、『学問のすゝめ』の中で万人平等をとなえたはずの福沢諭吉《ふくざわゆきち》すら「脱亜論」をとなえ、やがてそれは明治四三年（一九一〇）の日韓併合の布石ともなった。

また、大正一二年（一九二三）の関東大震災のときには朝鮮人が井戸に毒を入れたなどの流言が飛び交い、軍や警察に市民も加わって大規模な「朝鮮人狩り」が強行され、実に多くの朝鮮人と中国人が殺害された。また、近年では在日韓国人・朝鮮人を対象にしたいわゆる「ヘイトスピーチ」が問題になっている。

もともと「ヘイトスピーチ」などという野蛮な行為が公然と行われていること自体、異常な現象である。たとえば、日本人や欧米人や他の外国人を名指しで罵倒《ばとう》した場合はどうだろうか。間違いなく名誉毀損《きそん》や恫喝《どうかつ》、脅迫の咎《とが》で起訴されるだろう。しかし、在日韓国人・朝鮮人にたいしての罵詈《ばり》雑言をためらわない人が大勢いる。このこと自体、仮にも法治国家としてあり得ないことである。

日本は「悪魔の国」？

近年、旧統一教会の問題が世相を賑わし、この団体が日本を「悪魔の国」と位置付けているということが話題になった。キリスト教では全知全能の神に対する悪魔が存在し、それは常に対立して闘争を繰り返すとされている。ゲーテの『ファウスト』も悪魔に魂を売り渡すことを主題にしている。さらに、ロシアやドイツ、フランスなどのヨーロッパの近代小説も悪魔からの救済を主題にするものが多い。

インドでも古くから悪魔の存在が想定されており、それが仏教にも取り入れられた。たとえば、釈迦が悟りを開く直前に大勢の悪魔がやって来て妨害したとされている。釈迦が悟りを開いて人々を教化すると善人ばかりが増えて悪魔の居場所がなくなるからである。このとき、釈迦は定印（坐禅のときの印〈手の組み方〉）を解いて右手の人差し指を地につけた。すると、地の神が加勢してくれて悪魔たちは瞬時に退散したという。また、寺院の門には悪魔を撃退するために仁王（金剛力士）像がまつられているのだ。

仏教では悪魔は「第六天魔王《だいろくてんまおう》」と呼ばれている。第六天の住人は永遠に輪廻転生《りんねてんしょう》を繰り返し、地獄などの悪所にも落ちないかわりに悟りを開くこともできないとされている。「魔王」は「他化自在天」とされ、平安時代の日本ではこれが菅原道真の怨霊《おんりょう》と結びついて「天満天神《てんまんてんじん》」、一般には「天神」としておそれられるようになった。

また、伊勢神宮では僧侶《そうりょ》の参拝を禁じ、仏像や寺院などといった仏教の言葉も隠語を使って避ける。これを伊勢神宮の忌み言葉といい、例えば仏像のことは「中子《なかご》」、寺院のことは「瓦葺《かわらぶき》」という。種々の書には伊勢神宮が仏教を忌み嫌うことに関して、概《おおむ》ね以下のように述べている。

太古の昔、天照大御神が矛で大海を掻き回したところ、海底に大日如来の印文があった。それを遠望した第六天魔王は将来、国ができた暁にはこの国に仏法が広まる兆候と考え、仏教の流布を阻止しようと考えた。この第六天の思いを察した天照大御神は自分は仏教の名を口にしないし、それを近づけることもないと約束し、第六天の仏教排斥の念を鎮めて天界に帰らせた。そして、天照大御神は魔王との約束を守るために僧侶の参拝を禁じ、表向きは隠語を駆使して仏教を排除しているように見せかけているのである。しかし、実際には仏教を保護しているのであり、日本の仏教の興隆は偏《ひとえ》に天照大御神の守護によるのである。

日本では仏教伝来から間もなく神と仏が接近していき、やがて、神仏習合という日本独自の信仰体系を形成した。しかし、仏像が普及していく過程でそれに反発する動きも当然のことながら出てきた。第一、仏教伝来のときに崇仏派の蘇我《そが》氏に真っ向から反発した物部《もののべ》氏は古くから皇室の神祇《じんぎ》を司《つかさど》る家系だった。物部氏にしてみれば日本が正式に仏教を受け入れて皇室もこれを採用すれば、自分たちの領域を侵されるというのが反対の最大の理由だったのである。

物部氏のように神祇を司る家系はほかにも多く、彼らが仏教の普及に伴って物部氏と同様の懸念を持っていたことは容易に想像がつく。そして、七世紀になって法興寺《ほうこうじ》（飛鳥寺）や法隆寺、四天王寺などの大寺院が甍《いらか》を並べるようになり、神社の数も増えてくると神社関係者はますます仏教に反発を強めるようになる。

その神社側の反発を象徴する存在が伊勢神宮だったのである。先の話では第六天が反対運動の主人公になっており、伊勢神宮の天照大御神は方便として仏教を遠ざけたが、その実、仏教を保護したということになっている。しかし、実際には伊勢神宮は仏教排斥の急先鋒《きゅうせんぽう》で、そのことは、先に示したような仏教語の忌み言葉が大量に存在していたことからも分かる。

ただし、日本では僧侶が早くから漢字をマスターして文章力を身に付けた。だから、朝廷の公式文書はさておき、散文的な説話などは僧侶の手によるものが多かった。そこで、先の話も「仏主神従（インドからやって来た仏が主体で日本古来の神はそれに従属するという考え方）」の僧侶によって書かれたのである。僧無住《むじゅう》の『沙石集《しゃせきしゅう》』に掲載されており、同様の話が仏書や他の説話などにも存在するのである。だから、この話も仏教興隆を正当化するためにつくられたものであることは明らかだろう。

そして、第六天魔王は神社関係者の代表として登場しているのであり、それらを統括するものとして伊勢神宮、天照大御神が引き合いに出されているのである。また、仏教者の仏主神従はさておき、この話には粟散辺土《ぞくさんへんど》思想やそれに対抗する日本優越論、大日本国論、神国思想、神道思想などさまざまな要素が混在していると見ることができる。

先ず、第六天魔王が支配する国というのには粟散辺土思想を窺うことができるだろう。つまり、日本は辺境の矮小国であるが故に魔王のような俗悪なものに牛耳られているという考え方である。

第6章

日本独自の文化

能

能の起源は奈良時代に大陸（中国）から伝わった「散楽《さんがく》」にあるといわれている。「散楽」は歌舞音曲や物真似、曲芸や奇術などを含む民間芸能で、古くは「百戯」と呼ばれて文字通りバラエティーに富んだ芸能だった。大化の改新以降、大陸や朝鮮の文化が持て囃《はや》され、律令制《りつりょう》の下ではそれらの文化が国家の手によって厚く保護されたのである。しかし、平安時代になって律令制が衰退すると朝廷の保護を離れることになり、その名称も日本風に「猿楽《さるがく》」と呼ばれるようになった。

また、農村の民間芸能として行われていた「田楽《でんがく》」とも交流するようになった。「田楽」は田植えや収穫など農耕の成就を祈念するもので、祭礼のときなどに行われてきた。それが散楽と結び付くことによって独自の芸能へと発展した。現在も祭礼などで行われている「神楽《かぐら》」の原型もここに求めることができる。また、世の中の事象や世相を風刺する台詞《せりふ》劇となり、後にそこから「狂言」が生まれた。

「猿楽」の演者は集団を作って各地を巡歴して祭礼などで芸を披露した。後に、その芸能集団は「座」と呼ばれるようになった。彼らは興行に先立って舞台に座布団のようなものを敷いて獅子《しし》頭《がしら》を据えて邪鬼を払ったことから、「何々座」と呼ばれるようになったのである。国家の保護を失った芸能集団は平安時代の中ごろから大寺や大社の保護を受けて芸能活動を行うようになった。鎌倉時代には翁《おきな》の面をつけて音楽に合わせて踊るまったく新しいタイプの「三番叟《さんばそう》」という仮面劇が生まれ、これが能に発展するのである。

室町時代には観阿弥《かんあみ》（一三三三～八四）が登場してさらにさまざまな民間芸能などを取り入れて、より洗練された芸能になった。そして、観阿弥の子の世阿弥《ぜあみ》（一三六三？～一四四三？）は『風姿花伝《ふうしかでん》』を著して能の美学を大成した。世阿弥の娘婿の金春禅竹《こんぱるぜんちく》は世阿弥から能の奥義を伝えられ、世阿弥の理論をさらに哲学的に深め、仏教にも精通していたことから仏教的な解釈を付加し、今も伝わる金春流の実質的な祖となった。

また、能には民間芸能の要素が多分に含まれていることから、民衆が娯楽として楽しむ素朴な滑稽味《こっけいみ》があった。しかし、観阿弥、世阿弥によって芸術の域に達する過程で滑稽味が取り除かれ、その部分は「狂言」に取り入れられるようになった。もともと狂言は能の合間の寸劇として演じられていたが、滑稽味を主体に独立性を高め、庶民にも気軽に鑑賞できる芸能として人気が高まった。

能は中国の散楽をベースにして、日本古来の田楽をはじめとするさまざまな民間芸能と結び付いて発展してきた。明治になって西欧文化が奨励される中で一時衰退したが、その再興を目指して明治一四年（一八八一）、芝《しば》に能楽堂が創建された。これに伴って「猿楽」の名は廃されて「能楽」の名で呼ばれるようになった。「能楽」は芸術性の高い高尚な内容で、二〇〇八年にはユネスコの無形文化遺産の代表一覧に記載され、日本を代表する伝統文化の地位を獲得している。

歌舞伎

室町時代のはじめに天皇や貴族といった権威を認めず、世の中の常識に逆らって異様な出《い》で立ちで傍若無人に振舞う「**ばさら**」※1と呼ばれる者たちが現れた。「ばさら」は戦国時代の下剋上の風潮を先取りするもので、織田信長がポルトガルやイスパニア（スペイン）からもたらされたモノを好み、襟元に大きなフリルのついた衣装を着ているのもばさら風俗である。

そして、戦国時代から江戸時代のはじめにかけて、やはり派手な服装をして乱暴狼藉《ろうぜき》を働く「かぶき者」という一団が登場した。「かぶき」の語源は傾くの古語の「傾《かぶ》く」に由来し、その連用形が名詞化して「かぶき」になり、明治になって「歌舞伎」の字が当てられるようになった。

伝承では、出雲阿国《いずものおくに》という女性が慶長八年（一六〇三）に京都で「かぶき踊り」を行ったのが始まりとされている。出雲阿国について詳細は不明で出雲出身かどうかも分からない。しかし、すでに平安時代には「白拍子《しらびょうし》」と呼ばれる歌や楽曲に合わせて舞を披露する旅芸人がおり、諸国を巡っていた。また、彼女たちは行く先々で客を取り、売春を生業《なりわい》として生計を立ててい

歌川国貞「踊形容東絵栄」　江戸時代の歌舞伎の盛況な様子が描かれる（東京都立中央図書館所蔵）

た。そうした白拍子を出雲阿国の名に集約したとも考えられている。

歌舞伎踊りは「かぶき者」が茶屋《ちゃや》の女と戯れる光景を出雲阿国が歌舞劇にしたものだったといわれている。茶屋はいわゆる「色《いろ》茶屋」のことで、そこで働く女は茶菓などを出して接待する傍ら、客を取って売春まがいのことを行った。すでに室町時代には商売として成り立っており、江戸時代には全国に普及していた。

このように色茶屋を舞台とした歌舞伎踊りは、当時各地の城下町や宿場町にあった遊郭を中心に広まった。遊郭で

※1　**ばさら**　「ばさら」の語源はサンスクリット語のヴァジュラに由来し、ヴァジュラは古代インドの堅固な武器である。この武器は金剛石（ダイヤモンド）のように固いことから、いかなるものも撃破すると考えられ、密教ではこの武器を象った金剛杵が煩悩を撲滅する必須の法具となった。そして、「ばさら」という言葉は平安時代には雅楽などの演奏で伝統的な奏法を無視した自由な演奏を意味した。その後、室町時代はじめの南北朝のころには、派手な服装をして傍若無人に振舞う人々のことを指す言葉になった。

広まった歌舞伎踊りを「遊女歌舞伎」といい、数十人の踊り手が派手な出で立ちで演じる大規模なものに発展した。また、一六世紀に琉球《りゅうきゅう》から伝わった三線《さんしん》を改良した三味線が伴奏に用いられるようになり、花道《はなみち》を備えた舞台も登場したという。

そして、「遊女歌舞伎」が盛況に向かうと、寛永六年（一六二九）には風紀を乱すという理由から禁止された。すると、今度は少年が演じる「若衆歌舞伎《わかしゅかぶき》」が盛んになった。日本における男色の歴史は古代にまで遡《さかのぼ》るが、とくに女人禁制の寺院や男性社会の武家の間で盛んになった。江戸時代には暇を持て余した旗本の子弟などが、女性との付き合いに飽きて男に走ることが多くなり、「若衆道（略して衆道《しゅどう》）」と呼ばれる男色の原則のようなものが出来上がり、歌舞伎の世界では「陰間《かげま》」と呼ばれた。このような男色の傾向はすでに平安時代後期から中世以降容認されていたが、江戸時代になって男を相手にする男娼《だんしょう》も増えていったのである。

その結果、若衆歌舞伎も人気を博してはいたが、やはり風紀を乱すという理由で承応《じょうおう》元年（一六五二）に禁止された。そこで、今度は成人男性による「野郎歌舞伎」が登場してきた。若衆歌舞伎は元服前の前髪を垂らした髪型の役者が演じたのに対して、野郎歌舞伎は前髪を剃《そ》った（月代《さかやき》にした）いわゆる「野郎頭」の役者が演じたのがその名の由来である。また、この時代には女形も登場した。

明治維新の欧風化で伝統的な芸能や芸術は衰退の憂き目を見るが、歌舞伎も例外ではなかった。しかし、能や浄瑠璃《じょうるり》などの他の伝統芸能と共に外国人に再評価されて復活した。この時点で歌舞伎自体が装いを新たにし、高尚な芸能として天皇が観覧する「天覧劇」も行われた。そして、歌舞伎役者の地位も飛躍的に向上したのである。

浄瑠璃、文楽

仏教は釈迦がその教えを説いたことから広まった。神道が物言わぬ宗教といわれて終始、無言で神事や祭祀《さいし》が進められるのに対して仏教は多弁である。そして、平安時代の末から鎌倉時代にかけて仏教が民衆の間に普及すると、仏教の教えを分かり易く説くための説教が行われるようになり、節をつけて語る説教節も登場した。

話の内容は仏教に関係したものばかりではなく、さまざまな物語に及び、それを琵琶《びわ》の伴奏に合わせて語る琵琶法師も現れた。さらに、中世には「くぐつ」という人形を操って寸劇を行う漂泊の芸人が現れた。

このような人形劇と謡《うたい》が結合して形成されたのが人形浄瑠璃《にんぎょうじょうるり》で、近世に琉球から伝えられた三線が改良されて三味線がつくられると、三味線に合わせて人形浄瑠璃が演じられるようになった。室町時代には『浄瑠璃姫物語』が人気を集め、これが浄瑠璃の名の由来になった。また、三都（江戸、大坂、京都）で節回しの違いなどからさまざまな流派が形成されて競い合うようになり、謡を担当する「太夫《たゆう》」「三味線」「人形遣い」の面々もそれぞれの流派に収まった。

江戸時代には大坂で竹本義太夫《たけもとぎだゆう》が「義太夫節」を始め、井原西鶴《いはらさいかく》が『好色一代男』などの好色物や『日本永代蔵《にっぽんえいたいぐら》』などの町人物、『武道伝来記《ぶどうでんらいき》』などの武家物を次々に著して、大人気となった。そして、興行師の植村文楽軒《うえむらぶんらくけん》が文楽座《ぶんらくざ》を開き、多くの公演が行われたことから、人形浄瑠璃を「文楽」と呼ぶようになった。浄瑠璃の演目は歌舞伎でも上演され、双方で影響を与え合った。また、その謡語りから常磐津《ときわず》や清元《きよもと》、端唄《はうた》、長唄《ながうた》などが生まれた。

明治になると欧化主義が叫ばれる中で浄瑠璃や歌舞伎などの伝統芸能は程度の低いものとして排斥される一方で、外国人たちがその真価を認めて活況を呈するようになった。維新政府は大衆芸能としての猥雑性《わいざつ》を取り除き、外国人の鑑賞にも耐え得る高尚なものを求めたのである。

明治になって欧米人がやって来ると、体格が良く目鼻立ちも整い、高い文化をもたらした欧米人に対して日本人はとりわけ強い劣等感と憧憬《しょうけい》の念を感ずるようになった。明治の初年に開設された工部美術学校《こうぶびじゅつがっこう》は日本画を排除して外国人に西洋美術を教授させた。しかし、ヨーロッパで日本画が高く評価されていることが分かると、一転、西洋美術を排除した東京美術学校《とうきょうびじゅつがっこう》(東京芸術大学《とうきょうげいじゅつだいがく》の前身)を設立することになったのである。

茶と日本人

茶は中国が原産地と言われ、もともと漢方の一種として服用されていたが、時代が下ると嗜《し》好品《こうひん》の飲み物となった。日本には鎌倉時代に入宋《につそう》して臨済宗を伝えた栄西が茶の種を持ち帰り、これを授かった栂尾《とがのお》の明恵《みようえ》上人が栽培したのが茶の栽培のはじめであると伝えられている。栂尾山高山寺《こうざんじ》には今も「日本最古の茶園」というものがある。

しかし、すでに奈良時代には茶が伝えられており、宮中で飲まれていたらしい。

また、平安時代のはじめに入唐《につとう》して天台宗を伝えた最澄が唐から茶の種を持ち帰って比叡山の麓《ふもと》の坂本《さかもと》で栽培したとも伝えられ、今も坂本には「日吉《ひよし》茶園」という茶園が残っている。さらに嵯峨《さが》天皇が近江国の梵釈寺《ぼんしやくじ》で茶を振舞ったという記録が弘仁《こうにん》六年（八一五）に編纂《へんさん》された『日本後記《にほんこうき》』に見える。

その後、嵯峨天皇は茶の栽培を奨励し大規模な茶園を作ったといわれている。嵯峨天皇は律令制の復活を図り、そのために唐の文化を積極的に取り入れた。茶の栽培もその一環と考えられる。

また、島根県の出雲には薬師如来をまつる一畑寺《いちばたじ》があり「一畑薬師」の名で親しまれている。この一畑薬師の「一畑」は茶畑のことで、平安時代にこの一帯には四つの広大な茶畑があったといい、その中の第一番目の茶畑が「一畑」だという。

一畑寺は近くに住む漁師が網にかかった薬師如来像を一畑の一画にまつったところ、母親の眼病が治ったので、返礼として寺を建てて件《くだん》の薬師如来像を本尊としてまつったのが起源であるという。

以降、眼病に霊験あらたかな薬師如来は「目の薬師」として信仰を集め、近世には相当数の信者を擁するようになった。多くの講社を抱え明治中期にはこれらの講をまとめて「一畑薬師教会」を組織した。そして、戦後、昭和二八年（一九五三）に「一畑薬師教団」という包括宗教法人となった。

明治時代には参詣《さんけい》者の便を図って出雲今市から軽便鉄道を敷設した。これが現在の一畑電気鉄道の前身である。この鉄道によって出雲大社への参拝の利便性も高まったのである。また、出雲の茶は出雲地方を中心に中部地方まで今も「出雲茶」のブランドで売られている。

しかし、初期の茶は葉を磨《す》り潰《つぶ》して湯を注いだもので、薬とはいえ味の悪さから積極的に手の出るものではなかったようである。そこで、平安時代を通じて茶は衰退してほとんど忘れられていたようである。

しかし、鎌倉時代になって栄西が茶の効用などを伝えると、主に僧侶《そうりょ》の間で注目されるようになった。栄西は『喫茶養生記《きっさようじょうき》』という書を書き、これを三代将軍の源実朝《みなもとのさねとも》に献上した。この中で栄西は茶の製法や効能について述べ、茶が万病に効く妙薬であることを強調した。このころになると茶の製法も改良されて飲用に適するような味になったと考えられる。

幕府の招聘《しょうへい》に応じて鎌倉に来て極楽寺《ごくらくじ》を創建した忍性《にんしょう》（一二一七〜一三〇三）は困民救済活動に専念したが、その一環として極楽寺で一般民衆を対象に大規模な茶会を開いた。今も極楽寺にはそのときに使ったと伝えられる直径一メートルほどの石臼《いしうす》がある。その臼の大きさからいっても数百人規模の人に茶が振舞われたことが推測される。

忍性は茶を薬用として健康増進の一環として振舞った。当時、茶は高級品で貧しい庶民には手の届かない存在だった。そこで寺などで僧侶などが衆人に茶を振舞ったのである。豊臣秀吉が北野天満宮で大茶会を行ったことはよく知られている。

先に述べたように、初期には生の茶の葉を潰したものに塩などを加えて湯を注いで飲んでいた。しかし、栄西は乾かした葉を粉末にして湯に入れてかき混ぜる抹茶法を伝えたといわれている。極楽寺の大きな石臼も抹茶を作るために使われたのだろう。その抹茶が室町時代の後期には村田《むらた》珠光《じゅこう》や千利休らによって用いられるようになり、「茶の湯」が確立された。そして、「茶の湯」とともに茶室や茶庭、茶室を飾る掛け軸や茶花などさまざまな文化が派生した。

茶はもともと神仏に献じるものと考えられ、神に茶を捧《ささ》げることを「献茶《けんちゃ》」、仏に捧げることを「供茶《くうちゃ》」という。茶は神仏に対するように貴人や先師などに捧げることを建前としたのである。先に述べたように、茶はすでに平安時代のはじめに伝えられていたが、鎌倉時代に禅宗が伝えられると禅宗寺院で広く飲まれ、とくに曹洞宗で盛んである。

一方、現在、最も良く飲まれているのは「緑茶」、いわゆる「煎茶《せんちゃ》」である。これは茶の葉を蒸したものを熱いうちに手で揉《も》みながら乾燥させていくもので、中国にもそのような製法があった。しかし、現在、日本で一般に飲まれている緑茶が出来上がったのは江戸時代の後期のことである。宇治で茶を栽培していた永谷宗円《ながたにそうえん》（一六八一～一七七八）が一五年の歳月をかけ

茶宗明神社　京都府宇治田原町。茶祖とされる永谷宗円をまつる

て研究と試作を行った結果、元文《げんぶん》三年（一七三八）に完成したという。

宇治の山中には永谷宗円をまつった「茶宗《ちゃそう》明神社《みょうじんじゃ》」があり、全国の製茶業者や茶店の崇敬を集めている。神社の境内には宗円が使用した緑茶の製造に関わる器具を復元したものが展示されている。

緑茶には出たばかりの新芽、二、三枚で作った玉露、そして、近年になって開発された深蒸し茶、そのほかに番茶やほうじ茶などがある。茶は日照時間が長いと苦みや渋みが多くなるが、深蒸し茶は遮光幕などによって日照を抑え、蒸し時間をふつうの煎茶の倍ほどにしたもので、高度経済成長期の昭和四〇年代に静岡県の牧《まき》ノ原《はら》台地で開発された。

また番茶は煎茶には使えなくなった、生長して大きく固くなった葉や茶色くなった葉などを用いて作ったもので、一番茶、二番茶を収穫した後の遅い時期に摘んだことから「晩茶」の字も使われる。番茶は緑茶などよりもさらに価格も安く、庶民的な茶で江戸時代に町人などが飲むのはほとんどが番茶だったという。

茶道と言えば千利休が確立した抹茶を用いる「茶の湯」が中心であるが、江戸時代には「煎茶道」も盛んになった。これはもともと明《みん》（中国）の文人たちによってはじめられたもので、江戸時代に日本に伝えられたものである。黄檗宗《おうばくしゅう》の禅僧だった売茶翁《ばいさおう》（一六七五〜一七六三）によって作法などが確立した。黄檗宗の大本山・宇治万福寺では今も煎茶の会が開催されている。

茶は長い歴史の中でさまざまな品種や製茶法を生み、そして、茶の湯などの真に日本を代表する文化になった。外国人に日本の文化を紹介するときには、必ずと言って良いほど茶の湯が披露され、外国人もこれを喜ぶ。しかし、茶の文化は抹茶のお点前《てまえ》を披露する茶の湯ばかりではない。

むしろ茶の湯は上流階級の嗜《たしな》みになって、一般庶民には縁遠いものと言える。茶の文化を支え、国民的飲料に押し上げたのは庶民の需要に外ならない。明治以降、コーヒーや紅茶が伝えられて、今では特にコーヒーが日本でもよく飲まれている。喫茶店でもコーヒーや紅茶を出す店が大半で、煎茶を出す店はほとんど見当たらない。しかし、国民の大半の嗜好は茶に向いているようで、外から帰ってきたとき、食事の後には先《ま》ず茶を飲んで落ち着くというのが平均的な日本人の姿であり、そのことが茶の文化を支えてきたのである。

かつて外で手に入る飲料と言えばコーラやジュースだけで、煎茶や番茶は売っていなかった。唯一、駅では弁当屋が茶を売っており、瀬戸物の瓶に湯を注いだものを買うことができて、旅の情緒の一つになっていた。現在はペットボトル入りの茶がどこでも入手可能であるが、その登場は一九八〇年代の半ばのことである。今や電車の中や公園などで飲まれているのはほとんどがペットボトル入り煎茶である。

最近では品質が改良されて、急須《きゅうす》で淹《い》れた日本茶に近いものも出ている。それでも日本人の日本茶への欲求は旺盛《おうせい》で、それに応《こた》えて日々改良が続けられている。こんなところにも庶民が支える茶の文化がある。

酒と日本人

日本で酒が作られるようになったのは稲作が本格化した弥生時代（紀元前四世紀から紀元三世紀ごろ）とされている。中国の後漢（二五〜二二〇）後期に書かれた歴史書『後漢書《ごかんじょ》』「倭《わ》伝《でん》」には倭人《わじん》（日本人）が「人性《じんせい》（人の生まれつきの性質）酒を嗜《たしな》む」といっている。また、喪に際しては家人（家族）は「号泣し、酒食を進めず」とあり、さらに家族以外の弔問客は「歌舞酒食」の風習があるというから、すでに弥生時代には酒が普及していたと考えられる。

『日本書紀』には木花開耶姫《このはなのさくやひめ》が米を噛《か》んで甘酒を作り、これを天孫瓊瓊杵尊《てんそんににぎのみこと》との間に生まれた三人の子どもに母乳の代わりに飲ませたと記されており、これが日本酒の起源であるとされる。

古代の酒は少女が米を噛み砕いて壺《つぼ》に吐き出し、唾液《だえき》と混ざることによって発酵させたと考えられている。これを「口嚼ノ酒《くちかみのさけ》」といい、酒を「醸す」という言葉は「噛む」ことに由来するとされている。恐らくアルコール分が二、三パーセントの弱い酒で、今の「どぶろく」のような濁り酒だったと考えられている。

一般には生米を噛むといわれているが、堅い生米を噛み続けて何升という酒を作るのには相当な労力を要する。そんなことを一五、六歳の少女がやっていれば大人になるまでに歯がボロボロになってしまうだろう。

彼女たちが噛んだのは「しとぎ」といわれる水でふやかした米だったのではないだろうか。古くは神前に供える米には「しとぎ」が用いられ、その習俗は明治以降も残っていた。また、今では餅《もち》は蒸したもち米を臼で搗《つ》いて作るが、古くは生のままの「しとぎ」を臼で搗いた上で丸めて蒸していた。

このように、古代社会では常に「しとぎ」を作る用意があり、少女たちもそれを噛んで酒造りをしたと考えられる。

また、『日本書紀』には素戔嗚尊《すさのおのみこと》が八岐大蛇《やまたのおろち》を退治した際、「八塩折之酒《やしおおりのさけ》」というものを作らせ、それを呑《の》んだ八岐大蛇がしたたかに酔っ払ったところを剣で切り裂いたという話がある。

八塩折之酒についてはハッキリしたことは分からないが、恐らく何度も醸造を繰り返したアルコール度数の高い酒と推定される。

また、古くは神饌《しんせん》として「白酒《しろき》」と「黒酒《くろき》」という二種類の酒を神前に供えた。前者は「どぶろく」で、今では桃の節句に供える「しろざけ」として残っている。また、後者は白酒にクサギという植物の根を焼いた灰を混ぜたもので、黒っぽい色合いになる。

今は祝い事には紅白の幕を張り、不祝儀には白黒の幕を張るが、古くは祝儀・不祝儀を問わず神事や儀式には白黒の幕が使われた。また、江戸時代まで喪の色は白で、これが黒になったのは明治以降西洋の習俗に倣ったものである。

にごり酒から清酒へ

古代の酒は米が唾液や水と混ざることによる自然発酵を待って作られた。『播磨国風土記《はりまのくにふどき》』には干飯《ほしいい》を水に濡《ぬ》れたまま放置しておいたところ、カビが生えたのでそのカビを用いて酒を作ったと記されている。そして、それを「清酒《きよざけ》」と呼ぶといっている。このカビが麹《こうじ》に変わったことでにごり酒から透き通った清酒ができたことを示していると考えられる。

また、『古事記』には応神天皇の時代に百済人の須須許里《すすこり》という人が「大神酒《おおみき》」を醸造して天皇に献上したと記されている。この「大神酒」も麹を用いた清酒と考えられている。この須須許里を酒の神としてまつる神社もある。

今も酒造りの職人を「杜氏《とじ》」と呼んでいるが、中国には「杜康《とこう》」という酒の神がおり、三国時代（二二〇～二八〇）に良い酒を作ったものに皇帝から「杜」の姓が与えられたという。そして、この「杜氏」が日本に清酒の醸造法を伝えたとされている。

また、日本で古くは家の主婦のことを「刀自《とじ》」または、「家刀自《いえとじ》」と呼んだ。そして、奈良時代のはじめごろまで、酒造りは集落などの有力者の主婦が行っていた。女性が酒を作ったのは古代において少女が米を嚙んで酒造りをしていたことに由来すると考えられる。

米は貴重だったからよほど裕福な家でなければ、酒を作る余裕はなかった。しかし、酒は神事やもてなしに欠かすことのできないものでもある。そこで地域の裕福な家の妻が酒造りを担当することになった。今も造り酒屋や酒の販売店を地域でも富裕な家が営んでいるのは上記のような事情による。

奈良時代から平安時代にかけて酒造りは次第に男性の手に委《ゆだ》ねられるようになった。そして、「杜氏」が酒造りをするようになった。彼らは律令制の下で「酒部《さかべ》」という技能氏族に位置付けられ、各地の神社に設けられた醸造所で神前に供える神酒を作るようになった。

やがて、彼らは集団を形成してそれぞれ個性のある酒を作るようになった。今も杜氏は特定の醸造所に行って泊まり込みで酒造りに励んでいる。そして、各地で作られる酒の味はその地方の杜氏の秘伝とされて代々受け継がれており、日本各地の銘酒はこのようにして伝承されて

杉玉　大神神社の杉玉が全国各地の酒蔵へ広がった。酒蔵が搾りを始めたことを知らせるサインとして軒下に吊るされる

きたのである。

　各地の神社には酒の神がまつられ、その神の下で酒造りが行われた。伊勢神宮には御酒《みさか》殿《どの》という醸造所があり、ここには御酒殿神《みさかどののかみ》という酒の神がまつられている。また、奈良県桜井《さくらい》市の大神神社《おおみわじんじゃ》は古くから酒造の神として信仰されてきた。この神社がまつられている「三輪山《みわやま》」は「三諸山《みもろやま》」とも呼ばれるが、「みもろ」は酒造りに用いられる「醪《もろみ》」、つまり、麴のことである。

　祭神の大己貴神《おおなむちのかみ》は大国主神の別名で、この神が出雲を開拓し、温泉や鉱山などを開削したことからものづくりの神として信仰されている。そこで、酒造りもこの神に委ねられているのである。

　三輪山の山中には磐座《いわくら》と呼ばれる畳八畳ほどの浅い穴を岩で囲んだ古代斎場が点在し、

そこでかわらけ（酒を飲むのに用いられた素焼きの小皿）の欠片《かけら》が大量に見つかっており、古代の人々がここで神に神酒《みき》を供えて飲んだことをあらわしている。

今は御酒は釉《うわぐすり》のかかった白い小皿（かわらけ）で頂き、飲んだ後は洗って使い回しをすることになっている。しかし、古代にはかわらけは飲んだ後には叩《たた》き割ったのである。縄文時代の遺跡から土偶の破片が出土していることからも分かるように、古くは破壊することは再生を意味したのである。

大神神社では毎年、秋に杉の枝葉を束ねて球状に仕上げた「杉玉《すぎだま》」が蔵元に配られている。各蔵元はこれを持ち帰って店の軒先に吊《つ》るし、酒造りが始まったことの標識にする。年を越えて青い杉玉が枯れて茶色に変わったころに新酒が完成するのである。

大神神社と共に酒の神として信仰を集めているのが、京都の渡月橋《とげつきょう》の近くにある松尾大社《まつのおたいしゃ》である。今も多くの酒造関係者が参拝し、各蔵元は松尾神社を醸造所に勧請《かんじょう》して酒造りの成功を祈願している。

寺院で行われていた酒造り

奈良時代から平安時代の末まで酒造りは朝廷や神社が主体となって行われていた。しかし、平安時代の末になって律令制もすっかり衰え、天皇や貴族の地位が衰退すると、かつてのように朝廷での酒宴の機会も少なくなった。

そこで、新たに酒造りに参加してきたのが寺院だった。これはキリスト教の修道院でビールやワインが作られていたのと対比することができる。キリスト教では赤ワインをキリストの血、パンをキリストの肉と見做《みな》して聖餐《せいさん》のときにはワインは欠かすことができないのである。

自給自足を旨としていた修道院ではパンやバター、焼き菓子などさまざまな食品を作っていたが、ワインやビールもその一環として作っていた。そして、その余剰分を信者や一般市民に売りだしていたのである。現在、日本でも北海道のトラピスト修道院のバターやベルギーの修道院で作られたビールなどが市販されている。

仏教の場合は「不飲酒戒」という酒を飲んではいけないという戒律があるのでキリスト教とは事情が異なる。しかし、「般若湯《はんにゃとう》」という酒を示す隠語があるように、古くから寺院でも冬に暖を取るなどの理由をつけて酒は飲まれていたようである。それに加えて大寺院には広い厨《ちゅう》房《ぼう》があったことから、醸造の技術を知れば比較的容易に酒を造ることができたのである。

また、平安時代も末期になると国家が弱体化し、貴族も衰退の一途をたどるようになると、寺院の保護者がいなくなった。そこで、特に大きな寺院では財源確保の一環として大々的に酒を造って貴族や武士、さらには一般庶民にも販売するようになった。

このようにして寺院で造られた酒は「僧坊酒《そうぼうしゅ》」と呼ばれ、室町時代の後半に酒屋が登場するまでは寺院が酒造りを一手に引き受けていたのである。平安時代には奈良の寺院が酒造の中心で、酒粕《さけかす》を使った奈良漬が名産になったのも寺院の酒造りに由来する。

また、当時の僧侶は一流の知識人で、中国などの最新の醸造技術をいち早くキャッチして酒造に活《い》かすことができた。そこで、僧坊酒は「無上酒《むじょうしゅ》」などともいわれ、高い評価を受けていた。

室町時代の後半になると、京都の伏見などで酒造業が盛況となり、酒造を専門とする「酒屋」が現れた。当時、酒は高価で利ザヤが稼げたので「酒屋」は儲《もう》けの一部を人に貸して金融業を営むようになった。貨幣経済が発達して産業が活性化した室町時代には金融業を営む「土《ど》倉《そう》（質屋）」があったが、酒屋はしだいに土倉を兼業するようになったのである。

また、江戸時代になると大坂から江戸に物資を運ぶ「菱垣廻船《ひがきかいせん》」や「樽廻船《たるかいせん》」が登場した。菱垣廻船はさまざまな物資を積み込んで運んだが、樽廻船は酒樽だけに限定し効率よく荷積みができ高速で運航することができた。

もてなしとしての酒

日本では太古の昔から酒が造られ、神饌《しんせん》として神前に供えられてきた。記紀の中でも朝廷で年中、酒宴を設けて人をもてなした話が出てくる。また、『源氏物語』などにも酒宴の場面がたびたび登場し、何かにつけて人が集まって歓談する際には酒が欠かせなかったことが分かる。

そして、現代でも商談や親戚《しんせき》縁者、友人などが集まったときには必ず酒が饗《きょう》される。神饌として供えられる酒は、古くは前述した黒酒と白酒のような濁り酒が用いられ、神事や祭事に参列した人たちはそれを直会《なおらい》として飲んだと考えられる。今も神社でお神酒を頂くのは簡略な直会なのである。

また、酒は神事や祝い事ばかりでなく通夜や葬儀にも欠かせない。通夜酒に浸りながら故人を偲《しの》ぶのは日本人の弔問儀礼となっている。もともと「持て成す」という言葉には「取り持つ」「うまく扱う」という意味もある。つまり、酒は神と人間の間を上手《うま》く取り持ってくれるのである。

神は途轍《とてつ》もなく高貴な存在なので、人は神の前に出ると極度に緊張し、どのように祈願をしてよいか分からなくなる。そこで、酒が神と人間の間を取り持ってくれるのである。酒を飲むと身体が弛緩《しかん》して緊張が和らぐ、そこで神にも思いの丈を告げることができるのである。商用などで酒を飲むのも商談をスムーズに運ぶためである。

また、通夜などで酒を飲めば素面《しらふ》では言えない故人への想いを他者に告げ、それを聞いてもらうことによって悲しみを和らげる効果があると考えられる。そして、適度の飲酒は血行を促進し、緊張を和らげることによってストレスを解消する効果がある。このことは医学的にも知られているが古代の人々も経験的に分かっており、それで「酒は百薬の長」という格言ができたものと考えられる。

盃洗　水を入れておいて、酒宴の席で盃を洗うのに用いた（東京国立博物館所蔵、画像出典：ColBase）

飲酒の習慣と共に酒を飲む作法、マナーも形成されていった。その一つに最近はあまり見かけなくなったが「返杯」という作法がある。これは土佐（高知県）で始まったとされているが、比較的最近まで各地で見られ、酒を酌み交わして互いに交流を深めるためのものである。

酒を飲み干した一人が自分の盃《さかずき》を相手に差し出し、相手はそれを受け取って差し出した人が注いだ酒を飲む。これを「献杯」というが、今度は献杯された者が献杯をしてくれた相手に自分の盃を渡して酒を注いで勧める。これが「返杯」である。かつては「献杯」と「返杯」のときに盃を洗うための、抹茶茶碗《ぢゃわん》ぐらいの大きさの「盃洗《はいせん》」という容器が用意してあり、それで盃を簡単に洗って差し出した。

一般に「献杯」は目上の者から目下の者に向かって行われる。たとえば、会社の上司から部下に向かって行われるのである。部下が上司の席まで行って「お流れを頂戴《ちょうだい》します」と言うと、上司が自分の盃を盃洗で洗って差し出して酒を注ぐ。これが「献杯」で、それを呑んだ部下が再び上司に盃を戻して酒を注ぐのが「返杯」である。

ただし、近年では若者を中心に酒を媒体とする交流を避ける傾向が強くなってきた。それに加えて新型コロナの感染拡大でいくら盃洗で洗うとはいえ、同じ盃で飲むのは不衛生ということで僅《わず》かに残っていた返杯の習慣も禁止されることが多いようである。これは、茶道における濃茶《こいちゃ》の回し飲みについても同様である。

葬儀などの不祝儀のときには「乾杯」ではなく「献杯」という言葉を使う。所作は乾杯と同じだが、こちらは亡き人の冥福《めいふく》を祈るためのもので、通夜や葬儀の後のお斎《とき》の際に行い、遺影に盃を供える。「献杯」の発声は故人と親しかった友人などが代表して行う。

また、「献杯」や「返杯」は古くから行われている「固《かた》めの盃」の一種である。「固めの盃」は一族や仲間の結束を固めるために行われるもので、婚礼や命名、還暦など人生の重要な節目に当たって親族などが集まって行われ、正月に屠蘇《とそ》を酌み交わすのも固めの盃の一種である。

結婚式などでは「三三九度《さんさんくど》の盃」をやりとりする風習が今も続いている。これは古代中国である夫婦が瓢《ひさご》を二つに割って酒を酌み交わしたという故事に基づくとも言われているが、その起源についてハッキリしたことは分からない。ただ、これも夫婦の結束を固めるために行うのであり、その意義は固めの盃と同じで結婚式以外にも行われたが、現在では結婚式だけに残っている。

太古の昔から酒は人と人との交流に欠かせないものであり、長い歴史の中で作法や酒を飲む意義なども形成されてきた。前項で述べた茶とともに日本の一大文化として発展してきたのである。

米を研ぎ、炊く文化

インドや中国、東南アジア諸国などアジアの広い地域で米が食べられている。そして、どこの地域でも米に水を加え加熱して柔らかくした上で食べている。しかし、米を洗うだけではなく、いわゆる「研ぐ」ということを行う。

最近では無洗米が出回っているが、これを使っている人は二割程度だという。あとの八割がたは米を洗って研いでいるということになる。もともと米を研ぐのは洗うだけでは取り切れない米粒に付着した糠《ぬか》を除去するためである。しかし、近年では精米技術が向上しているので、ざっと洗っただけでも良いはずである。

しかし、日本人は年配の人を中心に、釜《かま》や炊飯器の内釜に米を入れて水を加え一混ぜして水を少し切った上で、掌《てのひら》で圧するようにして研ぐのである。研いだらまた水を加えて白濁した水を切る。この作業を三、四回続けてから水加減をして火にかけるのである。

米を「研ぐ」というのは米を主食としているアジアはもとより、他の国には見られない日本独特の文化のようである。今でも日本では食事の支度を待つ間に米を研ぐ音は一つの風物詩のようになっており、食欲をそそる音でもある。欧米人などは米を研ぐことなく鍋《なべ》に入れ水を注いで煮ることが多いようだ。

スペイン料理のパエリアも米料理であるが、肉や野菜などを平たい鍋で煮たスープに米をばらばらと落とし入れる。この場合、長粒種のインディカ米が使われるようだが、その米は袋から出してそのまま入れることが多いようだ。

また、米を単に煮るのではなく正確に水加減をして「炊く」ことも他の国には見られないようだ。弥生時代に稲作が普及すると日本人も米を主食とするようになったが、この時代の人々は恐らく米を土器で煮て食べていたのだろう。そして、古墳時代の中期（五世紀頃）に甑《こしき》という蒸し器が渡来人によってもたらされた。以降は米を蒸して食べるということが広まったと考えられる。

『万葉集』の山上憶良《やまのうえのおくら》が詠《うた》った『貧窮問答歌《ひんきゅうもんどうか》』にも「甑」の語が出てくる。しかし、この歌は極貧に喘《あえ》ぐ農民をテーマにしているので、永らく火を入れていない「甑」に蜘蛛《くも》の巣が張っていると詠っている。

また、日本人は古くから餅を作っているがもち米は煮たり炊いたりするのではなく蒸すのである。これも「甑」が伝わってからのことと考えられる。そして、今ももち米を蒸すのは甑を使っていたころの作り方を継承しているのかもしれない。ただし、古くは生米を水に浸してふやかし、それを杵《きね》で搗いて丸めたものを蒸し上げていた（三三一ページを参照）。

そして、現在のように米を「炊く」ようになったのは平安時代になってからのことである。それ以前に中国から鉄釜の様式が伝えられ、日本でも作られていた。しかし、この釜には現在見られるような羽（周囲についている持ち手）がなく、竈《かまど》から取り外すのが大変だった。そこで、竈から取り外すのに便利な羽をつけた「羽釜」が考案され、これで米を炊くようになったといわれている。

ただし、平安時代以降も米を蒸すことは行われており、蒸した米は「強飯《こわめし》」と呼ばれ、祝い事にはこの強飯が饗されたという。『源氏物語』にも宴席で強飯が出されるシーンがある。今も神社の祭事などに「強飯」を神饌として供え、参列者が直会にこれを食するところもある。また、日光の輪王寺では毎年四月に「強飯式《ごうはんしき》」という参列者に山盛りの飯を強引に食べさせる行事がある。

不殺生と日本の食文化

仏教には「不殺生戒《ふせつしょうかい》」という戒律《かいりつ》があり、生き物を殺したり虐《いじ》めたりすることが禁じられている。しかし、生き物の肉などを食べてはいけないとは言っていない。不殺生戒は文字通り生き物を殺してはならないという戒律であるが、その細目ではその生き物が自分に饗するために殺されたことを知った場合、あるいは、殺されるところを見聞きした場合には食べてはいけないと規定されており、生き物の肉などを食べてはいけないとは一言も言っていないのである。

現に釈迦は最後に豚肉を食べたという。八〇歳を迎えた釈迦は最後に生まれ故郷へ行くことを望んだが、その途中でチュンダという貧しい鍛冶屋《かじや》の青年の接待を受けた。そこで出されたのがスーカラ・マッダバという料理だったという。スーカラは豚、マッダバはキノコのことで、キノコと豚肉の雑炊のようなものだったと考えられている。インドでは豚肉は下層の人々の食べ物で腐敗しているケースが多い。釈迦はそれを食べて食中毒にかかり、それから三ヵ月後にこの世を去ることになったのである。

また、タイの僧院（寺）では安居《あんご》（修行期間）明けに在家の女性などが御馳走《ごちそう》を作って振舞う風習がある。このとき、肉や魚なども使ったあらゆる料理が出される。そして、修行期間を終えた修行僧たちはそれらの料理を余すところなく食べなければならない。現代の日本でも安居明けに修行僧が檀信徒《だんしんと》などから御馳走を振舞われる習慣がある。このときにそれこそ寿司《すし》、ウナギ、天婦羅《てんぷら》にとんかつ、中華などあらゆる料理が振舞われ、僧侶はそれらを残すことなく食べなければならない。修行僧にとって嬉《うれ》しくも辛《つら》い一日だという。

このように不殺生戒は肉魚を食べることを禁じているわけではないが、この戒律によって肉類を食べる機会が少なくなったことは確かである。日本では仏教とともに不殺生戒が伝えられると出家の僧侶が肉魚などの生臭物を食べることがタブーとされた。また、すでに奈良時代以前に「斎戒日《さいかいび》」という日が一ヵ月に何日か定められ、この日が出家の僧侶に倣って肉食や飲酒、淫《みだ》らな行為をしないという決まりになっていた。

日本でも古くから肉を食べており、皇室の宴席にもキジやカモなどの料理が出されていたことが記録に残っている。ただ、中国の歴史書『後漢書』「倭伝」などには「冬夏生菜茹」とあり、日本は気候温暖で一年中野菜（菜茹）が育ったことが記されている。

捕まえにくい鳥獣や魚を食べなくても米と野菜で十分に食が満たされた。だから、不殺生戒如何《いかん》にかかわらず、もともと肉魚を食べることが少なかったのである。ただし、海に近い地域では魚は食べていたが獣肉についてはほとんど食べなかった。このことが神饌に四つ足の動物の肉を避ける要因になっているのだろう。

このように、日本人はもともと肉を食べる習慣がなかったが、それによって日本人は華奢《きやしや》な肉体になったと考えられた。ただ、東北のマタギのように狩猟を生業《なりわい》とする人たちは鹿や猪の肉を食べていただろうが、それも獲物が獲《と》れたときに食べるだけであって日常的に食べていたわけではない。普段は穀類中心の食生活だったのだろう。

また、高野山には弘法大師を高野山に導いた狩場明神《かりばみようじん》の信仰がある。弘法大師が修行の適地を求めて高野山の麓に来たとき巨漢の山猟師に出会った。この猟師は万次《まんじ》万三郎《まんざぶろう》といい、身長七尺（約二二六センチメートル）、赤銅色で髭《ひげ》を生やし、筋骨隆々とした体軀《たいく》で、二匹の犬を連れていたことから「南山《なんざん》の犬飼」ともいわれている。彼は狩猟の名手で獲物には事欠かなかったようで、常に捕えた獲物の肉を食べていたので筋肉質の体形になったと考えられる。

ただ、これは伝説の域を出ない話で、日本では歴史上の人物の肖像は細面でどちらかといえば華奢な体つきをしている。京都の六波羅蜜寺《ろくはらみつじ》にある伝平清盛坐像は細面で温和な顔つき、華奢なタイプでとても日本を手中に収めるという荒業をこなした人物とは思えない。織田信長や豊臣秀吉などの肖像画を見ても細面で筋骨は出ていない。これらを見ると日本人は細面で華奢な体形を理想としていたようでもある。

日本人は菜食中心の食生活をしてきた結果、筋骨が発達せず痩《や》せ型で身長も低かった。それを見慣れていた日本人はいつしかそのような体形を理想とするようになったのかもしれない。また、インドのヒンドゥー教徒の大半は肉は固《もと》より魚類も食べないヴェジタリアンである。今もインド人のドラビダ系の人は、成人の男性でも身長一五〇センチメートルぐらいで、われわれ日本人よりも小柄である。

ヨーロッパ人は日本人よりも平均して一〇センチメートルほど身長が高いが、中世までは小柄だったという。しかし、一四世紀に肉食が普及するとタテヨコ共に大きくなり、数百年かけて現在のような体形になったらしい。

また、肉食の普及は香辛料の普及にもつながった。当時は保存方法が不完全だったことから、肉が傷みやすく腐敗の防止と消臭を兼ねて香辛料が使われるようになったのである。そこで、スペインやポルトガルをはじめとするヨーロッパ人が香辛料を求めてアジアやアフリカなどを目指し、一五世紀にはいわゆる「大航海時代」の幕開けとなった。

明治になって欧米人が訪れると、日本人は自らの矮小《わいしょう》さにコンプレックスを禁じ得なかった。そこで、政府も肉食を奨励し徐々に肉食が普及していったのである。仮名垣魯文《かながきろぶん》の『安愚楽鍋《あぐらなべ》』は明治の初年に東京に続々と誕生した牛鍋屋を舞台にした滑稽本である。

当時の牛鍋は今のすき焼きのようなもので、今も横浜には明治二八年（一八九五）創業の牛鍋屋がある。江戸時代には公に肉を食べることが禁忌されたので、農耕用の鋤《すき》などを鍋代わりにして馬肉や牛肉を食べていたといい、それで「鋤焼き」と呼ばれるようになったという。もちろん、ほかに鍋もあっただろうが、当時の人は肉の匂いがつくことを嫌ったことから、鋤などを使ったものと考えられる。それが明治になって人目を憚《はばか》ることなく牛鍋を食べることができるようになったのである。

また、明治になって欧米式のホテルが開業すると、そこのレストランでローストビーフやステーキ、カツレツなどの肉料理が出されるようになり、それらの洋食を食べることは近代人の証しともなった。

ただし、これは東京などの都市部の話で、地方の農村部などに肉食が普及するのはかなり後、場所によっては高度経済成長期以降のことである。昭和三〇年代の初頭、東京近郊での農家の食卓といえばカボチャの煮っころがしや漬物が定番だった。第一、精肉店というものが珍しかった。

また、明治の初年にイギリス人のウェストンが日本アルプスに登り、それまでの山岳信仰に基づく登拝《とうはい》とは異なるスポーツ登山を伝えた。そして、富士山などの霊山にも外国人が登り、女人禁制が解けたことから外国人女性も登った。イギリス人の外交官アーネスト・サトーは四回も富士登山をしたという。

しかし、このころの日本人は、まだ信仰に基づく登拝が多く、洋装をした外国人女性が香水の匂いを振りまき、外国人男性がポマードやオーデコロンの匂いをぷんぷんさせながら登り、山小屋で肉を食べる姿に眉《まゆ》をひそめたという。

精進料理の影響

大乗仏教では在家の仏教徒の修行徳目として布施《ふせ》・持戒《じかい》・忍辱《にんにく》・精進・禅定《ぜんじょう》・智慧《ちえ》という「六波羅蜜《ろくはらみつ》」が定められている。布施は豊かな者が貧しい者に対して物心両面で施しを与えることである。今では僧侶や寺に授ける「お布施」という言葉が独り歩きして金品のイメージが強いが僧侶が信徒に法話をしたり、一般の人が他人を励ましたり助けたりして言葉をかけるのも布施である。

持戒は不殺生戒などの戒律を守ること。忍辱は他人から誹謗《ひぼう》中傷されたり、恥辱を受けたりしても怒らずに耐え忍ぶこと。禅定は精神を集中して心を乱さないこと。そして、布施・持戒・禅定を常に怠りなく行うように努力することが「精進」である。そして、精進すると悟りの智慧が顕現して安心立命《あんじんりゅうみょう》が得られるというのである。

精進料理は精進の一環として不殺生戒を守って食生活を律するためのもので、中国の仏教でとくに発展した。日本には鎌倉時代のはじめに禅宗の伝来とともに伝えられた。今も永平寺などの禅寺では肉魚はもちろんのこと、出汁《だし》にも鰹節《かつおぶし》や煮干しを用いず徹底して肉魚を避けた料理が作られている。

また、日本料理を代表するものに「懐石料理」があるが、これも禅宗に由来する料理だ。修行僧の食事は一日二食であるが、若い修行僧は夜になると腹が減る。このとき、空腹を紛らすために石を温めて手拭《てぬぐ》いなどで包み、懐に入れたのが起源だといわれている。腹部が温まって少しは空腹が和らいだのだろう。しかし、やがて修行僧たちは残りの飯などを握り飯にして石と偽って懐に入れて密《ひそ》かに食べていたという。

このような経緯から本来は「懐石」と書くのであるが、後に「会席」の字が当てられるようになり、料亭で高級料理のコースとして饗されるようになった。昨今の「会席料理」は口取りから刺身、椀物、焼き物などが出され、本来の「懐石料理」とは懸け離れたものになっている。

また、禅宗とともに伝来した精進料理でとくに普及したのは豆腐や湯葉の他、がんもどきなどの練り物である。それまでは神饌にも見られるように素材をそのまま煮たり焼いたりしたものだった。豆腐や湯葉はすでに奈良時代には伝えられており、九州の福岡などでは今も湯葉が日常的に食べられている。しかし、湯葉や豆腐が普及したのは鎌倉時代以降のことである。

さらに、江戸時代に伝えられた禅宗の一派、黄檗宗では「普茶《ふちゃ》料理」という精進料理が作られていた。禅宗は現代の会社に似た組織になっており、住職（社長）を中心に経理部や総務部のような部署があってそれぞれの役割分担が決められていた。定期的に行われる彼らの会議が長時間に及ぶことから、途中で飲茶《やむちゃ》のような簡単に食べられる食べ物と茶を饗した。普《あまね》く茶を勧めることから「普茶」と呼ばれる。

その後、普茶料理はコース料理となり、四人が一つのテーブルを囲んで大皿に盛られた料理を残さず楽しく食べる風習が生まれた。中華料理の八宝菜を模して野菜だけで作った雲片《うんぺん》という料理や、山芋を海苔《のり》に塗って蒲焼《かばやき》風にした「鰻《うなぎ》もどき」や「蒲鉾《かまぼこ》もどき」などのもどき料理が作られた。

禅宗が興ったころ、長安などの都市部には法相宗や華厳宗など既成の宗派の寺院が建ち並び、新参の禅宗寺院を建立するスペースがなかった。勢い禅宗は山奥に伽藍《がらん》を構えたことから自給自足を旨とするようになった。そこで、「がんもどき」などのもどき料理が考案されるようになったのである。

「がんもどき」は鴨の一種の「雁《がん》」の肉に似せた料理で修行僧たちは信者の寄進などで街にい

るときは雁の肉を食べていたが、人里離れた山中ではその寄進もない。しかも、すぐ近くに雁がいても捕まえて食べることもできない。そこで、修行僧たちは雁の肉が食べたい一心で似たもの料理を作ったのである。このようなもどき料理は不殺生戒が肉食そのものを禁じていたのではないことをよく表しているといえよう。

これらの普茶料理は黄檗宗の大本山宇治万福寺で出されているほか、各地に専門店がある。

鎌倉時代以降、禅宗とともに伝えられた精進料理は日本の食文化として定着し、今も野菜の煮物など日常の食卓に上るものは少なくない。そして、精進料理が日本の食文化の起源であると見る人もいる。しかし、日本料理の起源はやはり神饌に求められるべきで、素材をそのまま塩味だけで食べるのが基本のようである。

温泉に浸かる文化

日本には源泉が約二万八〇〇〇ヵ所、宿泊施設を伴う温泉地が二九七一ヵ所もあり、世界一の温泉大国として知られている。最近では東京や大阪などの都市部でも一〇〇〇メートル以上掘削して温泉を掘り当て、いわゆるスーパー銭湯などを開設しているケースも増えた。また、昭和の終わりから平成のはじめに首相を務めた竹下登《たけしたのぼる》が「ふるさと創生」事業の一環として各市町村に一億円を配り、これを元に温泉を掘削したところも多い。

日本最古の温泉は愛媛県松山市にある道後《どうご》温泉で、聖徳太子が自らの仏教の師である恵慈《えじ》を伴って訪れたという伝承がある。また、『日本書紀』などには天智天皇や天武天皇など歴代の古代天皇も訪れたと記されている。さらに、夏目《なつめ》漱石《そうせき》の『坊っちゃん』にも道後温泉の記述がある。このように奈良時代や平安時代から続く温泉は全国に数多く存在している。

世界中に温泉はあるが、海外、とくにヨーロッパ人は療養のために温泉に行くことが多いようだ。温泉施設には必ずといってよいほど療養施設が併設されており、そこで病気やケガの治療に励むのが一般的である。入浴に際しては医師などの指導の下、時間を決めて湯に浸《つ》かり、しかも、深い湯船に立ったまま入ったり、浅い湯船に寝た状態で入ったりすることが多いようで、日本人のように座ってゆっくりと楽しむということはないようである。だから、欧米人の中には温泉に入ることに苦痛を感じる人も少なくないらしい。

これに対して日本人の温泉好きは自他ともに認めるところで、旅行といえば温泉がなければ満足しない。もちろん、日本にも「湯治」という治療のための温泉の活用法もある。甲州には武田信玄の隠し湯と呼ばれる温泉が山深いところに点在している。これは、合戦で傷ついた兵士が傷の治療に使ったといわれている。

しかし、日本人は温泉に浸かること自体を楽しむのであり、湯船に浮かべた盆の上の徳利で酒を楽しんだりもする。また、露天風呂では四季折々の花鳥風月を楽しみ、風呂《ふろ》から上がれば酒を飲みながら土地土地の郷土料理に舌鼓を打ち、浴衣《ゆかた》や丹前に下駄《げた》を履いて温泉街を散策するのも温泉の醍醐味《だいごみ》である。

日本人は本質的に風呂に入ることが好きな民族ということができる。湯船に浸かる習慣のない欧米人はシャワーだけで済ます人が多いようである。海外のホテルもシャワーだけの部屋があり、最近、日本でもシャワーだけの部屋を具《そな》えているホテルもある。しかし、日本人は湯船に浸からないと気が済まないのであり、シャワーだけの部屋は安くても敬遠する。

そうした日本人の風呂好きは湿潤な気候によるところが大きいのだろう。とくに梅雨時や夏季には一日の終わりに風呂に入らないと眠ることができない。一方、ヨーロッパは夏でもそれほど気温が上がらず、湿気も少ないのでシャワーだけでも満足することができるのである。

また、日本人の清潔好きもよく知られている。心身を清浄に保つのはもちろんのこと、部屋は掃除をして綺麗《きれい》にし、洗濯をして小ざっぱりとした衣服を身に着ける。だから、身体も風呂に入って綺麗にしておくのである。江戸の裏長屋でも日を決めて住人が総出でドブさらい井戸さらいを行い、掃除当番も決められていたらしい。また、江戸には多くの銭湯があってそこに通うのも市民の楽しみの一つだったようだ。

ただ、これは江戸や大坂などの都市部に限ったことで、農山村部では風呂に入るのも儘《まま》ならなかったようである。長野県と新潟県にまたがる山間部の実情をつづった『秋山記行《あきやまきこう》』の著者・鈴木牧之《すずきぼくし》は、山村の住人の多くが皮膚病にかかっていると記している。恐らく農家には風呂がなく、夏でも身体を拭《ふ》くか行水をする程度だったのだろう。その結果、皮膚病にかかる者が多かったのである。

このように、いわゆる内風呂がないのは都会でも同じだった。日本人が都会で内風呂を持つようになったのは高度経済成長期の終わりごろからで、風呂付きの団地ができ、多くの人が家を持つようになってからのことである。しかし、多くの銭湯があったので汗を流す手段には事欠かなかった。そして、昭和四〇年代の半ばごろから人々が郊外の風呂付きの家に住むようになると銭湯の客もめっきり減った。銭湯も店じまいを余儀なくされて、現在では僅かに残るのみとなった。

しかし、銭湯は日本の庶民文化を代表するもので、僅かに残った都会の銭湯には客足が戻ってきている。また、最近は外国人にも人気があるようで、バス付きのホテルに滞在していてもわざわざ銭湯を訪れる人が少なくないという。さらに、近年ではスーパー銭湯が若者にも大人気である。

また、東京の古くからの銭湯には富士山の絵がペンキで描かれている。最初に富士山の絵が登場したのは東京の「キカイ湯」という明治一七年（一八八四）創業の銭湯で、大正元年（一九一二）の改築の際に壁面に描かれた。この絵を描いた絵師は静岡県出身で故郷で間近に見える富士山を描いたといわれている。江戸時代、江戸には数百の「富士講」があり、富士山は江戸庶民の信仰の対象であるとともに共通のシンボルだった。だから、風呂に入って富士山の絵を見れば安らぎを覚え、明日への活力も漲《みなぎ》ってきたのではないだろうか。

昭和四〇年代前半の最盛期には全国に約一万八〇〇〇軒の銭湯があったが、二〇二二年では二〇〇〇軒弱にまで減少した。富士山の絵のある銭湯は富士山の見える関東圏に集中しているが、富士山の絵を描く絵師は今では三人しかいないという。しかし、今でも伝統的な銭湯を愛する人たちはスーパー銭湯をあまり好まず、やはり、富士山の絵がある古い銭湯に行くらしい。湯に浸かりながら富士山の絵を眺め、中には写真に撮ってコレクションをしている人もいるという。また、このような伝統的銭湯愛好家の多くは二〇代、三〇代の若者だという。

とくに東京の銭湯の創業者のほとんどは新潟県、石川県や富山県といった北陸地方の出身者である。そして、同郷の若者が創業者の銭湯を頼って上京し、そこで働くことになった。彼らは風呂の掃除から、薪《まき》割り、釜焚きなどをして開店の準備をし、客が来ると浴室に行って客の背中を流し「サンスケ」と呼ばれたが、今では姿を消した。

財布を交番に届ける日本人

日本人は拾った財布を交番に届ける。このことは落とし物がほとんど出てこない国に住んでいる外国人にとって驚くべきことらしい。そして、結果的に日本人の美徳の一つに挙げられている。

しかし、落とし物を届けるのは、果たして礼節を守る日本人の倫理観に基づくものなのであろうか。

日本人が落とし物を交番などに届けるのは、これまで長きにわたって暮らしてきた生活環境によるのではないだろうか。日本人は古くからムラ単位の狭い世界で生活してきた。ムラの住人はすべて血縁か顔馴染《かおなじ》みで、どこの誰がどこに住んで何をしているかがすべて分かっていた。

ムラは農作業を共同で行う強固な集合体で、強い団結力を備え、ムラの掟《おきて》によって整然とした秩序が保たれてきた。ムラの寄り合いや共同作業に欠席したり、他人のものを盗んだりすると、どこの誰の仕業かがすぐに分かってしまい、罪を犯した者は相応の罰を受けなければならなかった。落とし物を届けなかったりすればどこの誰が猫糞《ねこばば》したのかはすぐに判明したのである。たとえば、落とし物を我が物にして逃走したりすればたちまち生活の糧を失うことになる。だから、人によっては不承不承、持ち主に返したのである。

一方で室町時代には名主を中心にムラの有力者で田畑や用水、入会地の管理などムラの重要事項を「村掟」として定める「惣村《そうそん》」が出現した。彼らは一致団結して自治的なムラの運営をしたのである。そして、大名など権力者の不正や横暴に対しては一揆《いっき》を結んで結束を固め、不満が募ると蜂起《ほうき》して自らの要求を通そうとした。

このような農民の動きを警戒した徳川幕府は、農民の宗教的心情から衣食住に至るまで広い範囲で強固な規制を敷いたのである。そして、惣村に見られる強固な団結力を利用して農村の支配を強化したのである。その典型的な例が「五人組の制」で、村人を五戸一組にまとめて相互に監視させ、貢納などに関して連帯責任を負わせたのである。

もともと日本の社会は個人という観念が希薄な集団である。そして、その集団はムラのような狭い社会で、内部の人間はみな顔見知りで所在が分かっている。そのことがムラの秩序を保つ上での倫理観を形成したと考えられる。だから、その組織が崩れれば倫理観も崩れて秩序を失うことになる。

戦後は都市に人口が集中して地方は過疎化が進んでいる。近年は「限界集落」という言葉が示すように、全国の集落（ムラ）は崩壊寸前か、すでに多くの集落が消滅している。都市部を中心に核家族化が進み、単身世帯も急増している。二〇二〇年の国勢調査で全世帯に占める単身世帯の割合は約三八パーセント、一位の東京都は約五〇・二パーセントが単身世帯で、一九八〇年と比べると約二〇パーセント増加している。

都会では隣組的な交流もほとんど見られず、隣人と会話を交わしたこともなく、顔も分からないというケースがほとんどだ。多くの人々は「隣は何をする人ぞ」で日々を暮らしているのである。それに加えてネット社会の進展で不特定多数の人同士の交流は盛んであるが、多くの人がハンドルネームを使い、所在も分からず顔も見えない交流が広く行われている。

ビジネスでは、今でも名刺を交換する文化は残り、お互いに相手の会社の住所は知っているが、相手の住まいは知らないことがほとんどである。そんな状況の中、ネットを媒介としているわゆる「闇バイト」と称する違法な仕事を紹介され、それに応募して特殊詐欺や強盗という凶悪犯罪に手を染める若者も増えている。外部からの圧力がなくなれば倫理観も減退していくのが人間の本性であるが、その点「礼節を守る」日本人も例外ではない。

元弘三年（一三三三）、鎌倉幕府が滅亡すると後醍醐天皇がいわゆる「建武の新政」を行い世の中の構造は一八〇度転換した。これに伴って世の中は大いに乱れた。このとき、後醍醐天皇の御所があった二条富小路《とみこうじ》近くの鴨川の河原に「二条河原落書《にじょうがわらのらくしょ》」として知られるものが掲げられた。この落書は市民の何ものかが書いたものだが、当時の混乱した状況を如実に伝えている。

冒頭で「此比《このごろ》都ニハヤル物、夜討、強盗、謀綸旨《にせりんじ》」といい、社会の乱れに乗じて夜討や強盗などの凶悪犯罪が多発したと言っている。また、「綸旨」とは天皇の意向を伝える命令文であるが、そのニセモノが横行しているというのである。世の中の乱れに応じて人心も大いに乱れると、人々は平気でウソをついて凶悪犯罪に手を染める者もいる。

相撲

『日本書紀』には垂仁《すいにん》天皇七年（紀元前二三）に野見宿禰《のみのすくね》と当麻蹶速《たいまのけはや》が天皇の前で力比べをしたのが相撲の起源であると記されている。ただし、このとき野見宿禰は当麻蹶速を踏み砕いて殺してしまったというから、相撲というよりもルール無しの格闘といったところである。野見宿禰は相撲の祖として仰がれ、両国の国技館の近くには野見宿禰神社がある。

また、『古事記』によれば国譲りの交渉に建御雷神《たけみかづちのかみ》が出雲に降《くだ》った。このとき、大国主命の子どもの建御《たけみ》名方神《なかたのかみ》が力比べをして自分に勝ったら国を譲ろうといった。そして、対戦すると建御名方は腕を引き千切られそうになったが、やっとのことで腕を引き抜いて逃走した。これも相撲の起源を示す神話である。

相撲は早くから神事として行われ、取組を通してその年の吉凶や作物の豊凶を占ったりしていた。また、平安時代には宮廷の年中行事として「相撲節会《すまいのせちえ》」が行われた。国司に各国の力自慢を選ばせ都に集めて相撲を取らせたもので、天皇の前で相撲を取る「天覧相撲」の起源でもある。

鎌倉時代になると武士の間に相撲が普及した。武士が剣術や弓馬とともに素手で取り組む相撲を武道の鍛錬の一環として取り入れたのである。源頼朝は鶴岡八幡宮に力自慢を集めてたびたび相撲大会を行ったという。

室町時代には庶民の間にも相撲が広まり、祭例のときなどに相撲が行われた。今も各地の神社に見られる土俵はこの時代から受け継がれている。織田信長は大の相撲好きでたびたび相撲大会を開いて自らも観戦し、安土城下に一五〇〇人もの力自慢を集めて競わせ、勝ったものには褒美を与えたり、召し抱えたりしたという。この時代には寺社などの再建や修復のための費用を集めるための「勧進相撲《かんじんずもう》」も行われるようになった。

江戸時代になると相撲を職業とする「力士」が登場し、後には歌舞伎などとともに興行化して人気を集めるようになった。中でも江戸深川の富岡八幡宮《とみおかはちまんぐう》の勧進相撲は有名で、境内には直径三〇センチメートル、高さ二メートルを超える石柱に力士の身長を刻んだ巨人力士の碑が何基も立っている。その中で最も高身長の力士は生月鯨太左衛門《いきづきげいたざえもん》で身長七尺五寸（約二二七センチメートル）の巨漢だった。

江戸時代には江戸、大坂、京都などで年に数回の本場所が開かれていたが、当時は野外で行われていたことから「晴天十日興行」といわれ、晴の日の一〇日間開催された。そして、明治四二年（一九〇九）には最高位の「横綱」の地位も確立し、取組に際してのルールも定められ、仕切りの作法なども決められて、ほぼ現代の大相撲の形が定まったようである。本場所の回数や日数は徐々に延ばされ、現在の年六場所、一五日連続の日程で行われるようになった。

相撲は近代ではスポーツと考えられているが、一方で神事としての意義もある。力士の身体は一種の神体と考えられ、横綱の締める「横綱」には四手《しで》が下がっていて神聖なものを区画する注連縄《しめなわ》の意味がある。また、四股《しこ》を踏むのは邪鬼を払う意味があるといわれ、拍手《かしわで》を打ったり力水をつけたりするのも神事の一環と考えられている。

「公共」という観念が希薄な日本人

日本にはモスクワの赤の広場や北京《ペキン》の天安門《てんあんもん》広場のように、一〇〇万人もの人が一堂に会する公共の広場というものがない。「公共」の定義についてはさまざまな見解もあるが、要するに個人よりも社会全体の利益を優先するということである。「日本国憲法」でもさまざまな権利の行使について「公共の福祉に反しない限り」という但し書きがある。この「公共の福祉」というのは抽象的な表現でさまざまな解釈の余地を残しているが、つまるところ「社会全体の利益」ということである。

「公共の福祉」はたとえば道路や空港などを造るときに問題になり、個人の利益とは常に対立する。道路や空港ができれば多くの人がその恩恵に与《あずか》る。しかし、一方ではその建設予定地の住民が長年、住み慣れた家屋敷を明け渡さなければならない。一九七〇年代に繰り広げられた成田空港の建設を巡る「成田闘争」はまさに公共の利益を巡る国と地権者の熾烈《しれつ》な闘いだった。

「公共」というのは古代ギリシャのポリス（都市国家）にあったアゴラ（公共の広場）に由来するもので、民主主義の根幹を成す概念である。アテネなどのポリスの丘の上にはアクロポリスと呼ばれる国家の祭祀《さいし》場があり、ここで人々は神々の託宣《たくせん》を受けた。アクロポリスの下にあったのがアゴラと呼ばれる公共の広場で、ここは市民の公共生活の場であるとともに市場や役所、裁判所などがあり、多くの市民が集まった。また、アゴラでは人々が自由に議論を闘わせ、ソクラテスなどの哲学者はここを舞台に活躍した。

早くから民主制ポリスを形成したアテネにはプニュクスの丘というところに民会場があり、

ここに一八歳以上のすべての男性が集まり、ポリスの政策などが多数決で議決された。また、この民会場には石の演壇があり、そこで誰でも自由に政策などを主張することができた。ポリスは直接民主制で運営され、世界ではじめて民主主義という制度を打ち立てた。

それは現代の代議制とは異なるが民主主義の原点となったのである。そして、このような市民参加の政治は一八世紀のヨーロッパにおけるフランス革命などの市民革命の根拠となり、近代には国民主権のいわゆる「市民国家」を生み出すことになったのである。このようにヨーロッパでは市民（国民）全体、あるいは、市民から選ばれた議員が政策を発表した。だから、公共の広場が必要だったのである。

これに対して古くから共同体（ムラ）単位の狭い社会で生きてきた日本人は、共同体の方針などは代表者が集まって決めていた。このような決定に参加するのは一〇人前後から規模の大きいムラでも二〇人まではいかなかったと思われる。ときには複数のムラが共同で取り決めを行うことがあったが、ポリスのように国家全体の市民が集まるということはなかった。その会場はムラの寺院か有力者の家などで事足りたのである。

また、このような集会はいわば座談会のようなもので「会議」といえるようなものではなかった。集会での決定内容は文章に認《したた》められたが、識字率の低い時代でもあり、共同体の構成員への通達は口頭で行われ、すべての構成員を集めて発表することはなかった。

要するに少数の代表者だけで決められ、それ以外の村人はその決定に従うという形が取られたのである。明治になって新政府の施策を示した「五箇条の誓文」も、明治天皇が三条実美《さんじょうさねとみ》をはじめとする公家《くげ》や諸侯を率いて京都御所の紫宸殿《ししんでん》に集まり、神に奏上する形で行われた。しかし、その内容については国民にただちには示されず、翌日、「五榜の掲示」という形で出された。

ただ、「五箇条の誓文」が国家政策を示したのに対し、「五榜の掲示」は民衆政策を示したもので「五箇条の誓文」が発せられた翌日、江戸時代と変わらぬ高札の形で公表された。

お辞儀をする文化

若いサラリーマンが街中で携帯電話をかけながらぺこぺこお辞儀をしている姿をよく見かける。考えてみれば不思議な光景で、恐らく電話をしながらお辞儀をするのは日本人ぐらいのものだろう。ことほど左様に日本人は老いも若きもよくお辞儀をする。そこで、日本人は礼儀正しい民族であるということを自他ともに認めている。

このように、日本人がよくお辞儀をするのは神に対する態度のあらわれで、古くから培われてきたものである。神社の神前には「二拝二拍手一拝《にはいにはくしゅいっぱい》」という看板が掲げられている。言うまでもなく神前では二回平身低頭して、二回拍手を打ち、最後に一拝する。

これは神に対して最大限の恭敬の意を示す所作であるが、それが人間にも適用されているのである。神に対しては「二拝二拍手一拝」のように最大限の礼を尽くすが、人間の場合には長幼や親疎などによってお辞儀も使い分けられている。例えば師や先輩、利害関係において優位に立っている人に対しては深々と頭を下げて鄭重《ていちょう》に対応するが、友達や親族に対しては頭の下げ幅は小さくなり、ごく親しい相手には会釈程度で済ますこともある。

また、近年は椅子に坐《すわ》る生活が一般化しているが、日本には畳の文化があり、畳の上に坐る生活が長きにわたって続いてきた。他家を訪れたときには座布団を勧められても二、三回は固辞してから坐るのが礼儀とされてきた。これも日本独自の文化ということができるだろう。

もちろん、海外にも挨拶《あいさつ》をする文化はある。しかし、とりわけ、欧米人は長幼の序や身分関係を重んじないことから、年少の者や下位の者が年長者や上位者に殊更に深々と頭を下げる習慣は見られない。ただし、抱擁や握手、接吻《せっぷん》といった日本人には見られない習慣がある。また、インドには五体投地という頭から足までひれ伏して神に恭敬の意を捧げる風習があり、日本にも仏教を通じて伝わり、寺院の法要などでは今もこれに近いことが行われている。しかし、それはあくまでも宗教的な儀礼であって、対人間に関してはそのようなことが行われているわけではない。

日本的封建制度——御恩と奉公

「封建」とは「封土を分け与えて諸侯を建てる」という意味である。紀元前一一世紀頃、殷を滅ぼした周が採用した統治制度で、国王が家臣などに領土を与えて諸侯としてその土地を支配させた。家臣はその土地の支配者として徴税権を与えられ、諸侯はそれを経済的基盤としてその部下を養い国を運営した。このような分権的な封建体制を一つにまとめて中央集権的な支配を行うのが天子としての周王の役割であった。江戸時代の幕藩体制はこのような封建制度に倣ったものである。

ヨーロッパでは八世紀から一〇世紀にかけて、東からはイスラム勢力、北からはノルマン人（北欧人）がバイキングとして侵攻して政情不安に悩まされた。この状況に立場の弱い者は身近な強者に保護を求めるということが恒常化した。君主は臣下などに領地（土地）を与えて保護する一方、臣下は主君に忠誠を誓い、戦闘のときには軍事的奉仕をする義務を負った。これを封建的主従関係といい西ヨーロッパの政治的枠組みの基本となった。

こうしたヨーロッパの封建的主従関係は、主君と臣下との間の契約で結ばれる。従って、主君が約束を守らなければ臣下はいつでも契約を解除して他の主君と新たに契約を結ぶことができた。また、一人が複数の主君と契約を結んで臣下となる場合もあった。この主従関係の根底にはヨーロッパの合理主義、個人主義がある。しかし、主従関係が世襲されるようになると、個人よりも家系が重視されてくる。さらに、騎士道が確立すると日本のような「御恩と奉公」に似た観念も出てくるようになった。

日本の封建制度は鎌倉時代の武家政権で確立した。すでに平安時代後半に中央政権（朝廷）の勢力が弱体化すると、地方を中心に治安が乱れて紛争が頻発するようになった。地方の開領主である豪族や有力農民は自らの所領を護《まも》るために腕に覚えのあるものを雇うようになった。また、中央政府から派遣された国司は国領を護るために武芸に長《た》けたものを雇って常駐させるようになった。さらに、中央政府は諸国での紛争を鎮圧するために追捕使《ついぶし》や押領使《おうりょうし》を派遣したが、彼らの中には在庁官人としてそのまま現地に残る者もあった。

このように、豪族や国司、さらには、在庁官人などは武士団を形成するようになった。そして、中央政府にとって彼らは手強《てごわ》い対抗勢力となっていったのである。このような状況の下で平将門の乱や藤原純友《ふじわらのすみとも》の乱が起こったのである。

そして、平安時代の末には桓武天皇の末裔《まつえい》を名乗る桓武《かんむ》平氏《へいし》の勢力が強大となり、頭領の平清盛は太政大臣にまで上り詰めて日本の国土の半分を手中に収めた。一方、清和《せいわ》天皇の末裔を名乗る清和源氏《げんじ》は関東を中心に勢力を拡大して平氏と闘争を繰り返すようになったが、文治《ぶんじ》元年（一一八五）に長門国《ながと》（現在の山口県）の壇《だん》ノ浦《うら》で源氏は平氏を滅亡させて天下を取った。源氏の頭領・源頼朝は鎌倉を拠点に幕府を開き、以降、江戸時代の末まで続いた武家政権の端緒を開いた。壇ノ浦の戦いで源氏が勝利を収めた文治元年から元弘三年（一三三三）に幕府が滅亡するまでの約一五〇年間を鎌倉時代という。

ここに武家政権が誕生し、源頼朝は政体を一新した。頼朝は源平合戦で功績のあった武士たちに所領と官職を与えて殊遇し、源氏に従う武士たちを「家人」と位置付けた。そして、家人に褒賞として所領を与えることは幕府の恩賞（恩）であるとし、家人はそれに応《こた》えて戦闘に際して率先して出征するなどして報いる義務を負うとした。ここに「御恩と奉公」という情緒的な関係で結ばれた封建的主従関係が確立したのである。

しかし、室町時代末の戦国時代には下剋上の風潮が広まり、御恩と奉公のような主君と家臣の精神的な絆《きずな》は忘れられて、複数の主君につく武士もあらわれた。だが、織田信長や豊臣秀吉、徳川家康などは戦で軍功を上げたものに領地（封土）を与えるという封建体制の枠組みを維持し続けた。関ヶ原合戦以後、徳川方の東軍の藩を殊遇し西軍についた藩を外様《とざま》として石高などに差をつけた。

また、徳川時代には領地や大名の格式は世襲されるようになり、将軍が替わっても各藩はそのまま将軍家に仕えることになった。そして、この時代には戦がなくなったため、武士が軍功を上げて封土を与えられるということもなくなった。逆に藩に落ち度があると封土を縮小されたり、取り上げられたりする改易が行われた。このことから、各藩は将軍家に忠誠を誓い、与えられた任務を着実に果たすことが求められたのである。

鎌倉時代の「御恩」は臣下の者から自然に湧き上がってきた感情という側面が強かったが、江戸時代の「御恩」は幕府が構築したシステムの中で強いられたものだったのである。しかも、褒賞としての封土を与えられることがなくなった代わりに、不祥事があれば改易の憂き目を見る危険があった。だから、各藩はたとえ表向きだけでも幕府に忠誠を誓わざるを得なかったのである。特にはじめ幕府に弓を引いていた西軍の外様大名にはその傾向が強かった。

鎌倉時代に確立したこの封建制度は、変容を遂げながら江戸時代の幕藩体制として結実し、幕末まで続くことになった。しかし明治新政府は、これまで続いてきた封建制度の解体に着手した。維新政府は欧米に倣って統一的な近代国家の建設を目指したが、江戸時代には各藩の藩主がその領地とそこに暮らす人民の統治権を握っていた。そして、各藩は徳川幕府の傘下にあるというのが幕藩体制の実態だった。

もちろん、その中で将軍は絶大な権力を行使していたのであるが、将軍の権力が弱まって各藩の勢力が伸長すれば、将軍は敗退することになる。明治維新は幕府が弱体化する中で長州藩を中心とする勢力が伸長し、遂《つい》に幕府を倒したことによって達成されたのである。

そこで、維新政府は明治二年（一八六九）に「版籍奉還」を断行して諸藩の領地と人民を取り上げて政府（天皇）に返還させた。しかし、これは多分に形式的な措置で各藩の藩主（大名）は知藩事となり以前と同じように藩の統治を続けていた。これでは天皇を中心とする統一国家の樹立はできないことに気づいた維新政府は、明治四年（一八七一）に「廃藩置県」を強行した。これによってすべての藩は廃止されて府県となり、藩主は罷免されて東京に居住することを強制された。幕藩体制に基づく封建制度は崩壊し、中央政府による統一国家が完成したのである。

また、新政府は近代国家の体裁を整える必要から江戸時代のいわゆる士農工商の「四民制度」を撤廃し全国民の平等をとなえた。しかし、一方では華族制度を設けて公爵・侯爵・伯爵・子爵・男爵を特権階級とし、公費を支給して殊遇し、罷免された大名も華族に列せられることになった。

このような身分による差別的な扱いは封建制度とは直接は関係ない。しかし、一般に「封建」という言葉は身分の差を超えることができない体制としてとらえられていることが多い。明治以降、統治制度としての封建制度は解消されたものの、身分の上下によって差別待遇をする封建的状況は残存した。

そして、「御恩と奉公」の観念も明治以降は神聖不可侵の天皇の「御恩」に報いることが求められ、天皇陛下のために戦地に行くこと、天皇陛下のために死ぬことが無上の名誉とされたのである。しかも、その「御恩と奉公」の関係は天皇と臣民（国民）の間だけに留《とど》まらず、学校や事業所などあらゆる集団で見られた。

さらに、このような「御恩と奉公」は戦後も温存されて多くのサラリーマンは会社に恩を感じ、それに報いるために働いたのである。上司の命令には絶対服従して長時間労働や薄給にも苦言を呈することなく働いた。そのような「御恩と奉公」に基づく日本的「封建」が、敗戦によって国益の三分の二を失った焼け跡から立ち上がり、高度経済成長を経て国民総生産（GNP）がアメリカに次ぐ世界第二位の経済大国になるまで日本を押し上げる原動力になったということができるだろう。そして、今もそういった意味での封建的志向は学校や会社をはじめとする各種の集団に残存しており、しばしば社会問題として顕在化していることも事実である。

日本独自の建築

縄文時代の人々は円形に深さ一メートルぐらい掘り込んだ穴の上に草葺《くさぶき》の屋根をかけた竪穴《たてあな》式住居に五、六人で住んでいた。次の弥生時代になっても竪穴式住居に住んでいたが、この時代に稲作が本格化すると集落の中に穀物を保存するための高床式倉庫が建てられるようになった。

古墳時代（三世紀～七世紀前半）になると竪穴式住居と、平地に掘っ立て柱をたててその上を屋根で覆う平地住居が併存するようになった。また、集落の規模も大きくなり、六世紀ごろになると大規模な集落が出現して数十戸の住居が集まって、その周りを濠《ほり》で囲う環濠《かんごう》集落が登場した。

この時代には身分差が生まれて初期の豪族も登場し、豪族はより規模の大きな平地住居に住まうようになった。そして、土器も高温で焼いた薄手で硬質のいわゆる「弥生土器」になり、さまざまな農機具や生活器具が考案されて建築技術も発展した。ただし、この時代につくられたのは、柱を用いない竪穴式住居と掘っ立て柱を用いた平地住居、穀物保存用の高床式倉庫だけだった。

弥生時代の竪穴式住居と高床式倉庫、平地住居などは日本の建築の原点ということができるだろう。ただし、高床式倉庫については南方の影響を受けているという指摘もある。インドネシアなどにその原型と見られる建物があり、出雲の熊野大社にある「鑽火殿《さんかでん》」という建物はまさにインドネシアの伝統的な高床式住居そのものである。

しかし、六世紀に仏教が伝来すると大陸から新しい建築様式も伝えられ、すでに、六世紀の末には礎石の上に柱を立てて瓦屋根を使った寺院も建てられるようになった。日本で最初期の本格的寺院建築は、奈良の飛鳥寺（法興寺）が五九六年ごろの建立とみられ、その他五九三年には大阪の四天王寺、六二三年には奈良の法隆寺が創建された。このうち、法隆寺は現存する世界最古の木造建築として知られている。

これらの寺院建築は大陸伝来の様式で、土を固めた基壇を作り、そこに埋め込まれた礎石の上に柱を立てたもので、中国の紫禁城などの建物と同じ様式である。このような新しい様式や建築技術は聖徳太子が遣隋使を派遣した七世紀以降、大陸から輸入されたものである。瓦も大陸から朝鮮半島に伝わり、六世紀に「瓦博士《かわらはかせ》」という技能集団が朝鮮から渡来し、普及させたものである。

しかし、これら大陸伝来の寺院建築も時代とともに日本風にアレンジされていった。奈良時代には大陸的要素を濃厚に継承しながら、屋根を支える垂木《たるき》に丸太を用いるなど細部に手が加えられた。奈良時代の建築様式を天平《てんぴょう》建築といい、唐招提寺《とうしょうだいじ》や新薬師寺《しんやくしじ》の金堂にその典型をみることができる。そして、平安時代になると国風文化の影響を受けて日本人好みの建物が登場する。宇治平等院鳳凰堂や、近年復元された興福寺の中金堂などがその典型である。現存する世界最古の木造建築である法隆寺の伽藍も含めて、平安時代までに日本で改変された建築様式を「和様《わよう》」と呼んでいる。

鎌倉時代には禅宗の伝来とともに宋（中国南部）の禅宗寺院の建築様式が伝えられ、これを「禅宗様」、あるいは「唐様《からよう》」と呼んでいる。さらにこの時代には**東大寺の再建**[※1]の際に「大仏様」、あるいは「天竺様《てんじくよう》」と呼ばれる全く新しい建築様式が伝えられた。

禅宗様は花頭窓や椀《わん》形の唐破風《からはふ》、椀形の礎石である礎盤など、それまで日本人が見たこともない新たな意匠をもたらし、禅宗以外の寺院などにも採用されて広く普及した。「大仏様」はより少ない木材で大建築を可能にする建築様式で、東大寺の大仏殿の再建に用いられたことからその名がある。また、当時の日本人が見たこともない建物だったので、天竺《てんじく》（インド）辺りから伝えられた建築様式だろうということで「天竺様」と呼ばれた。東大寺の大仏殿は室町時代の末に戦禍で焼失し、大仏様として現存するのは東大寺の南大門と兵庫県小野市の浄土寺《じょうどじ》浄土堂だけである。

そして、鎌倉時代になると「和様」と「禅宗様」「大仏様」の三つの建築様式を部分的に取り入れて融合した「折衷様《せっちゅうよう》」という建物が造られるようになる。たとえば、江戸時代に再建された東大寺の大仏殿や室町時代の後半に再建された教王護国寺（東寺）の金堂などがその典型である。現在、見られる寺院建築の多くは「折衷様」で、これも他国には見られない日本独自の建築様式になっている。

日本独自の屋根の葺き方

「藁葺屋根」というのが日本の田園風景の定番である。しかし、実際には稲藁や麦藁は耐久性に欠け、二年もすれば腐ってくるので農具を収納する仮小屋など以外には使われない。「藁」といわれているのは萱《かや》（ススキ）や葦《あし》のことで、伊勢神宮の正殿も萱で葺《ふ》かれており、白川郷《しらかわごう》などの合掌造の屋根も萱葺である。

また、萱葺に遅れて登場したのが「板葺」である。これは細長い板を並べて葺いたもので、多くは板の上に石を置いて重しとして固定した。「洛中洛外図《らくちゅうらくがいず》」に描かれている民家の屋根の

※1　**東大寺の再建**　平安時代末期の治承四年（一一八〇）、東大寺は平家の焼き討ちに遭って焼失した。源平の争乱に際して東大寺が源氏方に加勢していたことに怒った平清盛が息子の重衡を派遣して火を放たせたのである。一二月二八日の夕刻に放たれた火は折からの季節風に煽られて類焼を重ね、奈良一帯は焦土と化した。その後、鎌倉時代のはじめに東大寺をはじめとする奈良の諸寺が再建された。このときの再建ラッシュによって日本の建築技術は長足の進歩を遂げた。また、運慶や快慶が東大寺南大門の仁王像をはじめ、多くの仏像を造ったのもこのときである。

ほとんどはこの板葺で、現在でも見られる屋根の葺き方である。また、この葺き方は「栩葺《とちぶき》」と呼ばれ山間部で積雪や降雨の多い地方の寺院建築にも採用された。比叡山延暦寺の根本中堂の屋根は栩葺である。

さらに時代が下ると「柿葺《こけらぶき》」と呼ばれる板葺よりも洗練された屋根葺が考案される。これは長さ一尺（約三〇センチメートル）、幅一寸（約三センチメートル）ほどの経木状の薄板を二、三枚ずつ重ねて竹釘《たけくぎ》で固定するもので、古くは御所や貴族の住居にも使われたようである。

また、それ以前に「檜皮葺《ひわだぶき》」という屋根が登場した。これは檜《ひのき》の樹皮を剝《は》いで、幅五センチメートル、長さ七〇センチメートルに成形された檜皮を二、三枚ずつ屋根面に重ね竹釘で固定していくもので、柿葺を応用したものと考えられている。厚さは一〇センチメートル余りになる。檜皮葺は最高級の屋根葺で寺社建築に採用されたほか、御所や上級貴族の寝殿造に使われた。

「檜皮葺」や「柿葺」は日本独特の屋根の葺き方でユネスコの無形文化遺産にも登録されている。

平安時代に寺社建築が床を上げて作られるようになると、縁の下に亀腹《かめばら》と呼ばれる饅頭《まんじゆう》形の土台が現れた。亀腹の上に礎石を置き、その上に母屋の柱を固定する。亀腹自体は土に礫《れき》などを混ぜて突き固めた上に漆喰《しつくい》を塗ったもので、縁の下の湿気を防ぐために考案された。また、鳥居の親柱の根元にも亀腹が見られる。これも湿気を防いで柱の根元の腐敗を防ぐためである。

さらに、多宝塔《たほうとう》は、初層が方形、二層（二階）が円形の仏塔の一種であり、その二層の下部が円形の亀腹になっている。この亀腹の部分は女竹《めだけ》を斜めに交差させて交差部分を棕櫚縄《しゅろなわ》でとめ、その上を壁土で塗り固め、さらに表面を漆喰で仕上げたものである。また、長細い湾曲した板を放射状に並べた木造の亀腹もある。

『法華経』の「見宝塔品《ぼん》」に多宝如来の住まいとして説かれていることからこの名がある。多宝如来はこの塔の中に釈迦を招き入れて親しく法話を交わしたと言われ、奈良の長谷寺《はせでら》の「銅板法華説相図」には中央の多宝塔の中で多宝如来と釈迦如来が法話を交わす場面が描かれている。この説相図は朱鳥《しゅちょう》元年（六八六）に製作されたもので多宝塔が描かれた日本最古の作品である。

ただ、多宝塔が普及したのは平安時代のはじめに入唐した空海がその様式を伝え、高野山に根本大塔《こんぽんだいとう》として建立して以来のことである。その後、真言宗や天台宗の密教寺院を中心に普及し、後には他宗の寺院でも作られるようになった。近年、建立されたものも含めて全国に一五〇基余りが現存している。紀州の根来寺《ねごろでら》や高野山の金剛三昧院《こんごうさんまいいん》、琵琶湖畔の石山寺《いしやまでら》の多宝塔は国宝に指定されており、他に数十基の重要文化財もある。このように、亀腹を備えた二層の多宝塔は日本独自の様式である。

畳の生活

畳も日本独自の生活文化の中で発展してきたものである。古代には筵《むしろ》や菰《こも》、ゴザなどの薄手の敷物の総称として「畳」の語が使われていた。平安時代になると少し厚みのあるイグサなどで織り上げた繊細な畳が登場した。ただし、平安時代には円形や方形で一人用の小型のものが一般的で、各自板の間の上に座布団のように敷いて坐ったようで、『源氏物語』などにはよく畳を敷く光景が語られている。

『延喜式』には身分によって畳の形態や色が定められており、ここにも貴族的階層社会の厳しい統制を窺《うかが》うことができる。鎌倉時代になっても貴族や武士は円形や方形のイグサなどで編んだ敷物を個々に敷いて坐っていたようであるが、この時代には布に綿などの緩衝材を詰めた現在の座布団のようなものも使われるようになった。この座布団は高位の武士や僧侶の間で用いられ、権威の象徴とも見做された。

畳が床全体に敷き詰められるようになるのは室町時代以降のことである。この時代に慈照寺《じしょうじ》東求堂《とうぐどう》同仁斎《どうどうじんさい》のような付書院《つけしょいん》が考案され、四畳半の床に畳を敷いたのがはじまりとされている。その後、畳の大きさも定められ部屋の広さの基準となった。また、京都を中心とする西日本と江戸を中心とする関東では、異なる大きさの畳が使用されるようになり、それぞれ「京間」

「江戸間」の呼称が生まれた。

「京間」は三尺一寸五分（九五五ミリメートル）×六尺三寸（一九一〇ミリメートル）、「江戸間」は二尺九寸（八八〇ミリメートル）×五尺八寸（一七六〇ミリメートル）と定められている。江戸時代、江戸には人口が集中して下町では九尺二間といわれる六畳ほどの裏長屋が一般的になった。そのことから、畳も小さくなったのかもしれない。また、「京間」の六尺三寸は太閤検地のときに定められた一間の寸法で、それが畳の大きさになったと考えられる。

また、昭和三〇年代にいわゆる「団地」が登場すると「団地サイズ」と呼ばれる「江戸間」よりもさらに小型の畳が登場した。これは二尺八寸（八五〇ミリメートル）×五尺六寸（一七〇〇ミリメートル）で、団地やマンションなどの狭小な住宅空間に合わせて作られたものである。

畳は藁を圧縮して縫い合わせた厚さ五センチメートルほどの「藁床」を作り、その上にイグサを編んだ畳表を縫い付け、左右に布のへりを付ける。時代が下るとへりの色やデザインにも意匠が凝らされるようになった。

戦後、昭和三〇年代の高度経済成長期の前ごろまでは住宅事情が極度に逼迫《ひっぱく》していて、六畳一間にちゃぶ台を据えて五、六人の一家が食事をしたり歓談したりするのが一般的だった。昨今では洋風生活の普及により畳の部屋も少なくなったが、近年まではマンションや団地にも必ず畳の部屋が一室作られていた。畳に坐ると言い知れぬ安堵感を覚えるという日本人の民族性は今も失われていないようである。

人の家を訪問すれば主客が互いに三つ指を突いて挨拶を交わし、机を囲んでお茶を飲んで歓談するうちに親交が深まる。畳の生活には人々を結び付けるちょうど良い距離感がある。また、かつて女性は畳の上に人差し指で「のの字」を書いて恥じらいを紛らわせたといわれる。これも畳の生活だからこそ成り立つ仕草で、ソファーや椅子の上に「のの字」を書いてもさまにならない。さらに、畳の上に新聞紙を広げて読むのもかつては一般的に見られた光景である。

日本古来の建築を目指した神社建築

古くは神社には社殿がなかったが、寺院が大伽藍を備えるようになると日本古来の神にも家が必要であるということから建物が建てられるようになった。最初に社殿を構えたのは伊勢神宮で、天武天皇の治世の六八〇年ごろにほぼ今と同規模の社殿が建てられ、持統天皇が即位した六九〇年には最初の式年遷宮が行われたと伝えられている。

寺院建築が大陸の様式だったのに対して、神社の社殿はそれに対抗する形で日本古来の建築様式が求められた。そこで行き着いたのが弥生時代の高床式倉庫である。もともと高床式倉庫は米を保管するための建物で、米には穀霊と呼ばれる神が宿ると考えられていた。それで、古くは倉庫内に御蔵棚という棚を設けて穀霊をまつっていたという。このことから、神をまつるには打ってつけの建物だったのである。

寺院建築と差別化を図るために神社の建物にはいくつかのルールがある。一つは大陸伝来の瓦を使わないことで、伊勢神宮のように萱葺などが採用された。そして、床を高く上げること。これも寺院建築は基壇の上に立てられているが床がなく、内部は基本的に土間か石敷きになっていることと区別したものである。また、屋根は切妻造《きりづま》とすること。つまり、二枚の屋根面を三角形に組んだ簡素な屋根とすることが求められた。寺院建築に多用された四枚の屋根をピラミッド型に組む寄棟造《よせむね》は仏教とともに大陸から伝えられたもので、それに対抗したのである。さらに、初期の社殿建築では丹塗り《にぬ》（朱塗り）もタブーとされた。塗装も大陸伝来の技術だからである。

このように、日本古来の神をまつる社殿建築には大陸の様式を排して日本で古くから行われてきた建築様式が探求されたのである。ただし、時代と共に住吉大社や春日大社、北野天満宮などそれぞれの神社で特徴ある社殿建築が作られるようになった。そこで、先に挙げた基本は変わらないが、春日大社や住吉大社のように丹塗りを採用したり、北野天満宮のように入母屋《いりもや》造の社殿も登場した。しかし、社殿建築には総じて日本古来の建物のオリジナル的要素が強く残っている。

寝殿造

平安時代になると貴族の邸宅に寝殿造《しんでんづくり》が登場した。これは構造的には大陸の建築様式を取り入れながら考案された日本独自の建築様式で、国風文化の影響で生み出されたものである。母屋（寝殿）を中心に東西に「対（対屋《たいのや》）」と呼ばれる別棟を渡殿《わたどの》（長い廊下）でつなぎ廂《ひさし》をつけたもので、その先には中之島のある池を設けた。

母屋は主に宴席に用いられる建物で東西の対が居室や寝室になった。床はすべて板張りで、この時代にイグサを使った畳はあったが、現在のように部屋全体に敷くのではなく、ゴザや薄縁《うすべり》のようなものを座布団のようにして使っていた。

また、寝殿にも対屋にも壁などの間仕切りがなく、室内は御簾《みす》や几帳《きちょう》で区切られた。几帳は細長い台の左右に二本の棒を立て、その上部に一本の細長い棒を渡したもので、その横棒の上に布をかけたものである。

『源氏物語』などでは、平安時代の上級貴族の女性はほぼ終日、対屋の中で過ごし、人が訪れても几帳に隠れて対応した様子が描かれている。光源氏は末摘花《すえつむはな》という女性と顔を見ないまま関係を持ったが、ある朝、偶然にも顔を見る機会があった。すると、うりざね顔で鼻が異様に大きく、しかも、鼻の先が赤かったという。以降、「末摘花」というあだ名をつけた。末摘花とは染料に使う「紅花《べにばな》」のことである。

書院造の誕生

鎌倉時代になると武士は寝殿造を簡略化した居館に住むようになった。この時点でかなり改良が加えられて襖《ふすま》を用いて部屋を小さく区切るようになった。木枠に唐紙《からかみ》を貼った襖は平安時代の末期に登場したが、鎌倉時代には木枠の桟を細かくして唐紙の代わりに薄手の和紙を貼った「明かり障子」が登場し、これが唐紙の襖と共に間仕切りなどに用いられるようになった。

書院造は寝殿造に改良を重ねた結果生まれたもので、足利義政《あしかがよしまさ》が建てた慈照寺《じしょうじ》（銀閣《ぎんかく》）の東求堂同仁斎の付書院を嚆矢とする。四方を壁で仕切り一面の引き戸で出入りする。入って左手の半間に違い棚を設け、その右側は一間の床の間とする。床の間の中央には明かり障子を設《しつら》えて採光ができるようにしてある。床は畳敷きにする。

このような同仁斎の造りは近代の和風住宅の原型ともいわれ、ここから茶室が生まれたとも考えられている。同仁斎は複数ある部屋の中の一庵室《あんしつ》であるが、やがて茶の湯が発展するとその一庵室が独立して茶室になったと考えられている。また、このような書院では違い棚や床の間に花瓶や掛け軸などのさまざまな室内装飾品が飾られるようになった。

さらに書院造の住宅や禅宗寺院には、禅の精神をあらわす庭園が作られるようになった。余計なものをすべて削《そ》ぎ落して抽象化した龍安寺の石庭や大徳寺の塔頭《たっちゅう》・大仙院の庭園などがその典型で、ここからいわゆる「茶庭《ちゃてい》」も誕生した。特に大仙院の庭園は入り口（玄関）が長い廊下の先にあり、それが近代の和風建築の玄関の原型になったともいわれている。

そして、室町時代末の**桃山時代**※1になると、この時代の壮麗、華美を求める風潮に影響されて書院造の住宅や庭園も規模が大きくなり、植栽や建物の内外の色彩も豊かになっていく。この時代にはイスパニア（スペイン）やポルトガルの文物も流入し、落ち着いた色彩などを基調とするそれまでの日本の文化とは異なる色彩豊かな文化が取り入れられて、独特の文化が生み出されたのである。

京都御所に堀や石垣がない理由

京都御所は東西約二五〇メートル、南北約四五〇メートル、その面積は約九〇万平方メートルに及ぶ。外周には幅一メートル、深さ一〇センチメートルほどの水路を設け、脇に高さ一メートルにも満たない石垣を組み、その上に生け垣を設えてある。これらの石垣や水路は防備の役に立つものではなく、四方にあるいくつかの門も城郭の門のような防備のための堅牢《けんろう》なものではなく、門の両側から築地塀《ついじべい》が延びている。

外敵の侵入を防ぐような掘割や高い石垣もなく、一見して外敵に対する防衛意識が希薄なことが分かる。このようにいかに宮殿が無防備だったかは奈良の藤原京や平城京の跡からも窺い知ることができる。

なぜ、天皇の宮殿は無防備だったのだろうか。それは、もともと天皇が戦闘の主体になることがなく、天皇の住まいの周辺で戦闘が繰り広げられたことがないという、日本特有の事情による。その点、中国や西洋では国王（皇帝）自らが軍隊を指揮して攻撃し、他国の城塞《じょうさい》都市を陥れることによって領土を広げてきたこととは大いに異なる。

もちろん、日本にも古来多くの戦闘があった。しかし、その戦闘は都から離れたところで行われ、ましてや御所が戦闘に巻き込まれるということはなかった。日本の天皇は古くから国民を代表して神事や祭祀を行い、国民の安寧を護る存在だった。日本は天皇と武人との二本立てで国家が成り立っていたのである。幕末になっていわゆる「公武合体」が叫ばれたのはそこに理由がある。

ヨーロッパや中国では城郭都市が築かれて国王も市民も王城とその周辺で生活しており、外敵の攻撃を受けると王城に逃げ込んで難を逃れた。しかし、日本では王宮が攻撃されたことはないのである。もっとも、応仁の乱のときには平安京が戦場となって焦土と化したが、皇居には攻撃の手が入らなかった。また、幕末には長州藩の下級武士が皇居に攻め入ろうとした

※1　桃山時代　豊臣秀吉は晩年、伏見城を建ててそこに住んだ。そして、秀吉の没後、その跡地に桃の木が植えられ、春には満開の桃の花が人々の目を楽しませたという。そこで、この時代を桃山時代という。

京都御所(京都御苑)の全景　現在の位置に初めて住んだのは、鎌倉時代末期の光厳天皇。南北朝統一後はこの地が御所とされた。幾度も焼失と再建を繰り返し、現存する御所は江戸時代後期の安政２年(1855)に再建されたもの(写真:フォトライブラリー)

「蛤《はまぐり》御門《ごもん》の変《へん》」があったが、このときも幕府方の軍勢が蛤御門の前で応戦して御所への侵入を防いだ。

　つまり、武力を持たない皇室は戦闘の埒《らち》外《がい》に置かれ、だからこそ平安時代が四〇〇年も平安を保ち、その後も幕末に至るまでの約五〇〇年間は無傷のまま存続したのである。これは、世界の王城の歴史の中でも稀《まれ》なことである。

　また、平安時代の中期以降に興福寺や比叡山の僧兵が勢力を増し、強訴《ごうそ》を繰り返した。彼らは**南都《なんと》北嶺《ほくれい》**※1と呼ばれて恐れられ、興福寺の僧兵は春日大社の神木である椥《なぎ》の木を、比叡山の僧兵は日吉大社の神輿を担いで御所に迫り、無理難題を要求した。要求の内容は法外なもので、朝廷としてもとうてい承服できるものではなかった。

しかし、要求が通らないと僧兵たちは神木や神輿を御所の前に放置して引き上げていった。今なら置き去りにされた神木や神輿は警察などの手で撤去されるところだが、当時は神聖な神木や神輿に部外者が触れると祟《たた》りがあると考えられていた。それで、朝廷方もなす術《すべ》がなく、結局、要求を呑《の》んで一件落着するということが繰り返されたのである。

また、僧兵たちは京都の町も手当たり次第に壊したりした。そこで、民衆は僧兵たちから自家を護るために、家の前などに「釘抜」あるいは「釘貫《くぎぬき》」と呼ばれる先端の尖った丸太を横に貫を渡した門を置いて僧兵の暴挙に備えたという。

日本独自の暦

『古事記』には以下のような記述がある。日本武尊（以下、ヤマトタケルという）が東国や信濃を平定して帰還する途中、甲斐国（山梨県）の酒折宮《さかおりのみや》（甲府市）で一夜を過ごしたとき、食事の後に同行の兵士たちに「新治《にいはり》　筑波を過ぎて　幾夜か寝つる（新治、筑波を過ぎてから幾晩経っただろう）」と問うた。これに対して兵士たちは誰も答えられなかったが、御火焼翁《みひたきのおきな》という

※1　南都北嶺　「南都」は奈良、興福寺の僧兵のこと、「北嶺」は比叡山の僧兵をあらわした。彼らは寺領荘園の租税の減免や待遇の改善などを求めてたびたび朝廷に無理難題を持ち込んだ。これを「強訴」といい、あるいは興福寺の旧称の山階寺にちなんで「山階道理」といった。

篝火《かがりび》の番をする身分の低い老人が「かがなべて　夜には九夜　日には十日を〈日数を重ねて〈鍋で作った食事を重ねて〉夜には九夜、昼には十日が経ちました〉」と即答した。

これに感動したヤマトタケルは老人に東国造《あずまのくにのみやつこ》の称号を授けたという。ヤマトタケルの「タケル（建）」は武勇に優れたものに授けられる一種の称号で、ヤマトタケルは倭の建という意味である。他にもヤマトタケルに討たれた熊襲の首領、クマソタケルやスサノオノミコトの御子神の五十猛《いたける》など複数のタケルがおり、「○○タケル」は固有名詞ではない。

ヤマトタケルは第一二代・景行天皇の子どもとされ、その実在は定かではないが、実在するとすれば四世紀前半から後半の人と考えられている。しかし、『日本書紀』によれば中国から日本に暦が伝えられたのは欽明天皇一四年（五五三）とされているから、ヤマトタケルの時代には未だ暦を知るものはいなかったことになる。

そして、『古事記』が完成したのは和銅五年（七一二）のことである。だから、『古事記』の編纂者としては、その完成のはるか以前に暦を知っているものがいたということを強調したかったのかもしれない。そこで、身分の卑しい御火焼翁が暦を知っていたという象徴的な話を作り上げたのではないかと考えられる。

先に述べたように、暦は欽明天皇の時代に中国から伝えられ、その後、推古天皇一二年（六〇四）に日本で最初の暦がつくられたという。どこの国でも暦は国家が管理する重要事項であったが、日本でも大化の改新（六四五）後、律令制が確立すると朝廷（国家）が管理にあたるようになった。

当初、日本で採用された暦は「太陰太陽暦《たいいんたいようれき》」で月の満ち欠けによって一年間を設定するものだった。これがいわゆる「陰暦」で明治の初年まで採用された。しかし、月の運行を元にすると一年は三五四日、一ヵ月は二九・五日になり、太陽暦の一年三六五日とでは一一日短くなる。そこで、二、三年に一度、閏月《うるうづき》を設けて日数を調整する必要が出てきた。つまり、数年に一度、一三ヵ月の年をつくることによって日にちを調整したのである。

しかし、それでも実際の季節との間にズレが生じるので、農作業と合わないところが出てくる。そこで、太陰暦とは関係なく一年を春夏秋冬に分け、さらにそれぞれの季節を六気ずつに分けた「二十四節気」を採用して種まきや収穫などの農耕の目安にしてきた。しかし、中国でつくられた「二十四節気」はもともと中原（黄河《こうが》流域）の気候に基づいたもので日本の季節感には合わないところがある。そこで土《ど》用《よう》や八十八夜、入梅《にゅうばい》、半夏生《はんげしょう》、二百十日などの「雑節《ざっせつ》」を追加して四季をあらわすようになった。

また、中国には二十四節気をさらに五日ずつ分けた「七十二候」があり、日本にも伝えられた。これは「東風解凍《はるかぜこおりをとく》」「草木萌動《そうもくほうどう》」「桃始笑《ももはじめてさく》」「玄鳥至《つばめきたる》」「竹笋生《たけのこしょうず》」「蓮始開《はすはじめてひらく》」「霜始降《しもはじめてふる》」「閉《そら》塞成冬《さむくふゆとなる》」など微妙に移り行く四季を表現したものだったが、それでも、日本の気候風土には適合しない部分もあった。そこで、江戸時代に**渋川春海**《しぶかわはるみ》※1（一六三九〜一七一五）が「本朝七十《ほんちょうしちじゅう》二《に》候《こう》」を定め、これが農家を中心に普及した。

この他、日本では先勝《せんしょう》、友引《ともびき》、先負《せんぶ》、仏滅《ぶつめつ》、大安《たいあん》、赤口《しゃっく》などで日取りの吉凶などを示す「六輝《ろっき》（六曜）」というものが民間を中心に普及した。六輝は中国から一四世紀に伝えられたもので、当初は「大安」「留連《りゅうれん》」「速喜《そくき》」「赤口」「将吉《しょうきつ》」「空亡《くうぼう》」の六種だったが、幕末頃までに現在の名称になった。今も六輝は婚礼などの祝儀や葬式などの不祝儀の日取りを選ぶのに用いられており、たとえば、婚礼などの祝い事は仏滅を避けて大安を選び、葬儀などは友引を避け、この日は火葬場も休みになる。

さらに、暦には「三隣亡《さんりんぼう》」や「一粒万倍日《いちりゅうまんばいび》」といった吉凶の目安になる日が掲載されている。「三隣亡」は向三軒両隣が火事になる日で、建前や立柱式、引っ越し、結婚式などには凶日とされている。当然のことながらこの日は六輝にも重なり、例えば三隣亡と仏滅が重なると大凶日となる。また、一粒万倍日は一粒の籾種《もみだね》が万倍になる日とされ、種まきはもちろんのこと結婚や開業、宝くじの購入などには吉日とされており、大安などと重なると大吉日となる。

「三隣亡」や「一粒万倍日」の起源については分からないが、恐らく江戸時代ころに盛んになった八卦見《はっけみ》（易者）が作り上げたものと考えられる。

スポーツの概念がなかった日本人

スポーツ（sport）の語源はラテン語のデポルターレ（deportare）であるといわれ、「気分転換をする」「遊ぶ」「元気の回復」などの意味があるという。オリンピック発祥の地ギリシャの市民は公共の広場で哲学的な議論を闘わせて知力を鍛えるとともに、運動場で体操などをして気分転換して身体を鍛えることを理想としていたという。

日本にこのようなスポーツの概念が伝えられたのは明治以降のことで、明治五年（一八七二）に野球が伝えられ、同じ年に神戸の外国人居留地でサッカーの試合が行われたという。それまで、日本には乗馬や弓道、剣術などはあった。今はこれらの武道もスポーツとしてその技量が競われているが、江戸時代までは主に武士の鍛錬として行われていたのである。

天和三年（一六八三）に出された武家諸法度（天和令）では「文武忠孝を励まし、礼儀を正すべき事」とされ、武芸や学問をすることによって主君に対する忠心が養われ、礼儀が身に付くといったことを言っている。これはスポーツの原義である「気分転換」や「遊び」とはかけ離れたもので、決死の覚悟で取り組むべき、悲壮感を伴ったものである。

今も柔道や剣道などの世界ではわき目も振らずに稽古《けいこ》に取り組む姿が見られ、勝ち負けよりも上下関係や礼儀が重んじられる傾向は強い。そして、明治以降に伝来した野球やサッカー、陸上競技などの西欧由来のスポーツにもそのような精神が持ち込まれているのである。

※1　**渋川春海**　江戸時代の天文学者で、イスラムの天文学を取り入れた中国の「授時暦」を独自の観測の下に改変した「貞享暦」を作った。この「貞享暦」を含めて明治五年（一八七二）に太陽暦が採用されるまで、日本の暦はすべて太陰太陽暦だった。

特に高校野球などでは監督や先輩には絶対服従を強いられ、今も球児の大半は五分刈りを強要されるようだ。陸上競技でも走り終わった選手が、自分が走ってきたコースに深々とお辞儀をする光景がよく見られる。これも外国人から見れば奇異な行動である。

また、最近、高校野球の球児がバッターボックスで白い歯を出して笑う光景がよく見られるようになった。これは近年のスポーツ心理学では笑うことがパフォーマンスの向上につながるともされているが、悲壮感を払拭《ふっしょく》するための苦肉の策で西欧風のスポーツ（遊び）の概念とは異なる印象を受ける。球児の置かれている立場や心情を考えると何か痛々しいものを感じるが、いかがだろうか。

日本人は古くから狭い共同体（ムラ）の中で生きてきたのであり、個人の自由な意思は封印して共同体の秩序を守ることが至上命令とされた。だから、個人競技よりも団体競技を好む傾向があり、その中で示される一体感が賞賛される。二〇一九年に日本で開催されたラグビーのワールドカップのときに「ワンチーム」という言葉が流行《はや》ったのもその表れで、ここにもムラ社会の連帯責任の精神が生きているようである（三五六ページを参照）。

また、学校や会社に所属する、あるいは、プロにならなければスポーツを続けることが難しいのも日本のスポーツ界の特徴ということができるだろう。オリンピック級の選手は別として高校時代に甲子園《こうしえん》やインターハイで好成績を収めた選手でも、高校を出るとなかなか受け入れ先が見つからず、仕方なく辞めてしまう場合が多い。日本には学校や会社に所属しないでスポーツを続けられるシステムもなければ、施設も少ないのである。

ただし、マラソンや競歩の場合はトラックなどの施設の必要がなく、学校や会社に所属していなくても一人で練習ができる。だから、これらの競技にはいわゆる「市民ランナー」といわれる選手もいるのである。しかし、マラソンや競歩の選手も大半は学校や企業などに所属している。

数年前にニュージーランドに行ったとき、丘の上のオークランド博物館の近くにある陸上競技場やサッカー場でオリンピック選手から子どもまで和気あいあいと競技を楽しんでいる光景を目撃した。この国では特に学校や企業に所属しなくても一級の施設を利用しスポーツ（遊び）を楽しむことができるようである。また、アメリカでは野球やフットボール、バスケットボールを掛け持ちするプロ選手がいる。これも日本ではあり得ないことで、スポーツに対する考え方の違いを見て取ることができる。

一方、日本人にとってスポーツは「遊び」や「余暇」ではない。それは忠孝の精神を育《はぐく》み礼儀を整えるものである。最近では余り聞かれなくなったが、かつてはオリンピック選手は日の丸を背負って「お国」のために戦った。そこには武芸を鍛えて主君のために戦うのに似た精神がある。最近は少しずつ変わってきているようだが、今も日本のスポーツ界全体にその精神は生きている。特に柔道や剣道などの伝統的な武道の世界にはそういった精神が健在のようである。

日本人の散歩と旅

今では健康ブームも手伝って日本人もよく散歩をするようになった。しかし、江戸時代まで日本人は散歩を楽しむということはしなかったようである。室町時代の末期に来日したポルトガル人宣教師ルイス・フロイスはその著書『ヨーロッパ文化と日本文化』の中で「日本人は散歩をする習慣がない」といっている。この本は箇条書き程度のものだが、彼が目にして感じたヨーロッパと日本の文化の違いを書き留めた、一種の比較文化論である。

欧米人にとって散歩は古くから生活の一部であり絵画や文学にも散歩の光景が登場する。ギリシャの哲学者アリストテレスは散歩をしながら弟子と語り合うことによって思索を深めたという。このことから、彼の学系を「逍遥《しょうよう》学派」と呼んでいる。

日本人は何らかの行動をするに当たって、大げさに言えば大義名分が必要である。だから、無目的に遊びに興じたり余暇を過ごしたりすることには一種の罪悪感を覚える。だから、旅についても大義名分が必要だった。古くから日本人の旅といえば寺社巡りが中心だった。とくに、江戸時代には寺社巡りが空前のブームとなり、伊勢神宮の「御蔭《おかげ》参り」や熊野詣、三十三観音霊場巡りや四国八十八ヶ所巡りなどが盛んに行われた。

この時代、「入り鉄砲に出女」といわれたように幕府が統制を強めて遠隔地への移動は厳しく制限された。その中で寺社巡りだけは寛容に扱われたのである。当時、講を組んで寺社を巡ることから寺社には多額の寄進が行われ寺社の周辺の旅籠《はたご》や土産物屋、遊郭などに金が落ちた。また、往還の宿場の旅籠や飲食店なども繁盛して藩や幕府の財政を潤した。だから、幕府も寺社巡りには容易に手形を発行したのである。

「講」は室町時代ごろから発展し出した信仰の結社であるが、講を組んで行く寺社巡りの旅は必ずしも信仰を絆とするものではなかった。その実態は道中の景色を愛《め》でたり、旅籠で酒食を楽しんだり、さらには遊郭に通ったりするなどレクリエーションの一環だった。それでも寺社巡りという大義名分があれば立派な信仰の旅となったのである。

今では多くの人が散歩を楽しみ、完全なレジャーとしての旅を楽しむ人も増加した。それでも旅に関しては今も会社の同僚などには単に遊びに行くということを憚る風潮も残っており、「仕事で行く」とか「仕事のついでにどこどこに行ってくる」といった但し書きを付ける人は少なくない。だから、一ヵ月とか二ヵ月といった長期の旅をする人は日本人にはまだまだ少ないのである。

第7章

明治維新と近代の日本

鎖国の終焉

イタリアの商人マルコ・ポーロ（一二五四～一三二四）は元朝に赴き、その往復の旅と当時の中国の様子を『東方見聞録《とうほうけんぶんろく》』としてまとめた。この書は当時、ヨーロッパで大きな反響を呼び、以降、ヨーロッパ人はアジアに関心を向けるようになった。この時代には羅針盤の改良や快速帆船が普及して遠洋航海が可能になったことから、多くのヨーロッパ人が世界の海に乗り出すことになったのである。

また、一四世紀以降、ヨーロッパでは肉食が普及し、その腐敗防止と香りづけのための胡椒《こしょう》などの香辛料の需要が高まった。さらに、一八世紀までアジアの富と文化はヨーロッパを遥《はる》かに凌《しの》いでおり、ヨーロッパ人は金や香辛料といった豊かな富を求めてアジアに乗り出していったのである。『東方見聞録』の中でマルコ・ポーロが日本のことをジパング、「黄金の国」といったこともヨーロッパ人のアジアへの関心を高めることになったのである。

一四九二年にはイタリア人の船乗りコロンブス（一四五一～一五〇六）がスペイン女王イザベルの命を受けてインドへ向けて出発した。彼は大西洋を西進する方がインドへの近道と考えて大西洋へ乗り出したが、彼が目指したインドではなくアメリカ大陸に上陸した。しかし、コロンブスはそこをインドの一部と思い込み、先住民を「インディオ」と名付けた。

その後、イタリア人のアメリゴ・ヴェスプッチ（一四五四〜一五一二）がアメリカ探検を行い、コロンブスが探検した土地がアジアとは別の大陸であることが分かった。そこで、アメリゴの名にちなんで「アメリカ」と命名された。

一四九八年、ポルトガルのヴァスコ・ダ・ガマ（一四六〇頃〜一五二四）はアフリカ南端の喜望峰《きぼうほう》を経由してインド西岸のカリカットに到達して香辛料などを手に入れた。さらに、一五一九年にポルトガル人のマゼラン（一四八〇頃〜一五二一）は香辛料を求めて南アメリカ南端のマゼラン海峡を通り抜け、太平洋を横断してフィリピンに達した。マゼランはその地で死んだが、残った乗組員が航海を続けてスペインに帰還し、世界初の世界周航を果たした。

その後、スペインはラテンアメリカに進出し、軍隊を派遣してインカ帝国を破ってメキシコを支配下に置き、南米の各地を征服して植民地としていった。スペインやポルトガルは香辛料や金などの富を手に入れる一方でキリスト教の布教にも力を入れた。後に日本にスペイン人の宣教師フランシスコ・ザビエルがやって来たのも、布教活動の一環だったことは言うまでもない。

このように、一五世紀から一六世紀にスペインやポルトガルを中心にヨーロッパ諸国が世界の海に乗り出した時代を「大航海時代」という。そして、ここにいわゆる「世界の一体化」が始まり、それが現代まで続くグローバリゼーションの先駆けとなった。

一六世紀の後半から一七世紀にかけて、スペインやポルトガルに代わって力を付けてきたイギリスやオランダがアジアに進出してきた。イギリスは一六〇〇年に、オランダは一六〇二年に東インド会社を設立してアジア市場の開拓に力を注いだ。そして、この時代にはスペインやポルトガルに代わってイギリスやオランダが日本にも進出し、日本はこれらの国と交易を結ぶことになったのである。

一七世紀のヨーロッパは「科学革命」の時代といわれ、科学技術が急速に発達し、それを背景にイギリスで最初の産業革命が起こり、その後、フランスやドイツ、ベルギーなどヨーロッパ各国でも産業革命が起こった。織機の改良が進み、織物や綿糸などが大量に生産されるようになり、国内消費では賄いきれなくなったその市場を海外に求めるようになった。

イギリスやオランダをはじめとする欧米列強はインドや中国、東南アジアなどの広い地域に進出して富の獲得を拡大した。そして、日本に彼らの船がやって来たのもその一環だったのである。

日本にはまず寛政四年（一七九二）にラクスマンが北海道の根室に来航して通商を求めた。これに対して幕府は鎖国を理由に追い返した。しかし、長い太平の世を破っての外国船の接近は幕府に大きな衝撃を与え、以降、外国船を警戒して沿岸の防備を固める方針を取るようになり、薩長や水戸藩を中心に攘夷論《じょうい》（異国排斥論）が一気に高まった。

しかし、その後も外国船の接近は続き、文化元年（一八〇四）にはロシアの使節レザノフが長崎に来航したが、幕府はこれも追い返した。この冷遇に憤ったロシアは樺太《からふと》や択捉島《えとろふとう》を攻撃した。幕府は沿岸の防備を増強し、間宮林蔵に樺太を探査させて状況を把握し、蝦夷地（北海道）を天領（直轄地）にして警戒を強めた。

その後もイギリスやオランダ、そして、アメリカの船が日本にやって来た。彼らは通商を求めるよりも、薪炭《しんたん》や水、食料の補給を求めた。はじめ幕府は彼らの要望に応じて薪水や食料を提供して穏便に帰していたが、各地で外国船の乗組員と地元住民とのトラブルが発生した。そこで、幕府は文政八年（一八二五）に異国船打払令を出して接近する外国船は構わず撃退するように命じたのである。

このように幕府は外国船に対して厳しい態度で臨んだが、眠れる獅子《しし》と恐れられた清国（中国）がアヘン戦争（一八四〇〜四二）でイギリスに敗れ、しかも、強大な外国船（黒船）を目の当たりにして、欧米列強の絶大な勢力を改めて認識した。その結果、対外政策を緩めて異国船打払令を緩和して「薪水給与令《しんすいきゅうよれい》」を出し、漂着した外国船には薪水や食料、燃料などを与えて穏便に帰すようにしたのである。

しかし、外国からの開国の勧告は拒否し、あくまでも鎖国を貫く姿勢を示した。そんな状況の中、弘化三年（一八四六）にはアメリカの東インド艦隊司令長官のビッドルが神奈川県の浦賀《うらが》に来航して通商を求めたが、幕府はこれも拒絶した。アメリカにとって日本は、当時、盛んだった捕鯨船の燃料や食料の補給地として、また、清国との貿易の中継地として重要な位置にあったのである。

そして、嘉永《かえい》六年（一八五三）にはアメリカの東インド艦隊司令長官のペリーが四隻の艦船（黒船）を率いて浦賀沖に現れ、大統領フィルモアの親書を渡して開国を迫った。これに対して幕府は狼狽《うろた》えるばかりでろくに対応もできなかったが、親書だけは正式に受け取って翌年に回答するということを約束して艦隊を去らせた。そして、同じ年の七月にはロシアの使節プチャーチンが長崎を訪れて開国と国境の画定を要求した。

ここに及んで開国は待ったなしの状況だった。しかし、世界情勢に疎い日本政府が余りの衝撃に呆然《ぼうぜん》としているうちに、時間はどんどん経過していった。そして、翌年にはペリーが今度は九隻の艦隊を率いて来航し、条約の締結を強硬に迫った。結局、幕府は黒船の脅威とペリーらの威圧的な姿勢に気おされて「日米和親条約」を締結したのである。

この条約によって下田《しもだ》と箱館《はこだて》の二港を開いたが、**関税自主権**※1をアメリカに委《ゆだ》ね、**領事裁判権**※2を認めるなど日本は圧倒的に不利な立場に立たされた不平等条約だった。ほぼ同時にイギリスやロシア、オランダとも同様の和親条約を結んだ。ここに二〇〇年以上に及んだ鎖国政策は終《しゅう》焉《えん》を告げたのである。

攘夷と討幕

前述したように、幕府は対外政策は完全に転換して新たな方向を探らなければならなかった。

寛政の改革や享保の改革を行っても財政の立て直しは見込まれず、幕藩体制は窮地に陥っていた。また、幕末には外国との貿易に対する批判も高まっていた。当時、欧米各国は日本の三倍の比率で金銀を交換することができた。その結果、日本の金貨（小判）が大量に海外に流出したため、幕府は金貨の改鋳《かいちゅう》（万延《まんえん》貨幣改鋳）を行って金の含有比率を下げた。それにより、貨幣価値が下がって、国内では激しいインフレーションが起こり、庶民の生活は困窮を極めた。その結果、貿易に対する反感が高まり、それが攘夷運動へと発展していったのである。

そして、この攘夷論は討幕運動に帰結したのであるが、その先頭に立ったのが薩長を中心とする勢力や、早くから攘夷論をとなえた水戸藩などだった。彼らは天皇を錦《にしき》の御旗《みはた》として尊王攘夷を叫び、幕府を倒すことに勢力を傾けたのである。彼ら山口や四国、九州の各藩は関ヶ原合戦で西軍として戦って敗北し、以降、外様《とざま》大名として冷遇された。だから、徳川幕府に対しては積年の恨みがあったといわれる。

攘夷や尊王は口実に過ぎず、その本意は憎んでも憎み切れない幕府を倒すことにあったので

※１　関税自主権　貿易に際して関税を自主的に決定する権利。欧米との通商条約では欧米列強が一方的に関税率を決めていた。これは日本にとっての不平等条約である。

※２　領事裁判権　日本国内における外国人の犯罪に関してその国の領事が裁判を行うこと。この場合、日本人の裁判官は関与できない。明治一九年（一八八六）に起きたノルマントン号事件では日本人乗組員と乗客を救助しなかったイギリス人船長に神戸の領事裁判所は無罪の判決を言い渡した。

はないだろうか。そこで、未だ幼少の後の明治天皇を担ぎ出し、討幕運動を展開したのである。彼らの目的は天皇という大樹を作り上げてその下に集結し、その勢威の下に自らの地位を確保することにあった。

尊王攘夷は大義名分で討幕の目的さえ達成できればそれにこだわる必要はなかったのである。だから、アメリカ独立革命やフランス革命で民衆が自由と民権、アンシャン・レジームからの脱却にあくまでも拘泥したのとは事情が異なる。先に述べたように薩長の討幕派は欧米列強の強大な軍事力を目の当たりにして攘夷をいとも簡単に諦《あきら》めた。ただし、尊王について言えば天皇の存在は「大樹」としての彼らの拠《よ》り所《どころ》に必要だった。だから、明治以降も尊王にしがみついたのである。もちろん、天皇を真に敬愛し、その親政を期待する国学的思想の持ち主もいただろう。しかし、そのような人士はごく僅《わず》かで、大半は吉田松陰や岩倉具視らの意見を鵜呑《うの》みにして討幕運動に加わったものと考えられる。だから、情勢が変われば尊王論をも放棄して別の主体を求めたことだろう。

しかし、薩長に限らず主義主張に一貫性がないのは日本民族の特性の一つということができるかもしれない。これは明治時代の思想家の中江兆民がいったように「日本には哲学がなかった」からではないだろうか。哲学は悠久の過去から未来永劫《えいごう》にわたって絶対に変わることのない「普遍の真理」を探究する学問である。哲学的思考の習慣がなかった日本では普遍的な真理の探究には至らず、そのいわゆる「真理」の内容は時によって変化する相対的なものになったのである。

だから、明治維新以降も朝出された法令が夕方には改められるという「朝令暮改」の状況が繰り返された。そして、そのような傾向は現代の日本人にも見られるのではないだろうか。日本人は熱しやすく冷めやすいといわれ、食べ物でもスポーツでも、さらには政治においてさえ、時代の潮流に流されやすいということができるだろう。その点、為政者にとっては御しやすい国民ともいえる。

現に維新政府は国民に家父長主義の儒教倫理を押し付け、また、「教育勅語」を発して幼いころから「忠君愛国」の精神を叩《たた》き込んだ。その国民（臣民）教育は功を奏し、日清・日露の戦争では多くの若者を戦争に動員した。

下級武士のクーデター

明治維新は下級武士によるクーデターと位置付けられることがある。江戸時代には鎌倉時代とは異なる形で封建的主従関係が整備された。もともと封建制度は主君が配下の者に土地を与え、その代わりに配下の者は主君が起こした戦闘で戦う義務を負うという制度である。しかし、江戸時代になって戦闘がなくなり、太平の世が長く続くようになると、関ヶ原合戦以来の処遇が固定化し、それが世襲されるようになった。しかも、不祥事があれば改易や石高を減じられるという危機感が常にあった。

つまり、江戸時代には身分制度が固定化し、下級武士はどんなに頑張っても出世栄達は望めない絶望的な状況に置かれていたのである。中津《なかつ》藩（九州）の下級武士の家に生まれた福沢諭吉は子どものころに味わわされた差別的な状況の過酷さを嘆いている。

江戸時代も後半になると幕藩体制は動揺しはじめ、経済的にも混乱して幕府の勢力は衰退の一途を辿《たど》り、その統制力は弱まった。その結果、長州をはじめとするいわゆる「雄藩」が発言力を強め、討幕運動を展開することになったのである。どこの国家や社会でも上の勢力が衰えると下の勢力が台頭してくるのが常であるが、幕末にはまさにそういった状況が生まれたのである。これは室町時代の中期以降、将軍家の勢力が衰え、下剋上《げこくじょう》の世界が出現したこととよく似ている。

これに対して各藩は下級武士の台頭を抑えて秩序の保持に努めた。しかし、各藩も弱体化しており、下級武士の暴走を止める力はなかったのである。また、先にも述べたように、薩長など西日本の各藩はもともと幕府への不満を募らせていた。下級武士たちの無軌道な行動についてはー応厳罰をもって対処したのであるが、その一方でそのような行動も密《ひそ》かに容認する傾向があったのである。そして、いよいよ幕末が近づくと下級武士たちの意見が藩論を形成するようになり、薩長を中心に公然と討幕を口にするようになり、ついに維新が成し遂げられたのである。

郷士が活躍した明治維新

江戸時代の「武士」は江戸（中央政府）では旗本と御家人を指す言葉だった。ともに将軍直属の家臣で一万石未満のものだが、旗本は将軍に謁見を許され二〇〇〇石から三〇〇〇石程度の禄（報酬）が支給され、中には七〇〇〇石、八〇〇〇石の大身もいた。また、御家人は将軍に謁見は許されず二六〇石から四両一人扶持《ぶち》までの禄を支給された。さらに江戸には諸藩の大名とその家臣（藩士）が参勤交代などで駐在しており、もちろん彼らも武士階級だった。

彼らは江戸に住み、石高や才芸などに応じてさまざまな役職に就いていた。旗本は町奉行などの要職に就くものが多く、御家人の多くは町奉行配下で警察力を担う与力や同心、さらに各奉行配下の役所で働いていた。江戸時代中期の調査では五二〇五人の旗本と一万七三九九人の御家人がいた。

また、地方では大名とその家臣が城下町に集住して領内の政治を運営していた。各藩の財政は主に領内から徴収する年貢で賄われており、その中から藩士に禄が支払われたのである。

江戸時代には将軍を筆頭に旗本や御家人、各藩の大名と藩士が士農工商のうちの「士」、すなわち武士と呼ばれたのである。江戸時代を通して武士階級は全人口の四パーセント程度だった。しかし、江戸時代も後半になると、幕府の諸藩も財政が逼迫《ひっぱく》し禄の支払いが滞るようになった。武士たちの生活は困窮し、さまざまな内職で急場を凌《しの》ぐようになり、中には富裕な商人などに役職（御家人株）を売るものも現れた。

さらに、幕末に討幕運動が盛んになると、各地で小規模な戦闘が行われるようになり、これに農民などが参加することが多くなっていった。このように、普段は農業に従事しながら戦闘があると、それに参戦する者を「郷士《ごうし》」と呼び、郷士の中には藩に抱えられるものもあった。

坂本龍馬はもともと富裕な商家の分家に生まれたが、後に郷士となって土佐藩に仕官したもので、根っからの武士ではない。伊藤博文《いとうひろぶみ》も父親が貧しい農民の生活を捨てて下級武士の養子となった。また、後に首相になった山県有朋《やまがたありとも》も、下級武士の家に生まれて長州藩に抱えられた。さらに、高杉晋作《たかすぎしんさく》の奇兵隊に入隊したものの多くも郷士だった。長州藩ではその後も農民や商人が参加する軍事的組織が相次いで結成され、これが討幕運動の大きな力になったのである。

討幕運動は確かに高杉晋作や西郷隆盛などの下級武士が先導して行われたが、その指揮下で組織を支えたのは主に農民出身の郷士だったのである。しかし、根っからの武士（藩士）と農商民出身の郷士との間には討幕運動や改革（維新）についての考え方にかなりの乖離《かいり》があったと考えられる。

たとえば、坂本龍馬は商才に長《た》けていたようである。だから、イギリスのグラバー商会の番頭になり、自らも薩摩藩や長州藩に最新の武器などを売って巨利を得た。坂本龍馬は世直しや政治改革といったことには余り興味がなく、気になっていたのは武器の売れ筋だったのではないだろうか。

また、伊藤博文などは幼少時代には粟《あわ》や稗《ひえ》しか食べることができなかったという。しかし、討幕運動に加われればどこからか出される軍資金によって京都にも行くことができ、そこで白米をたらふく食べ、酒を飲んで遊郭にも通うことができた。おそらく維新などということはまったく眼中になかったのではないだろうか。ただ、討幕の徒党に与《くみ》している以上は、何らかの行動を起こさなければならない。そこで、品川のイギリス公使館の焼き打ちや塙忠宝《はなわただとみ》の殺害という蛮行を行って気勢を上げたのである。

そして、幕府を倒し維新を達成すると、彼ら郷士を含む下級武士は伊藤や山県のように二〇代半ばで政治の中枢に昇りつめ、首相を務めて、今日に至るまで「明治の元勲」として讃《たた》えられるようになった。また、伊藤博文はドイツに留学して憲法を学んだとされ、君主の権力の最も強い「プロイセン憲法」を元に「大日本帝国憲法」を起草した。

プロイセン憲法を採用するに当たっては岩倉具視などの陰険、狡猾《こうかつ》な公家《くげ》のたっての要望があったと考えられる。彼らは君主（天皇）の絶対的権威を認めることによって、その大樹の陰で保身を図ろうとしたのである。そして、伊藤がどこまで「憲法」というものを理解していたかは分からないが、彼はプロイセン憲法に掲げられた君主の絶対性にいたく感動したという。これは伊藤が尊王思想を抱いていたことにもよるが、それ以上に君主に絶対的な権威を与えれば、その大樹の陰で近臣たちが守られるということを本能的にさとったためだったのではない

歌川芳盛「本能寺合戦之図」 寛永寺境内（現在の上野恩賜公園）において幕府軍と新政府軍が衝突した上野戦争を描いたものだが、検閲をおそれて異なる標題が付けられている（東京都立中央図書館所蔵）

だろうか。「憲法」が為政者の圧政などから国民の基本的人権を守る目的で生まれたことを考えれば、伊藤の見解はまさに本末転倒ということになる。

ともあれ、明治維新は郷士を含む下級武士のクーデターであった。そして、岩倉具視や三条実美らの公家に誘導された志士たちは幕府を倒して政体を変革し、自分たちの地位の向上を図ることだけに執心したのであり、一般庶民の地位の向上や生活の改善などということは全く埒外《らちがい》に置かれたのである。これが明治維新の実態と見ても大きく外れているところはないだろう。要するに明治維新で利得を得たのは薩長を中心とする雄藩の旧藩士などと岩倉具視や三条実美らの反動的貴族などごく一部の者に限られていた。そして、彼らが国民感情や実態を無視したいわゆる「藩閥政治」を強行したのである。

このような独善的な藩閥政治に対して士族や庶民の間から新政府に対する不満が続出し、明治一〇年（一八七七）には西郷隆盛を首領として鹿児島の士族を中心とする西南戦争が起こった。これは討幕運動に参加して維新を敢行した九州各地の士族が活躍に見合った褒賞や地位を与えられないことに対する不満が募った結果だった。新政府は約半年の時間を費やして反乱を鎮圧し、これを最後に不平士族による反乱はおさまった。しかし、その後も加波山《かばさん》事件や秩父《ちちぶ》事件、福島《ふくしま》事件など民衆の蜂起《ほうき》が相次いだ。

ヴィジョンなき維新

明治維新は下級武士のクーデターと位置付けられるが、彼ら下級武士の最大の目的は長きにわたって屈辱的な身分を強いてきた幕府を倒すことだった。そして、討幕には成功したのであるが、それから先、どのような国家を作り上げていくのかということに関してヴィジョンを持ち合わせていなかったのである。

明治維新の主導者が革命後のヴィジョンを持たなかったことは世界の革命史上、稀《まれ》なことだったということができよう。ただし、彼らは欧米諸国の高度な文化を目の当たりにして、日本の後進性を痛感していた。そこで、「富国強兵」「殖産興業」をスローガンに掲げて近代国家の建設を急いだのである。

しかし、その性急な近代化政策は国民の不満を募らせることになり、各地で一揆《いっき》などの騒《そう》擾《じょう》が起こった。明治六年（一八七三）に徴兵令が発布されたが、その条文の中に「(臣民は）其生血ヲ以テ国ニ報スル」という文言があった。ここで「生血」とは「血税」、すなわち、血を搾られるような思いをして納める重い税金のことであるが、国民はこれを文字通り兵役に就けば生血を抜かれると勘違いした。それに加えて一家の働き手を兵役にとられれば生活も立ち行かなくなる。そこで、全国の農村を中心にいわゆる「血税一揆」が続発したのである。

また、同じ年に学制（学校制度）が施行され、小学校八年間を義務教育とした。しかし、教育費が有償だった上に、当時、小学校四年、一〇歳ぐらいの子どもは立派な労働力と見なされていた。労働力を取られては農業が成り立たなくなるということから批判が高まった。

さらに、討幕に参加して功績を挙げながら新政府に取り上げられなかった士族たち、あるいは廃刀令《はいとうれい》や四民平等で身分を失った士族たちは不満を募らせ、明治七年（一八七四）には不平士族を率いて「佐賀の乱」を起こした。また、明治九年（一八七六）には「廃刀令」や「秩禄《ちつろく》処分」に反対する熊本の不平士族が組織した「敬神党《けいしんとう》」（神風連）が反乱を起こし、続いて福岡県の不平士族による「秋月《あきづき》の乱」、山口県萩の「萩の乱」など士族による反乱が相次いだ。

そして、明治一〇年（一八七七）には鹿児島の士族が征韓論で新政府首脳と意見が対立して下野し、帰郷していた西郷隆盛を担ぎ出して大規模な反乱を起こした。これがいわゆる「西南戦争」で、政府軍は半年間を費やしてやっとのことで鎮圧した。

また、明治一七年（一八八四）には茨城県の加波山《かばさん》を拠点に「加波山事件」が起こった。政府の圧政に対して茨城県と栃木県の青年自由党員が県令三《み》島通庸《しまみちつね》と政府高官の暗殺を計画したが失敗し、加波山山頂に籠城《ろうじょう》して警察や宇都宮の県庁などを襲撃した。しかし、間もなく反乱は鎮圧されて多くの検挙者を出し、うち七名が死刑になった。

同じ明治一七年には「秩父事件」が起きた。明治一四年（一八八一）に大蔵卿《きょう》（現在の財務大臣）に就任した松方正義《まつかたまさよし》は増税によって歳入の増加をはかる一方、軍事費以外の歳出を大幅に削減した。それとともに歳入の増加でだぶついた不換紙幣を処分することを目的としてデフレ政策を強行した。

その結果、米価をはじめとする物価が高騰した上に、地租改正によって地租は豊凶に関係なく定額だったことから、小規模農民は土地を手放して小作農に転落した。一方、大地主は生活も儘《まま》ならなくなった小作農に金を貸し付けて、高率の農作物を現物で徴収した。このことで、新政府に対する不満を募らせた農民を中心に各地で反乱が起こったのである。

これらの反乱に対して新政府は「集会条例」を制定して政治的集会や結社の自由を制限し、さらに「治安警察法」を発してそのような政治的活動をしたものは厳罰に処せられることになった。また、この時代には「朝令暮改」といわれるように、朝出した法令が夕方には改変されるという具合に、政府の方針は目まぐるしく変わった。これも、新政府に確たるヴィジョンがなかったことのあらわれである。

すでに明治七年（一八七四）には板垣退助らによって「民撰議院設立建白書」が新政府に提

出され、国会の開設や憲法の制定を求める声が高まった。その要求は新しい政治の埒外に置かれ、新政府の強引なやり口に不満を募らせていた国民が立ち上がったことを意味する。これに対して政府は集会条例や保安条例を出して運動を封じ込めようとしたが、その勢いを止めることはできなかった。そして、明治二二年（一八八九）には大日本帝国憲法が公布され、続いて帝国議会が開設された。

ここに日本は近代国家の体裁を整えることになり、憲法には一応、基本的人権の保障が謳《うた》われた。しかし、人権は法律その他によって制限され、民主主義とは程遠い内容であった。開設された帝国議会も薩長出身の藩閥に支配され、政党を無視した超然主義が公然と宣言される有様だったのである。そして、民主的な憲法や議会の成立には第二次世界大戦後まで待たなければならなかったのである。

「五箇条の誓文」と「五榜の掲示」

慶応四年（一八六八）一月、諸外国に王政復古と天皇が外交主権を掌握したことを布告して本格的な外交関係を開始した。一方、この年の三月には「五箇条《ごかじょう》の誓文《せいもん》」を宣布して公議世論を尊重し、開国和親に努めるなどの新政府の基本政策を発表した。「五箇条の誓文」は天皇が文武百官を率いて天神地祇《てんじんちぎ》に誓約する形を取り、「天皇親政《しんせい》」、つまり、主権者である天皇が自ら政治を司《つかさど》ることを強く訴えるものだった。

一、広ク会議ヲ興《おこ》シ万機《ばんき》公論《こうろん》ニ決スヘシ
一、上下心ヲ一ニシテ盛ニ経綸《けいりん》ヲ行フヘシ
一、官武一途庶民ニ至ル迄各其志ヲ遂ケ人心ヲシテ倦《う》マサラシメン事ヲ要ス
一、旧来ノ陋習《ろうしゅう》ヲ破リ天地ノ公道ニ基クヘシ
一、智識ヲ世界ニ求メ大ニ皇基《こうき》ヲ振起《しんき》スヘシ

すべて国家の方針は公の会議の場で決められるべきこと。官僚から庶民に至るまで一丸となって目標に向かって邁進《まいしん》すべきこと。旧来の陋習、つまり、因習や先入観などは捨てて天地の公道（普遍的に正しい道）に従うべきこと。世界中から知識を求め、皇基、すなわち、天皇を中心とする国の基盤を守り、その高揚に努めるべきことを示している。

このように、「五箇条の誓文」は欧米並みの近代国家建設のために古い考え方を一掃し、世界の最先端の知識を活用して天皇から庶民に至るまで近代国家の建設に邁進することを強調したものだった。しかし、その一方で維新政府は同じ日に「五榜の掲示」を出した。これは新政府の方針を五行の短文で示したもので、江戸時代同様、高札《こうさつ》にして道の辻《つじ》などに掲げられたものである。

この「五榜の掲示」の第一〜三札は江戸時代までの「法度《はっと》」を踏襲したもので、君臣・父子・夫婦間の儒教的道徳を説き、徒党や強訴の禁止など社会秩序の維持を述べ、前時代に続いてキリスト教を淫祀《いんし》邪教として禁じた。「五箇条の誓文」で新国家の建設を謳ったのに反して旧態依然とした制度にもこだわったのである。

また、同年閏《うるう》四月、「政体書」を発布して「五箇条の誓文」の内容を具体化して新政府の組織を整えた。国家権力を太政官《だじょうかん》に集中し、アメリカ合衆国の憲法に倣って三権分立の原則を取り入れ、高級官吏を四年ごとの互選で交代させて権力の過度の集中を抑えようとした。しかし、高級官吏の互選も実際には行われず、薩長を中心とする藩閥が政府の中枢を占めた。

さらに、三権分立に関しては天皇の大権が強化されたことから、必ずしも上手《うま》く機能しなかった。とくに、大日本帝国憲法制定後は陸海軍は天皇の直属の機関となったことから軍事費の承認や軍の編成に関しては、議会や内閣を超越して勅令によって決定することができた。ただし、司法権の独立に関しては明治二四年（一八九一）の**大津事件**[※1]で確立したとされている。

大政奉還と王政復古

「大政奉還」は政治的権威を掌握していた徳川幕府が朝廷に一旦《いったん》、政権を返還（奉還）するという形を取った。幕末にはあくまでも武力による討幕を主張する薩長を中心とした勢力と、日本の伝統に則《のっと》って幕府と朝廷が並び立って役割分担をしながら政治を進めようとする「公武合体」の二派に分かれていた。後者は旧幕臣や公家、また、前土佐藩主の山内容堂《やまうちようどう》らが主張し、日本に開国を求めていたフランス政府も公武合体を主張して徳川慶喜《とくがわよしのぶ》を支援した。孝明《こうめい》天皇も公武合体を主張していたが、これに反対する岩倉具視《いわくらともみ》や薩長の勢力によって大政奉還の一年半前に暗殺された。そのような物騒な状況の中で大政奉還は討幕派の機先を制する形で前土佐藩主・山内容堂を通じて徳川慶喜に伝えられた。その内容は幕府が一旦、朝廷に政権を返還（奉還）し、その上で幕府は朝廷の委任を受けて政権を担当するということだった。だから、徳川慶喜や旧幕臣もこれには異存がなかったのである。

慶喜は慶応三年（一八六七）一〇月一四日、ついに、大政奉還の上表を朝廷に提出したのである。これは薩長を中心とする討幕派には寝耳に水の話で、朝廷内の岩倉具視らと結んだ薩長両藩は同じ一〇月一四日に「討幕の密勅《みっちょく》」を手に入れたと騒ぎ立て、あくまでも武力による討幕の遂行を主張した。

ただし、幕末から維新にかけての混乱期にはたびたび天皇の名で「密勅（極秘の詔勅）」が

※１　**大津事件**　日本を親善訪問していたロシア皇太子ニコライ・アレクサンドロヴィッチ（後のロシア皇帝ニコライ二世）が琵琶湖の南岸を巡遊中、警固に当たっていた巡査・津田三蔵に斬り付けられて負傷した。日本政府はロシアの報復を恐れ、日本の皇室に対する犯罪の刑罰を適用して津田を死刑にするよう司法に圧力をかけた。ときの大審院長・児島惟謙はこれを拒否し、通常謀殺未遂罪を適用して無期徒刑の判決を下した。ここに日本の司法の独立が確立したとされている。

乱発されており、中には岩倉などの狡猾極まりない公家がその作成に関与した偽の密勅も少なからずあった。討幕の密勅を出したのは明治天皇ということになるが、この時点で明治天皇は満一五歳、今でいえば中学三年生である。しかも、右も左も分からないうちに討幕派に担ぎ出されて政治の中枢にまつりあげられた人物である。

山内容堂が岩倉具視に「幼弱《ようじゃく》の天皇をたてた」ことの非を難じ、これに対して岩倉は激怒して明治天皇をたてる正当性を主張したという。岩倉や三条実美など自らの既得権の維持に血道を上げていた狡猾極まりない公家連中にとって、天皇は幼弱であるからこそ錦の御旗として十分に機能したのである。このような当時の事情を考慮すれば「討幕の密勅」の真偽も怪しいものである。恐らく岩倉らの公家が発案し、明治天皇の事後承諾を受ける形で密勅として発したのではないだろうか。

討幕の密勅を盾に討幕軍はすでに江戸に向けて進発した。しかし、江戸が戦争に巻き込まれて多くの犠牲者がでることを危惧《きぐ》した幕府側は勝海舟を代表として西郷隆盛と会談し、無血開城を決定した。

徳川慶喜が大政奉還を上表したことに動揺した討幕派はあくまでも天皇親政を主張して「王政復古の大号令」を発し神武創業のはじめに立ち返って国づくりを進めることを宣言した。

「神武創業のはじめ」とは次のようなことである。神武天皇が日向《ひゅうが》を出立し熊野川の河口（新宮）から上陸して困難な旅を続けて大和に至った。そして、大和を平定した神武天皇は紀元前六六〇年一月一日、奈良の橿原宮《かしはらのみや》で即位して初代現人神《あらひとがみ》（天皇）となった。これをもって日本の建国としたのである。そして、このとき神武天皇は日向から奈良まで多くの賊と戦闘を繰り返しながら困難な道を踏破して日本国を建国した。その神武天皇の不屈の精神を見習って新しい国家の建設に当たろうというのが「神武創業のはじめに還《かえ》れ」ということだった。

「王政復古」とは神武天皇の時代に回帰せよとの意味で、天皇が強い指導力を発揮していた「親政」を目指した。ただし、この王政は必ずしも神武天皇の時代まで遡るものではなく、討幕派の連中は後醍醐天皇の「建武の新政（親政）」あたりを意識していたともいわれている。

後醍醐天皇は足利尊氏の協力を得て鎌倉幕府を倒した。その後、尊氏と対立した後醍醐天皇は吉野に南朝を開き、自らが政権を掌握したとして「建武の新政」を主導した。しかし、現実を無視して余りにも理想に走った後醍醐の新政は武家の反発を招き三年余りで崩壊した。血気に逸《はや》った討幕派の志士たちがそのような後醍醐の新政を強く希求したことで、彼らの無知と教養のなさを露呈することになったのである。

ただし、古い精神をもって近代国家の建設に着手しようという考え方は世界中の民族主義者に見られることだった。中国では清朝末期に「中体西用《ちゅうたいせいよう》」という運動が起こった。これは中国（中華）の伝統的な道徳倫理を根本としながら西洋の技術を積極的に採用していこうというものので、日本の「和魂洋才」と同じことである。

そして、そのような民族主義的思潮が高まると西欧の近代的な制度や文物を徹底的に排斥する傾向もあらわれてくる。イスラム圏で女性教育を制限したりするのもその典型的なあらわれである。日本でも民法の制定に当たってこの問題が先鋭化した。個人主義的な性格の強いフランス民法を参考にした民法案に対して、穂積八束などの保守的な法律学者が「民法出デテ忠孝亡ブ」といって猛然と反発し、けっきょく、初期の民法は大幅な改訂を加えられて家父長主義的な内容になったのである（二五八ページを参照）。

明治の初年には近代的な西欧文明が怒濤《どとう》の如く押し寄せ、日本政府はそれらを手放しで受け入れた。しかし、その一方で「大和魂」や「武士道」が喧伝《けんでん》され、日本民族の精神が失われることへの危機感が形成されてきた。その危機感が「王政復古」や「神武創業のはじめに還れ」といったスローガンを生み、精神と物質との間にちぐはぐな関係を生み出したことも否めない。ただし、そのことが日本独特の和洋折衷の文化を生み出してきたことも確かである。

憲法と日本人

一七世紀ごろまでヨーロッパでは国王や貴族、聖職者といった特権階級が社会を牛耳り、国民（市民）の基本的人権などは無視し続けられてきた。これに対して市民が立ち上がり人権の確保を求めたのがフランスの市民革命である。一七八九年に革命が成立し、その後すぐに憲法が制定された。

また、アメリカでは宗主国イギリスの圧政に耐えかねた国民が独立戦争を起こし、一七七六年にイギリス軍を倒して独立を宣言した。その後、アメリカでも合衆国憲法が制定された。

憲法とは国家や権力者の人権侵害に対して、人民を保護するために制定されるもので、「日本国憲法」の中でも憲法は「国の最高法規」であると定められている。つまり、すべての法律は憲法の枠の中で作られなければならないのであって、憲法の枠外に飛び出した法律は「違憲(憲法違反)」として排除されるのである。

人類の歴史は長きにわたる人権侵害と迫害の歴史であった。古くから法律は作られてきたが、それは刑法が中心で為政者の権利ばかりを主張する、国民（市民）にとっては極めて不合理な内容だったのである。

そんな中で一七世紀にイギリスでは貴族たちが自らの権利を主張して、いわゆる「権利の宣言」を王権に提出し、ときのウィリアム三世とメアリ二世がこれを受け入れ、「権利の章典」としてまとめられた。これは国民の生命・財産の保護などを規定したもので、ここに議会主権に基づく立憲王政が確立した。

その後、このような権利の要求は次々と出され、やがて、アメリカ独立宣言やフランス革命に至り憲法の基礎が固まると同時に、国民主体の「国民国家」の概念が確立し、現在の民主主義の基盤が出来上がったのである。

民主政治についてはすでに古代ギリシャのポリスで行われており、市民平等の原則が確立していた。しかし、ポリスの財政の基盤は奴隷制にあり、奴隷は人権を制限されるどころか人間としても認められていなかった。あの哲学者アリストテレスでさえ、奴隷は「頭と手足を持った人間のようなもの」と表現している。

しかし、時代が下ると国民主体の民主政治とそこでの人権保護は常識となりフランス革命やアメリカ独立宣言以降は憲法を備えることが近代国家の必須《ひっす》の条件となった。そのような世界的な風潮の中で日本も明治維新以降、近代国家の建設を目指す手前、憲法を制定する必要に迫られたのである。

「憲法」の制定は市民（国民）の権利を保障する一方で、権力者の恣意的《しいてき》な行動を制限した。だから、どこの国でも為政者が積極的に憲法を制定することはなく、不承不承、容認するという形を取ったのであり、日本でもその事情は同じであった。

大日本帝国憲法

アジアで初の憲法は明治二二（一八八九）年二月一一日、欽定憲法《きんてい》という形で発布された。「欽定」とは国家元首（天皇）が国民に恩賜の形で授けたという意味である。また、二月一一日という日は紀元節《きげんせつ》、現在の建国記念の日で、紀元前六六〇年に神武天皇が奈良の橿原宮で即位して日本国の成立を宣言した日とされている。この日に国家の根幹をなす憲法を発布したことは、近代化とは裏腹に王政復古をとなえる維新政府の中枢の強い願いが込められているといえよう。

第一条では「大日本帝国ハ万世一系ノ天皇之ヲ統治ス」と定められ、天皇が国家の主権者でしかも天皇の地位は万世一系であると規定している。国家の主権者はときの情勢によってしばしば交代することは誰の目にも明らかである。しかし、大日本帝国憲法では悠久の過去から未来永劫にわたって血縁関係で永続する元首が求められたのである。

第三条では「天皇ハ神聖ニシテ侵スヘカラス」とされている。天皇は絶対的君主であり、このことから天皇は現人神、神であるといわれるようになった。

第四条は「天皇ハ国ノ元首ニシテ統治権ヲ総攬シ此ノ憲法ノ条規ニ依リ之ヲ行フ」とされている。つまり、天皇は一国を統治するすべての権限を握っているのであって、政治を動かすに当たっては憲法の規定に従って行われるとした。しかし、ここでは「此ノ憲法ノ条規ニ依リ之ヲ行フ」としている。

これは天皇の権限が憲法によって制限されることを意味しているのではなく、例外もあり得ることを示唆している。国政の運用に関しては議会の承認が必要であるが、緊急の場合には議会の承認を待たずに天皇の詔勅で決することができた。

第七〇条に「公共ノ安全ヲ保持スル為緊急ノ需用アル場合ニ於テ内外ノ情形ニ因リ政府ハ帝国議会ヲ召集スルコト能ハサルトキハ勅令ニ依リ財政上必要ノ処分ヲ為スコトヲ得」と規定し

である。このことはときとして天皇の権威が憲法の権威を超越することを意味している。

また、集会・結社・言論・居住・信教の自由など基本的人権を認めることは近代国家を形成する上での必須《ひっす》条件である。維新政府も欧米列強への体面上、近代国家の体裁を整えようとしたことから集会・結社・言論の自由などを一応は認めた。

しかし、それを認めるに当たっては「法律の定める範囲内において」という意味の但し書きがついた。第二九条には「日本臣民ハ法律ノ範囲内ニ於テ言論著作印行集会及結社ノ自由ヲ有ス」とある。本来、法律は最高法規である憲法の範囲内にあるべきだが、ここでは憲法が法律の範囲内とされ、両者の位置関係が逆転している。これは憲法本来の意義を無視したものである。

たとえば、明治一三年（一八八〇）に定められた「集会条例」は政治活動を抑制するもので、憲法の趣旨からいえば当然のことながら「違憲」である。しかし、法律が憲法に優先する大日本帝国憲法においては違憲という概念自体がなかったのである。

そして、その後も新聞紙条例など言論著作などを弾圧する法律が相次いで出され、大正一四年（一九二五）に普通選挙法が成立すると新たな反政府勢力を抑える目的から、同年、「治安維持法」を成立させた。

ただし、現行の「日本国憲法」にも基本的人権の行使に当たっては「公共の福祉に反しない限り」という但し書きがある。もっとも、これは「法律の範囲内」とは別次元の問題である。

ただ、「公共の福祉」の内容については必ずしも明確ではない。

陸海軍は天皇の直属機関となる

帝国憲法第一一条に「天皇ハ陸海軍ヲ統帥ス」とあり、天皇が日本国軍のトップであることを定めている。第一二条では「天皇ハ陸海軍ノ編制及常備兵額ヲ定ム」としている。このことは天皇が日本国軍の大元帥であると同時に師団や連隊の増減、軍費などについて一切合切を掌握していることを意味している。そして、この統帥権は内閣や他のすべての国家機関から独立した天皇固有の権限と考えられたのである。

ただし、第一一条の「統帥権」と第一二条の「編制大権」は、憲法上は別の問題だった。しかし、昭和五年（一九三〇）ロンドンの海軍軍縮会議で主力艦建造禁止が五年間延長され、さらに、ワシントン海軍軍縮会議で除外された補助艦の保有量制限が決定されると、政府は海軍軍令部などの反対を押し切る形で条約に調印した。

これに対して野党立憲政友会や海軍軍令部、右翼などは政府が海軍軍令部の反対を押し切って条約を容認したことは統帥権の干犯であるとして激しく攻撃した。政府は枢密院の同意を取り付けて批准に持ち込んだが、「統帥権」と「編制大権」の所在に関してはその後もさまざまな物議を醸すことになったのである。

また、この統帥権を海軍や陸軍が独自に解釈して単独行動を取るケースもあった。その最たるものが石原莞爾《いしはらかんじ》率いる関東軍であった。関東軍は満州事変を起こして愛新覚羅溥儀《あいしんかくらふぎ》を執政（後に皇帝）に据えて満州国を建国し中国全土の支配を目指した。

その後も関東軍は拡大し続け、終戦近くには七〇万人が中国東北部に駐留するようになった。彼らは政府の方針とは関わりなく勢力の拡大を続けたのであり、それができた背景には陸海軍が天皇の直属で政府の干渉は受けないのだという思い込みがあった。しかし、そのことが太平洋戦争の引き金になったことも事実である。

違憲だらけの法律

現在の日本国憲法にも謳われている通り憲法は国の「最高法規」であり、「これに反する一切の憲法、法令及び詔勅を排除する」と規定されている。つまり、いかなる法令（法律）も憲法の範囲内で作られなければならないのであり、憲法の原理から逸脱し、または、抵触する法律はすべて、排除されなければならない。

このように法令などが憲法の範囲内で作られなければならないということは近代憲法の大原則で、各国の裁判所は違憲審査権を持っている。現行の日本国憲法は第八一条で「最高裁判所は、一切の法律、命令、規則又は処分が憲法に適合するかしないかを決定する権限を有する終審裁判所である」と規定し、最高裁判所に法律などの合憲性を最終的に判断する権限を認めている。

ただし、最高裁判所はあくまでも最終的な判断を下すのであって、地裁や高裁などの下級裁判所や自治体などにも違憲審査権は認められている。また、違憲審査は具体的な事件に基づいて行われるのであって、単にある法律が憲法に違反するのではないかということを理由に審査に入ることはできない。

かつて刑法二〇〇条に「尊属殺人」という罪状があった。これは父母をはじめとする直系の尊属（血族）を殺害した場合、一般の殺人罪より重い死刑や無期懲役が科せられるもので、戦前から継承された罪状だった。あるとき、非道極まりない父親を殺害した娘に尊属殺人罪が適用されて極刑の判決が出た。これに対して娘が尊属殺人罪を違憲として控訴したのである。その結果、最高裁で違憲が確定し、娘には通常の殺人罪が適用され、この一件によって尊属殺人罪は削除されたのである。

このように近代国家では法律の違憲性が厳しくチェックされるのであるが、大日本帝国憲法には憲法の最高法規性やそのようなチェック機能は謳われていない。前にも述べたように戦前はむしろ基本的人権などは法律の範囲内で認められ、法律が憲法に優先する傾向にあったのである。それに軍事予算の承認などについては天皇の大権が圧倒的な権威を持ち、憲法を超越していた。

そのような状況の中で大日本帝国憲法下では明らかに憲法違反の悪法が次々に制定された。明治八年（一八七五）に讒謗律《ざんぼうりつ》・新聞紙条例を出し、明治一三年（一八八〇）には集会条例を出して集会や結社、言論の自由を制限した。そして、その後、制定された大日本帝国憲法の第二九条で言論、出版、集会、結社の自由などが一応認められていたが、「法律ノ範囲内ニ於テ」という但し書きをつけて制限したのである。

明治初年から自由民権運動が盛り上がりを見せ、各地で国会開設と憲法制定を求める集会や政治的結社の結集が相次いだ。民権運動の封じ込めを狙って布告されたのが讒謗律や新聞紙条例、集会条例だったのである。

その後、大正一四年（一九二五）に普通選挙法が成立すると、同じ年に治安維持法が成立した。普通選挙法の施行に伴って有権者（男性のみ）はそれまでの四倍に増えたが、治安維持法はそれに伴う社会運動の激化などへの懸念から、国体の変革（天皇制の否定）や私有財産制度の否定を目的とした結社の組織者と参加者を処罰することを目的としたものだった。この法律は三年後に改正され最高刑が一〇年以下の禁錮《きんこ》刑から死刑、または無期懲役に改められた。

また、日清戦争前後に産業界が活気づくと労働条件の改善や賃上げを要求する労働運動が盛んになった。これに対して政府は明治三三年（一九〇〇）に治安警察法を制定し、労働者の団結権やストライキ権を制限して労働運動の取り締まりを強化した。

このほか、憲法に先行して作成された民法では、江戸時代以来の儒教的な家父長主義が取り入れられた。戸主の権限が絶対化され、婚姻や居住に関しては戸主の承認を必要としたのである。これは近代民主主義の法の下の平等の精神に反するものであったことは言うまでもない。

日本では岩倉具視のような反動勢力を押し切ってアジア初の憲法を制定した。しかし、その内容は憲法の下位に位置する法律に縛られるという近代憲法の精神とは程遠いものだった。政府のプロパガンダもあって公布の日には多くの国民が提灯《ちょうちん》行列を行って歓喜したという。幸徳《こうとく》秋水《しゅうすい》はこのときの中江兆民の反応について「明治二二年春憲法が発布された。全国民は歓呼していることに先生が嘆息していった。わが国民は天皇から賜った憲法の実態を知らずに、ただ、その憲法という名だけに酔っている。わが国民はどうしてこのように愚にして狂なのだろうか。先生は憲法の条文を一度だけ読んでただ苦笑するのみだった」と伝えている。

また、ドイツ人のベルツはその日記に「二月九日―東京全市は一一日の憲法発布をひかえその準備のため、言語に絶した騒ぎを演じている。至るところ、奉祝門、照明、行列の計画。だが、滑稽《こっけい》なことに誰も憲法の内容をご存じないのだ」と中江兆民と同様の感慨を述べている。

さらに、憲政の神様と謳われた尾崎行雄《おざきゆきお》は大正二年（一九一三）に桂太郎《かつらたろう》内閣不信任決議案の提出理由を述べた演説で、藩閥勢力が天皇を擁してその陰で権力の独占を企てていると批判した上で彼らが「如何《いか》ニ我憲法ヲ軽ク視、其精神ヲ理解」していないかが分かる、と言っている。

もともとヨーロッパと違って日本では憲法や議会は国民（市民）が自ら勝ち取ったものでは

なかった。だから、憲法や議会がなぜ必要なのか、国民が生活していくうえでどれほど重要なものであるのかということについて、ごく一握りの識者を別としてほとんど考えが及ばなかったのである。

これは一般国民だけの話ではなく尾崎が指摘したように政府の中枢にいる連中も憲法の精神を理解せず、これを軽視していたのである。そして、そのような憲法や議会に対する軽視や無理解は今も連綿として受け継がれているのである。だから、為政者の側に立つものが「解釈改憲」という言葉を公然と叫び、憲法に法律を優先させて違憲の疑いが濃厚な法律を次々に成立させていく。また、安倍政権以降は「閣議決定」が横行して国会は蔑《ないがし》ろにされている。これはある意味で日本の国家が立憲主義、議会制民主主義の要件を満たしていないと言っても過言ではない。

また、戦後、「地方自治は民主主義の学校である」と言われて久しい。しかし、その模範とすべき地方自治も必ずしも満足に機能しているとは言えない。選挙では和牛やメロンを配り、有権者の中にもそれを喜んで受け取って、該当候補者に投票するものも後を絶たない。今も、中江兆民や尾崎行雄が指摘した状況が続いているといえるだろう。

これからは学校教育の中で憲法や議会制民主主義の仕組みをきっちりと教え込むことが求められる。小学生から英語を必修科目にするよりも政治の仕組みを学ぶことを必修にすることが先決である。もっとも、今の政府や文部科学省にそれを求めても土台、無理な話だろうが。

日清戦争

富国強兵をスローガンに掲げた維新政府は軍事力を拡張して朝鮮半島への進出を目論《もくろ》んだ。すでに板垣退助や西郷隆盛は朝鮮を日本の属領にする「征韓論《せいかんろん》」をとなえ、明治八年（一八七五）には江華島《こうかとう》事件を起こして軍事力を背景に圧力をかけて日朝修好条規を結んで朝鮮を開国させた。この日朝修好条規は朝鮮に一方的に不平等を強いるもので、それによって朝鮮では反日感情が高まり、明治二七年（一八九四）には減税と排日を要求する農民の反乱「東学党の乱（甲午《こうご》農民戦争）」が起こった。朝鮮政府はこれを鎮圧するために宗主国の清国に出兵を依頼し、清国は天津条約に従って出兵の事実を日本に報告した。かねて清国と宗主権を争っていた日本は対抗して出兵し、同年八月、遂に日本は清国に宣戦布告して日清戦争が始まったのである。

戦局は日本軍の圧倒的優勢のうちに進み、瞬く間に清国軍を朝鮮から駆逐した。さらに、遼《りょう》東《とう》半島を占領し、清国の北洋艦隊《ほくようかんたい》を撃破するなどして日本の勝利に終わった。明治二八年（一八九五）の四月には下関《しものせき》条約が結ばれ、講和が成立した。この条約で清国は朝鮮の独立を認め、遼東半島と台湾、澎湖《ぼうこ》諸島の割譲、日本円で約三億一〇〇〇万円の賠償金の支払い、重慶《じゅうけい》、蘇《そ》州《しゅう》など四港の開港などを約した。

このうち、遼東半島の割譲についてはロシアが猛反発し、フランス、ドイツを誘って同半島

を受け入れた。これが「三国干渉」で、遼東半島はかねて東アジア進出を目論んでいたロシアにとって重要な拠点だったのである。日本は三国の圧力に抗することができず要求を受け入れた。

ロシアの干渉は日本の国民感情を刺激し、「臥薪嘗胆《がしんしょうたん》」を合言葉にロシアに対する敵愾心を増幅させた。そして、政府もそのような世論を背景にロシア戦（日露戦争）を想定して軍備拡張を進めたのである。

また、遼東半島を返還した日本は台湾の経営に力を入れ、総督府を置いて植民地化し、台湾銀行や台湾製糖会社を設立して産業の振興を図るとともに、土地制度の近代化を進めた。このような日本の政策は地主や資本家などの富裕層には受け入れられたが、農民をはじめとする貧困層は反発し、各地で反日武装蜂起が起きたが日本政府はこれを武力で徹底的に弾圧した。

さらに、日本政府は日清戦争の賠償金の一部を充てて明治三〇年（一八九七）に北九州に官営の八幡製鉄所《やはたせいてつしょ》を創設した。また、軍備拡張を進める政府は造船業の育成にも力を入れた。この時期に繊維産業などの軽工業から重工業に転換し、産業規模も飛躍的に拡大した。

そして、日清戦争を契機に植民地支配に乗り出し、欧米列強に倣って帝国主義国家の一員になった。以降、日本はアジアを中心に領土獲得に専念し軍備を増強して遂には太平洋戦争までの道筋を辿ることになるのである。

日露戦争

日清戦争での敗北は欧米列強に清国の弱体ぶりを露呈することになった。列強各国はそれに付け込んで、清国（中国）分割を相次いで要求した。これに反発した中国人の間では外国人排斥の機運が高まり、とりわけ、排外主義団体の義和団《ぎわだん》は「扶清滅洋《ふしんめつよう》（清を助けて西洋を壊滅させる）」をとなえて外国人を襲って殺傷し、北京の各国の公使館を包囲した。そして、清国政府はこの混乱に乗じて義和団に同調して列国に宣戦を布告した（北清事変《ほくしんじへん》）。

一九〇〇年、列強各国は連合軍を派遣して義和団を北京から追放し、清国軍も殲滅《せんめつ》した。降伏した清国は「北京議定書」を結ばされ、巨額の賠償金を課せられ、北京の公使館所在地域の治外法権、公使館守備隊の駐留などを承認させられた。一方、宗主国である清国が敗北すると朝鮮はロシアに接近して、その軍事力を背景に日本に対抗して国号を「大韓帝国」と改め、朝鮮国王も皇帝を名乗った。

このような情勢の下、日本とロシアは極度の緊張状態に陥り、先に「臥薪嘗胆」を合言葉にロシアに強い敵愾心を抱いていた日本の世論も開戦ムードに盛り上がった。そして、明治三七年（一九〇四）二月、両国は宣戦を布告して日露戦争がはじまったのである。また、それに先立つ明治三五年（一九〇二）に日本はイギリスと「日英同盟」を結んでいた。ロシアの南下政策に危機感を抱いていたイギリスは日本にその防衛機能を果たさせようとしたのである。一方、日本はイギリスの後ろ盾を得ることによって開戦に踏み切ったのである。

日露開戦についてはキリスト教徒の内村鑑三や社会主義者の幸徳秋水らが非戦論をとなえて戦争反対を叫んだ。また、開戦後、弟が戦地に赴いた与謝野晶子《よさのあきこ》は「君死にたまふこと勿《なか》れ」という詩を雑誌『明星《みょうじょう》』に発表して反戦を訴えた。一方で『国民新聞《こくみんしんぶん》』を主宰していた徳富蘇峰《とくとみそほう》などが主戦論を盛り上げ、政府のプロパガンダを支援し、マスコミも主戦論を煽《あお》った。それで、日本の世論の大半は主戦論としてまとめ上げられたのである。

開戦後はロシアの満州支配に反発するイギリスとアメリカから経済的支援を受け、戦局は日本の優勢のうちに展開した。多大の犠牲を出しながら旅順要塞《りょじゅんようさい》を陥落させ、次いで奉天会戦《ほうてんかいせん》で辛勝した。さらに、日本海海戦《にほんかいかいせん》では世界最強の艦隊といわれていたバルチック艦隊を全滅させた。

また、日露戦争に先立ってロシアでは帝政に対する批判が強まり各地で農民蜂起などが続発した。社会情勢は極めて流動的になり、軍隊の中にも帝政に反発する勢力がいたことから、軍事力は甚だしく弱体化していた。世界最強といわれたバルチック艦隊も往時の勢いはなかったのである。

日露戦争は文字通り総力戦となり、日清戦争の軍事費が二億円余りだったのに対してこの戦線の末期には約一七億円の軍事費がつぎ込まれた。政府は国民に増税を強いて軍事費を賄ったが、これは国民の担税能力をはるかに超えるものだった。日本海海戦で華々しい勝利をおさめながら、戦争継続が困難になるという泥沼に陥ったのである。

そこで、日本はアメリカのセオドア・ルーズベルトに戦争終結の斡旋《あっせん》を依頼し、明治三八年（一九〇五）の九月にアメリカのポーツマスでロシアとの間に講和条約（ポーツマス条約）を結び、日露戦争は終結した。この条約でロシアは韓国における日本の権益を全面的に認め、東清鉄道の長春―旅順間（後の南満州鉄道）の権益を日本に譲渡するなど大幅に譲歩したが、賠償金はまったく取ることができなかった。

これに対して重税に耐えて戦争遂行に協力してきた国民の間からは不満が噴出し、各地で講和条約反対運動が繰り広げられた。中でも東京の日比谷《ひびや》公園で開かれた集会は、参加者が暴徒化して「日比谷焼き打ち事件」に発展した。しかし、韓国の権益を獲得したことによって大陸進出の拠点を確保した日本はさらなる領土獲得に乗り出し、明治四三年（一九一〇）、遂に韓国を併合して植民地にしたのである。その間、韓国では反日運動が盛り上がりを見せ、明治四二年（一九〇九）には前統監の伊藤博文はハルビン駅頭で民族運動家の安重根《あんじゅうこん》に射殺された。

第一次世界大戦

二〇世紀のはじめヨーロッパ大陸の勢力はドイツ・オーストリア・イタリアの「三国同盟」

とロシア・フランス・イギリスの「三国協商」に二分されていた。一方、セルビア、モンテネグロなど多民族国家が並び立つバルカン半島は「ヨーロッパの火薬庫」の異名を取り、民族紛争が多発していた。

そんな中でオーストリアの皇太子夫妻がセルビア人の民族主義者に射殺されるという事件（サラエヴォ事件）が起こった。オーストリアとセルビアの間に戦争が起こり、その後、オーストリアを支援するドイツとセルビアを支援するロシアとの間の戦争になり、さらに、フランスとイギリスがロシア側について参戦し、四年余りに及ぶ第一次世界大戦がはじまった。

イギリスがドイツに宣戦布告すると日本は日英同盟を理由にドイツに宣戦布告した。しかし、日本は遠方のヨーロッパ戦線には加わることなく、ドイツが戦争で手一杯なのを良いことに、青島《チンタオ》や山東省などの中国におけるドイツの権益を接収し、さらには赤道以北のドイツ領南洋諸島の一部を占領した。

また、ヨーロッパ諸国は大戦に従事して中国に介入する余力がなかったが、日本はそのことを利用して中国の袁世凱《えんせいがい》に「二十一カ条の要求」を突き付けてその大半を認めさせた。さらに、日本はドイツ権益の露骨な接収がヨーロッパ諸国の批判にさらされることを恐れ、イギリスやアメリカと交渉して中国における双方の権益を確認し合った。

日本にとってヨーロッパの戦争は遠い対岸の火事だった。そこで、日本は大戦の間に中国における権益を拡大した。対戦でヨーロッパが撤退した中国市場は日本の独壇場となり、また、同じく戦争景気に沸いていたアメリカ市場への生糸などの輸出が激増し、日本は大戦景気に沸き返った。

大戦景気によって工業が活況となり工業生産額が農業生産額を追い越して日本は工業国へと転換した。大戦で疲弊したヨーロッパでは工業が衰退し、鉄鋼業や造船業が大きく後退した。その代わりを務める形で日本では鉄鋼、造船などの工業が活況を呈し、財閥の基盤を固めるとともに「船成金」などの成金が生まれた。

一方で、空前の好景気は貧富の差を拡大し都市では多くの人々が物価の高騰に苦しんだ。また、工業の発展に比して農村では寄生地主制の下に抑圧された農民は相変わらず貧困から脱却することができなかった。

また、一九一七年にロシア革命が起こると、列強諸国は社会主義を危険視してロシアへの干渉を開始した。列強諸国はアメリカの提唱により共同出兵し、日本も大軍を派遣した（シベリア出兵）。大戦終結後、列強諸国はシベリアから撤退したが、日本はロシアの反革命政府の支援を口実に大正一一年（一九二二）まで駐留を続けた。

米騒動と民権運動

大戦による空前の好景気によって工業が発展して工業労働者が増加し、それらの人々が都市に集中した。農業人口の減少に伴って農業生産が停滞し、物価の中でも米価が著しく上昇した。大正七年（一九一八）には米穀商らがシベリア出兵を当て込んで米を買い占め米価が急騰し、農民や都市の貧困層は極度に困窮した。

これに対して富山県の漁村の女性たちが声をあげ、それをきっかけに都市部の困窮者や被差別階級の人々が一斉に蜂起し、米穀商や大商人、地主、精米会社などを襲って建物を破壊し米を奪った。これが「米騒動」で七月から九月にかけて全国で七〇万人の人々が加わる騒乱に発展した。政府は軍隊を出動させてやっと鎮圧したが、当時の寺内正毅《てらうちまさたけ》内閣はその責任を取って総辞職に追い込まれた。

大正五年（一九一六）に吉野作造《よしのさくぞう》が「**民本主義**[※1]」を提唱し、民主化をとなえる自由民権運動が次第に盛り上がりを見せた。米騒動のような大規模な騒乱が起こった背景には自由民権運動の影響もあった。そして、民衆運動の力を痛感した政府はついに政党内閣を容認し、藩閥にも属さず華族でもない原敬《はらたかし》を首相に指名した。国民は原を「平民宰相」とよんで歓迎した。しかし、期待に反して原は普通選挙制度の導入には否定的だった。一方で国民の間からは普通選挙実施の要望が日に日に高まったが、その後も政府は種々の代替え案を提示して要求を躱《かわ》し、結局、普通選挙法の成立は大正一四年（一九二五）まで待たなければならなかったのである。

このような大正時代の民主化を求める政治的風潮を「大正デモクラシー」と呼んでいる。これらの運動が活性化されたのにはフランス革命やアメリカ独立宣言などで民主的な国民国家が形成されたこと、また、ロシア革命の影響も大きかった。しかし、大正一二年（一九二三）の関東大震災で壊滅的な打撃を受け、加えて昭和四年（一九二九）に起こったニューヨーク市場での株価の大暴落は世界恐慌に発展した。そのころ日本経済は金輸出解禁による不況に悩んでいたが、それに世界恐慌が重なって日本経済は立ち行かなくなったのである。

また、関東大震災では「朝鮮人が暴動を起こした、放火した」という流言飛語が飛び交った。政府は戒厳令を敷いて軍隊を動員し、住民には自警団を作らせ、いわゆる「朝鮮人狩り」が行われた。これによって関東全域で数千人の朝鮮人と数百人の中国人が虐殺された。

さらに、政府はこの混乱に乗じて社会主義運動の弾圧を目論み、アナーキストの大杉栄《おおすぎさかえ》が憲兵大尉・甘粕正彦《あまかすまさひこ》に惨殺された。以降、社会主義は冬の時代に入り、自由と民主主義を求める民権運動も収束した。その後、軍部が台頭し満州事変などを経て太平洋戦争へと進んでいったのである。

※1　民本主義　古代東アジアに起源を持つ人民主権思想であるが、民主主義（デモクラシー）とは一線を画する。民本主義の語はすでに日露戦争後に見られるようになったが、吉野作造によって体系化され、大正期のデモクラシーの思想的支柱となった。天皇主権を容認し、政治の目的は民衆の利福にあり、政策の決定は民衆の意向に従うべきであるとした。つまり、天皇制の範囲内での民主的な政治の実現を主張したのである。

太平洋戦争前夜

第一次世界大戦が終結した一九一九年一月、連合国の代表が集結して「パリ講和会議」が開かれ、大戦で壊滅的な打撃を受けたヨーロッパ諸国は戦争を防止する世界秩序の確立に向けて話し合いを行った。そして、その年の六月にはパリ郊外のヴェルサイユ宮殿で連合国側とドイツとの間に「ヴェルサイユ条約」が締結され、敗戦国のドイツは海外の植民地のすべてと本土の一〇パーセント以上を失うとともに巨額の賠償金を課せられた。また、アメリカ合衆国の民主党大統領、ウィルソンの提唱で国際連盟《こくさいれんめい》の設置も決まった。このヴェルサイユ条約によって支えられた世界秩序をヴェルサイユ体制と呼ぶ。

さらに、一九二一～二二年にはワシントンでアメリカ・イギリス・フランス・日本など九ヵ国が参加してワシントン会議が開かれ、海軍軍備制限条約が結ばれて米英日仏伊の五ヵ国の間で主力艦建造の制限などが約された。この会議で合意したアジア太平洋地域の国際秩序をワシントン体制と呼ぶ。第一次世界大戦後、一九二〇年代の国際秩序はこの二つの体制によって支えられてきたのである。

また、一九二八年の「不戦条約」には一五ヵ国が参加して国際紛争の手段として戦争に訴えないことが確認された。このように、第一次世界大戦後にはアメリカとヨーロッパを中心に国際協調の機運が高まり、世界は戦争のない平和な国際秩序の構築に向けて動き出したのである。ただし、この構想を達成するためには二つの条件が必須だった。一つは世界経済が順調に発展し続けること、もう一つは世界各国が平和を希求することだった。

しかし、一つ目の条件は世界恐慌によって潰《つい》え、各国は自らの国家の維持に専心して国際協調には冷淡になった。そこで二つ目の条件も崩れ去った。そして、各国は再び軍備拡張へと向かったのである。特にイタリアではムッソリーニがファシスト党を結成して全体主義的な国家の統一を叫んだ。また、ドイツのヒトラーはファシスト党に倣ってナチスを結成し、民族共同体国家の建設をとなえ、公然と再軍備を宣言してヴェルサイユ体制の崩壊を目指した。

第一次大戦により産業革命以降、圧倒的な経済力と軍事力をもってアジアやアフリカ、ラテンアメリカを植民地化して世界の中心として君臨してきたヨーロッパ諸国は大打撃を受けて衰退した。そして、それに呼応するアジアやアフリカでは自国の民族を再認識して民族運動が活発化した。中国やインド、朝鮮、ベトナム、インドネシアなどで反植民地、独立を叫ぶ民族運動が繰り広げられた。

また、一九一七年の革命でロシアは社会主義国として生まれ変わり、資本主義に対抗する新たな勢力となった。欧米の資本主義諸国はソヴィエトを中心とする社会主義（共産主義）の拡大に警戒感を強め、ヴェルサイユ体制は次第に反共の砦《とりで》としての意味合いを強めるようになった。一九三五年にイギリスがドイツと海軍協定を結び、事実上ドイツの再軍備を容認したのも、反共を掲げるドイツをソヴィエトに対抗させる狙いがあった。

ドイツやイタリア、日本は経済的苦境を乗り切るために対外侵略に乗り出した。三国は「枢《すう》軸国《じくこく》」と称して自国の優秀性をとなえてイギリスやフランス、アメリカなどと全面的に対決するようになった。満州支配を目指した日本は一九三一年に柳条湖《りゅうじょうこ》事件を起こし、これを口実に**関東軍**[※1]が軍事行動を起こして満州事変がはじまった。そして、統帥権干犯問題や昭和恐慌、満州事変をきっかけに軍人や右翼などが国家改造計画を叫ぶようになった。

また、軍人や右翼活動家は国家改造の名の下に反乱やテロ行為をたびたび行うようになった。昭和七年（一九三二）五月一五日には海軍の青年将校が首相官邸に押し入って犬養毅《いぬかいつよし》首相を暗殺した（五・一五事件）。さらに、昭和一一年（一九三六）二月二六日には陸軍の青年将校が約一四〇〇人の兵を率いて首相官邸や警視庁を襲撃して政府の要人を殺害した（二・二六事件）。

これらのクーデターは天皇の意思により反乱軍として鎮圧され、首謀者が死刑などの厳罰に処せられた。しかし、一連の反乱をきっかけに軍部が発言力を増し、閣僚の選定や軍備増強や財政改革などにも介入するようになった。内閣は軍部の圧力の下組閣と総辞職を繰り返したが、昭和一二年（一九三七）には元老や軍部、一般民衆の期待の下に近衛文麿《このえふみまろ》が第一次近衛内閣を組織した。

また、日本は満州事変で中国東北部（満州）全土を制圧したが、国際連盟はこれを日本の侵略行為と認定して満州からの撤退を勧告した。これに反発して日本は一九三三年に国際連盟を脱退し、イタリアも一九三七年には脱退した。ドイツ、イタリアとともに「日独伊三国防共協定」を結んで、反ソ連の立場で結束して戦うことを確認した。一方、ソ連はイギリスやフランス、中華民国《ちゅうかみんこく》と同盟を結んでこれに対抗した。

第二次世界大戦は一九三九年にドイツのポーランド侵攻に対してイギリス、フランスがドイツに宣戦を布告したことからはじまった。ポーランドはソ連の侵攻を受けて敗北し、独ソ両国によって領土は分割された。その後、ソ連はフィンランド、バルト三国などを席巻《せっけん》し、一方でドイツはデンマーク、ノルウェー、オランダ、ベルギーなどに進軍して領土を獲得した上で、フランスに侵攻してその国土の北半分を獲得し、ヨーロッパの大半を支配するに至った。

ドイツは一九三九年八月に独ソ不可侵条約を結んでいたが、一九四一年六月にはこれを無視してソ連を奇襲して独ソ戦がはじまった。ドイツはモスクワに迫ったが、ソ連軍は多大の犠牲を払いながらこれを押し返した。独ソ戦に敗れたドイツはヨーロッパの占領地から食料や工業資源を奪い、数百万人の外国人をドイツに連行して強制労働につかせ、戦時中の国家経済を支えた。また、自国の優秀性をとなえて人種差別主義を徹底し、膨大な数のユダヤ人を殺害した。

一方、日中戦争《にっちゅうせんそう》が長期化して国力を消耗させていた日本はその打開策として南方への進出を開始した。昭和一五年（一九四〇）にはインドシナでのフランスの敗北に乗じてベトナムに侵

※1　**関東軍**　大正八年（一九一九）に関東都督府が関東庁となったときに満州駐屯の陸軍が独立して関東軍となった。その後、増強され七〇師団、七〇万人が展開し、満州進出の急先鋒になった。

攻した。日本やドイツ、イタリアのファシズム国家の動きに対処するため、アメリカは武器貸与法に基づいてイギリスやソ連に武器弾薬や軍事品を提供して反ファシズム諸国を支援した。この間に日米交渉は行き詰まり、昭和一六年（一九四一）の一二月八日、日本はハワイのパールハーバーを奇襲攻撃し、ドイツ、イタリア、日本の枢軸国とアメリカ、イギリス、ソ連などの連合国との三年余りに及ぶ太平洋戦争が始まったのだ。

太平洋戦争と敗戦

太平洋戦争の開始とともにドイツ、イタリアもアメリカ合衆国に宣戦し、文字通り「世界大戦」となった。

日本は開戦後半年間で香港やシンガポール、フィリピンなどを占領し、その過程で多くの現地住民を殺害した。そして、「大東亜共栄圏《だいとうあきょうえいけん》」をとなえフィリピンやビルマ（現ミャンマー）では親日政権を樹立させ、インドネシアには親日組織を作らせて支配を強めた。

また、朝鮮ではすでに一九三〇年代から「創氏改名」など同化政策が進められ、出征による労働力不足を補うために朝鮮人や中国人を大量に連行して炭坑や道路工事などで働かせた。さらに、戦争末期には朝鮮人も徴兵され戦死者も出した。

進出当初、東南アジア諸国の人々は日本軍を植民地支配からの解放者として歓迎した。しかし、日本の目的は戦争遂行のための資源と労働力の確保にあり、現地の国民感情や文化を無視して日本語学習や天皇崇拝、神社参拝を強要し、さらには、泰緬《たいめん》鉄道（タイ―ミャンマー間を結ぶ鉄道）の建設や土木工事、鉱山などへの強制動員が行われた。加えて、シンガポールやマレーシアでは多数の中国系住民（華僑《かきょう》）を虐殺するという蛮行を働いた。その結果、各地で反日運動が盛んになり、日本軍は現地の人々の組織的な抵抗に直面した。

前述したように日本軍は開戦当初は快進撃を続け南方各地を占領し、日本国内は戦勝ムードに沸き返った。しかし、開戦から六ヵ月余り経った昭和一七年（一九四二）六月にはミッドウェー海戦で敗れ早くも劣勢に立つことになった。その後、アメリカの反転攻勢が強化され、昭和一九年（一九四四）七月にはサイパン島が陥落し日本の絶対国防圏の一角が崩壊した。サイパン島を占領したアメリカ軍はここに基地を建設し、そこを拠点にして日本本土への激しい空襲を行った。

空襲は全国の主要都市ばかりでなく中小都市にまで及び、苛烈《かれつ》な無差別爆撃が行われた。昭和二〇年（一九四五）の東京大空襲では約三〇〇機のB二九爆撃機が東京上空に飛来し、人口密集地を攻撃して一夜にして約一〇万人の犠牲者を出した。全国では約二六万人の死者と約四二万人の負傷者を出し、約二二一万戸が全焼した。

このころには国民生活も極度に逼迫し食料をはじめ生活必需品が大幅に不足した。政府は「切符配給制」を敷いて切符と交換に物資を配る制度をつくったが、切符があっても物がない状況になった。米も不足してイモや小麦などの代用品の割合が増え、甚だしきはフスマや稲わらや麦わらを米に混ぜて増量し、飢えを凌《しの》いだ。政府は「欲しがりません勝つまでは」「贅沢《ぜいたく》は敵だ」などという標語をつくって国民に極度な耐乏生活を忍ばせた。

昭和一九年（一九四四）一〇月、フィリピン奪回を目指すアメリカ軍はレイテ島を占領した。そして、翌年の三月には硫黄島《いおうとう》を占領し、翌四月には沖縄に上陸して三ヵ月近くの激戦の末、沖縄を占領した。これにより、日本の敗戦は必至となった。すでに一九四三年九月にはイタリアが降伏し、一九四五年五月にはドイツも無条件降伏して日本は完全に孤立した。

しかし、軍部の大本営発表では日本軍の快進撃というウソの情報を流し続けて国民を欺き続け、それとともに本土決戦を叫んだ。連合国はすでに一九四一年の大西洋憲章で戦後処理の大綱を確認しており、一九四五年にはポツダム宣言を提示して日本に無条件降伏を求めた。しかし、日本はこの宣言を「黙殺する」という態度を表明したことから、同年、八月六日には広島に八月九日には長崎に原子爆弾が投下され、広島では約一四万人、長崎では約七万人の命が一瞬にして奪われるという惨劇が繰り広げられた。また、八月八日にはソ連が日ソ中立条約を無視して参戦し、朝鮮・樺太に侵攻した。一九四五年八月一四日、日本は遂にポツダム宣言を受諾し、翌、一五日には天皇がラジオ放送を通じて国民に発表した。ここに三年八ヵ月に及んだ太平洋戦争は終結したのである。

全国の都市を空襲で焼かれ広島、長崎に原爆を投下され民間人を含む三一〇万人の戦死者を出しても日本の軍部は本土決戦を叫んで戦争を継続した。このような日本軍の動きはまさに常軌を逸したものであった。そして、日本軍がそのような行動を取った背景には職業軍人の意思が働いていたことは確かだろう。戦争を職業とする彼らにとって戦争の終結は職業喪失の危機を招きかねなかった。その上、現実にA級戦犯が死刑になったように、戦争が終結して占領軍が乗り込んでくれば、どんな過酷な仕打ちを受けるか分からないと考えた。そこで、是が非でも戦争を継続したいと願ったのである。

軍部は本土決戦に備えて大本営を長野県の松代《まつしろ》に移し、皇居から松代までトンネルを掘って天皇をそこに匿《かくま》う計画を立てた。松代の大本営には地下三階に至る巨大な御殿を建設し、そこに天皇を移す計画を立てていたが、その前に終戦を迎えることになったのである。ちなみに、松代の天皇御座所予定地は地震観測所になり、今も活用されている。

ＧＨＱ占領下の日本

敗戦後、ポツダム宣言によって日本は連合国の占領下に置かれることになった。ドイツがアメリカ、イギリス、フランス、ソ連の分割統治だったのに対して日本は事実上アメリカの単独統治になった。ダグラス・マッカーサーを最高司令官とする連合国軍最高司令官総司令部（ＧＨＱ）が設置され、その指令や勧告に基づいて日本政府が政治を行う間接統治が行われた。

ＧＨＱの指令・勧告は口頭でも効力があり、法律や憲法をも凌ぐ超法規的なものだった。ＧＨＱは日本の武装解除と民主化を強力に推し進め、財閥や寄生地主制が軍国主義の温床となったとして「財閥解体」「農地改革」を推進した。また、戦前には厳しい弾圧を受けた労働運動を解放し、共産党などの社会主義政党を合法化した。さらに、選挙法を大幅に改正して女性参政権を認め、二〇歳以上の男女に選挙権が与えられた。

一九四六年（昭和二一）から東京に設置された極東国際軍事裁判所において戦争犯罪人の裁判が行われ、二八人がＡ級戦犯として起訴され、そのうち、東条英機以下、七名が死刑となった他、五七〇〇人に及ぶＢ級、Ｃ級戦犯が起訴され、そのうち、九八四人が死刑、四七五人が終身刑に処せられた。

また、「国家神道」が天皇崇拝を強要し、ひいては軍国主義を正当化する源泉になったとして、いわゆる「神道指令」を出して全国の神社に対する祭祀料などの国家の保護を禁止した。しかし、神道指令によって廃絶した神社は一社もなかった。諸外国から「War Shrine（戦争神社）」として批判された靖国神社も温存され、現在に至るまでさまざまな物議を醸している。

このほか、教育制度も改められ、戦前の軍国主義を先導した神話教育や修身が廃止され、日本歴史の授業も一時禁止された。小学校六年及び中学校三年までが義務教育とされ、その上に高校三年、大学四年の教育機関が定められた。

日本国憲法の制定

マッカーサーは当時の首相、幣原喜重郎《しではらきじゅうろう》に新たな憲法の作成を指示した。これに応じて日本政府は憲法問題調査委員会を設置して改正試案を作成した。しかし、ＧＨＱに提出された試案は、相変わらず天皇主権を認めるなど明治憲法と大差のないものだった。そこでマッカーサーは自ら改正草案（マッカーサー草案）を作成して昭和二一年（一九四六）の二月に日本政府に示した。政府はこれに手を加えて政府原案として発表した。そして、大日本帝国憲法を改正する形で「日本国憲法」は一一月三日に公布され、昭和二二年（一九四七）の五月三日に施行されたのである。

鳩山一郎《はとやまいちろう》や芦田均《あしだひとし》などをはじめとする保守勢力はこの憲法をアメリカによる押し付け憲法であるとして批判し、成立当初から改憲を叫び、今も自民党を中心とする保守派は「改憲」で一致している。

しかし、先ず、政府の行為によって再び戦争の惨禍を起こさない決意を述べ、主権が国民に存すること（主権在民）を述べている。また、問題の第九条は一項に「国権の発動たる戦争と、武力による威嚇又は武力の行使は、国際紛争を解決する手段としては、永久にこれを放棄する」、二項に「前項の目的を達するため、陸海空軍その他の戦力は、これを保持しない。国の交戦権は、これを認めない」と規定して戦争の根絶を述べている。これは旧勢力にとっては痛いところを突かれる形となった。しかし、戦争の放棄は大戦で多大な犠牲を強いられた日本国民の総意だったに違いない。

ただし、第二項の冒頭の「前項の目的を達するため」という但し書き的な文言は戦後、**公職追放**[※1]になった芦田均のたっての希望で付け加えられたものである。芦田をはじめとする保守派がこの一文にこだわったのは軍隊の保持に含みを持たす目的があったからである。つまり、一項の目的のためには戦力を保持してはならないが、それ以外の目的、たとえば自衛のための戦力の保持については許されるといった解釈もできるようにしてしまった。このことが戦後、自衛隊という実質的な軍隊を持つ根拠となり、自衛隊の違憲性が問われる発端になったのである。

また、連合国ははじめ日本の国会を衆議院だけの一院制にする予定だった。しかし、保守勢力は大日本帝国憲法下の貴族院に代わる参議院を設けることで二院制を強く希望したのである。貴族院は旧貴族や地主などの富裕層の受け皿となったことから、それらの人々の中には貴族院が廃止されると既得権を失うものも多かった。旧保守勢力の要求の理由は利害に絡む不純なものであったが、世界の国民国家の議会は二院制を基本としている。そこで、連合国も消極的にではあるが同意したものと見られる。

言論、結社の自由、基本的人権を認める条項は近代憲法の必須要素であり、アメリカに言われなくても憲法には当然、盛り込まれなければならない条項であった。また、高野《たかの》岩三郎《いわさぶろう》らによる民間の憲法研究会は、主権在民の下に立憲君主制を保持する「日本共和国憲法私案要綱」を作ってGHQや政府に提出していた。GHQはマッカーサー草案を執筆した際にこれらの民間の憲法私案も参考にしていた。さらに、国会運営や衆議院の解散に関する条項は一般的、かつ必須の条項であり、これらもわざわざGHQから言われなくても当然、盛り込まれるべきものである。

以上のようなことから、日本国憲法は必ずしもアメリカの押し付け憲法として短絡的に改正などを叫ぶべきものではないと考えられる。

占領政策の転換

昭和二四年（一九四九）に中国で社会主義革命が起こり、中華人民共和国が成立した。これを契機にアメリカ（GHQ）は占領政策を転換し、東アジアにおける反共の砦にしようとした。彼らは日本の非軍事化と民主化はすでに達成されたとして、日本が自力で経済復興をすることを強く求めた。

この政策の転換によって財閥解体は有名無実のものとなり、三井《みつい》、三菱《みつびし》、安田《やすだ》などの財閥は

※1　**公職追放**　第二次大戦中、政府の要職にあったり、政府系機関や軍需工業に携わったりした人々を戦犯に準じるものとして公の職場などから排除した。

息を吹き返した。一方で戦後、奨励された労働運動はさまざまな制限を加えられることになり、当時、労働運動の中核を担っていた公務員は争議権を失うことになった。さらにGHQは一時は合法化した共産主義者の追放（レッドパージ）をはじめた。

また、アメリカは日本を防共の要《かなめ》とするために再軍備をさせる意向も持っていた。そして、昭和二五年（一九五〇）に朝鮮戦争が勃発《ぼっぱつ》すると国連軍（実質的にはアメリカ軍）はソウルまで進出してきた北朝鮮軍を押し返し、三八度線を越えて中国国境まで迫った。一方、中国国民義勇軍が北朝鮮側に参戦し、逆にアメリカ軍に支援された韓国軍を三八度線付近まで後退させ、両軍は三八度線付近で膠着《こうちゃく》状態になった。そして、昭和二八年（一九五三）の七月、両国は板《はん》門店《もんてん》で朝鮮休戦協定に調印した。現在も朝鮮戦争は終結したわけではなく、三八度線を挟んで睨《にら》み合いが続いている。

朝鮮戦争がはじまると日本に駐屯していたアメリカ兵の多くが朝鮮に動員された。その空白を埋めるためにGHQは指令を出し警察予備隊が設置された。また、昭和二六年（一九五一）九月に日本と西側四八ヵ国との間でサンフランシスコ講和条約が調印された。これにより、日本は独立しアメリカの統治は終了したが同日、日米安全保障条約にも調印し、日本はアメリカの駐留軍に基地を提供し、駐留費用を分担することになった。

サンフランシスコ講和会議についてはソ連は調印せず、全交戦国で条約を交わすべきであるとの批判があった。日本国内でも大内兵衛《おおうちひょうえ》などの知識人を中心に反対の声が上がった。しかし、経済復興を最優先に考えた首相の吉田茂《よしだしげる》はアメリカに依存する道を選んだのである。以降、日本とアメリカの同盟は特別なものとなり、昭和三五年（一九六〇）には岸信介《きしのぶすけ》首相が安保改正を強行した。このとき、革新勢力を中心に空前の規模のデモ隊が国会を取り囲み、政府に対する抗議運動は史上最大の盛り上がりを見せた。しかし、安保条約は議会の審議を経ないまま自動成立し、岸信介は暴漢に刺されたが一命は取り留め、成立を見届けて首相の座を去った。

エピローグ

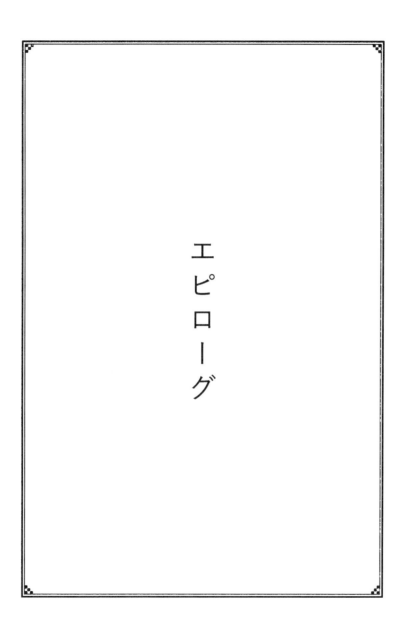

ここからは朝鮮戦争以降の日本の歩みと各時期の思潮について概観していきたい。概《おおむ》ね時系列に沿って記述を進めるが細かい年代にはこだわらないことにするので、箇所によっては各々の事象の起こった時期が前後することもある。そのことを踏まえた上で、読者の皆さんには読み進めていただきたいと思う。

昭和二五年（一九五〇）に勃発した朝鮮戦争の軍事需要（朝鮮特需）によって日本の経済は俄《にわ》かに活気づき、昭和三〇年代に入ると飛躍的な成長を示し、昭和三一年（一九五六）の『経済白書』は「もはや『戦後』ではない」と記した。昭和三〇～三二年（一九五五～五七）には「神武景気《じんむけいき》」と呼ばれる空前の好景気が訪れ、米の大豊作も続いて食糧不足も一気に解消した。

そして、昭和三〇～四八年（一九五五～七三）の約二〇年間、年率一〇パーセントを超える驚異的な成長を続けた。この時期を「高度経済成長期」といい、第一次産業の比率が下がって第二次、第三次産業が中心になり、生活様式や消費構造もガラッと変わった。

昭和三九年（一九六四）には東海道新幹線が開通し、同年一〇月にはアジアではじめてのオリンピックが東京で開催され、昭和四五年（一九七〇）には日本万国博覧会が大阪で開催されて、日本はまさに「戦後」を終えて世界の舞台に躍り出たのである。サラリーマンの給与は右肩上がりに上昇し、団地が普及して間もなく一戸建て住宅に住む人も増加した。国民の生活は向上しテレビ・洗濯機・冷蔵庫が「三種の神器《じんぎ》」とされ、一九六〇年代になると自家用車・カラーテレビ・クーラーが普及して新たに「新三種の神器」と呼ばれるようになった。

その一方で第一次産業の後退により農業生産は減少し日本の食料自給率が急速に低下して、自動車の普及は交通事故や交通渋滞、騒音や排ガスによる大気汚染の悪化を招いた。さらに企業が有害物質を長期にわたってたれ流したことから、水俣《みなまた》病やイタイイタイ病など深刻な公害病をもたらした。このように、高度経済成長は国民生活を豊かにする一方で公害問題など深刻な被害をもたらした。政府は昭和四二年（一九六七）に「公害対策基本法」を制定し、遅ればせながら対策に乗り出したが、その問題は今も完全には解決されていない。

学生運動の展開

労働運動は、敗戦直後から盛り上がっていた。しかし、一九四七年に予定されていたゼネラル・ストライキは、スト突入前日にGHQの指令で中止へと追い込まれる。この頃からGHQは占領政策を転換し、労働運動、社会主義、共産主義の閉じ込めをおこなっていた。その転換の結果、財閥の解体はストップし、これに力を得た経営側は、労働運動に厳しい態度で臨むようになっていった。大規模な労働運動として知られる三井三池炭鉱の争議も、一九六〇年に組合側の敗北で終わっている。

一方、同じ一九六〇年の日米安全保障条約の改定を巡っては、反対運動が盛り上がりを見せ、

安保闘争下のもみ合う警官と学生たち　1959年から60年にかけて、国会や首相官邸周辺でたびたび衝突が起こった（写真提供：朝日新聞社）

「安保闘争」が繰り広げられた。空前の規模のデモ隊が国会を取り囲んで警官隊と衝突する事態に発展し、デモに参加していた女子学生が催涙弾の直撃を受けて死亡するという惨事も発生した。しかし、条約の改定は国会の審議を経ることなく自然成立し、首相の岸信介は成立を待って退陣した。また、岸は反対派に刺されたが一命を取り留めた。

この安保闘争や公害問題を契機として学生運動が盛り上がり、全共闘を結成してデモや集会を開いて政策を批判した。学生運動の一つの要はいわゆる「産学協同」に対する大学の危機にあった。二〇世紀に入っていわゆる「ビッグサイエンス」の時代になり、企業が資金を提供して大学との協同で研究が進められるようになった。その結果、大企業が大学を支配するという危機感が広まり、結果的に学問の自由が阻害される事態になったのである。

しかし、学生運動は次第に過激化、セクト化して三菱重工《みつびしじゅうこう》爆破事件などのテロ活動を起こすようになり、さらには一部のセクトが世界革命を訴えて連合赤軍を結成し、日航機ハイジャック事件（よど号事件）やテルアビブ空港での乱射事件（一九七二年日本赤軍）、あさま山荘事件（一九七二年連合赤軍）などを起こして世の中を震撼《しんかん》させた。

一方で戦後の価値観の変動で人生の目的を見失い、ただ漂泊の中に身を置くヒッピーも登場した。また、大学を卒業しても就職もせず無為に過ごす「モラトリアム」といわれる若者の一群も出現した。それらの若者の出現は高度成長時代の潮流に乗って会社のために滅私奉公する「猛烈社員」に対する静かな反抗でもあった。

新宗教の台頭と社会不安

戦前は国家神道の下に人々の意思には関わりなく一種の信仰の拠り所が国家によって強制的に定められていた。しかし、敗戦によって神道は禁じられ、人々は拠り所を失うことになった。同時に価値観が一八〇度転換し何を頼りに生きていけば良いのか分からない状態に陥った。このような状況の中でにわかに求心力を得たのが創価学会や立正佼成会《りっしょうこうせいかい》、霊友会《れいゆうかい》といった新宗教教団であった。

一九六五年以降、アメリカがベトナム戦争に本格的に介入すると世界的な反戦運動が起こり、日本でも「ベトナムに平和を!市民連合」(べ平連)などが結成された。戦争に伴うドルの支払いなどで日本の経済は潤ったが、沖縄の米軍基地が最前線基地になっていることに反発が強まり、沖縄の本土復帰が叫ばれるようになった。これに対して日本政府は「非核三原則」を定めて核兵器を「持たず、作らず、持ち込ませず」という方針を明確に表明した。そして、アメリカとの間で交渉を進めた結果、昭和四七年(一九七二)に沖縄は念願の本土復帰を果たした。しかし、基地はそのまま残存し国内の米軍基地面積の七割が沖縄に集中しており、大きな問題になっている。

一方で公害問題や安保、米軍基地などを巡る革新運動は一般市民の間にも広がり、東京・神奈川・京都では革新知事が誕生して福祉の向上をとなえ開発の行き過ぎに歯止めをかける傾向が見られるようになった。しかし、福祉のばらまきや放漫行政が批判されて市民の関心を失い、間もなく革新勢力は姿を消すことになった。

敗戦後は厳しい言論弾圧がなくなったことから、多くの思想家や論客が歴史を総括して未来に向けての指針を示そうとした。丸山真男《まるやままさお》など多くの論客が持論を展開したが、第二次世界大戦の功罪などについて明確な結論を示すことはできていない。また、昭和二四年(一九四九)

には日本学術会議が設立され科学の向上発展が促されるとともに、翌年には文化財保護法が制定されて政府が文化財の保護を強化する立場を明確にした。

一九七〇年代の初頭には、ベトナム戦争による軍事費と福祉予算の増加による財政赤字に悩むアメリカがそれまで世界の基軸通貨だったドルの切り下げを強行して、円は変動相場制に移行した（ドルショック）。円高によって多額の貿易赤字を抱えた日本経済は深刻な打撃を受けた。また、昭和四八年（一九七三）には中東戦争が勃発し、産油国が一斉に原油の輸出停止や値上げを強行した（オイルショック）。

これら二つのショックによって「狂乱物価」と呼ばれる激しいインフレーションに見舞われ、全国のスーパーマーケットなどで洗剤やトイレットペーパーの買い占めが横行した。日本経済は疲弊し、昭和三〇年代の初頭以来続いていた高度経済成長期は終焉を告げたのである。

このように、国民が狂乱物価で生活苦に喘ぐ一方で政治資金を巡る金脈問題が明るみに出て、昭和五一年（一九七六）には前首相の田中角栄《たなかかくえい》がアメリカの航空機メーカー、ロッキード社の航空機売り込みに関わる収賄容疑で逮捕されるという前代未聞の事態となった（ロッキード事件）。

バブル崩壊、テロ、震災

昭和五四年（一九七九）には第二次オイルショックがあったが日本経済は徹底した合理化や技術革新によって不況を克服して一九八〇年代には再び経済成長期に入り、八〇年代の末にはアメリカにつぐ世界第二位の経済大国となった。また、昭和六二年（一九八七）ごろから超低金利政策によって金融機関や企業にだぶついた資金が株式や不動産の投機に走り、実態とかけ離れた地価や株価の高騰が起こった（バブル経済）。好景気に国民は浮足立ち、「ブランドブーム」や「グルメブーム」が起こり、若者はディスコに繰り出して乱舞するという軽薄な文化が世の話題をさらった。

しかし、平成二年（一九九〇）には株価が、翌年には地価が急速に下落しはじめ、バブル経済は崩壊した。大量の不良債権をかかえた金融機関は経営が悪化し、大手銀行に対しては政府が一〇兆円単位の資金援助を行って救済に乗り出したが、中小の銀行の中には経営が行き詰まり倒産したものもあった。

金融機関の逼迫は他の産業にも波及し中小企業を中心に倒産が相次いだ。大企業も大幅な人員整理を行ったことから大量の失業者が出現した。「リストラ」という言葉が流行語のようになり、国民は「明日は我が身」と不安を増幅させた。

そんな中、平成七年（一九九五）一月一七日には阪神・淡路大震災が発生して神戸や西宮などではビルや高速道路が倒壊するなど壊滅的な被害となった。また、同じ年の三月二〇日にはオウム真理教による地下鉄サリン事件が発生して多くの死傷者を出した。不況に加えてこのような未曾有《みぞう》の災害や前代未聞のテロ行為は国民の不安に追い打ちをかけることになったのである。

世界に目を向ければ、第二次世界大戦後、米ソの対立が表面化し「冷戦」が進展した。両国は核軍拡競争を展開したが、軍事支出の拡大に耐えかねて対立は和らぎ、一九八九年にはアメリカの大統領ブッシュとソ連のゴルバチョフ書記長が会談を行い、冷戦の終結を宣言した。その後、中距離核戦力の全廃など軍縮に向かったが、両国の核軍縮は力の均衡を失う結果となり、世界各地に地域紛争やテロが多発するようになった。二〇〇一年九月一一日のアメリカにおける同時多発テロはそれを象徴する事件だった。

また、一九八六年にはソ連（現ウクライナ）のチェルノブイリ原発で深刻な爆発事故が発生し大量の放射性物質が飛散した。そして、二〇一一年三月の東日本大震災では東京電力の福島原子力発電所の一号機が爆発事故を起こした。震災による死者は約一万五〇〇〇人、未だに二〇〇〇〇人以上の行方不明者がおり、いまだ避難生活を強いられている被災者もいる。

多様な価値観

最近では、価値観の多様化が叫ばれ、それぞれの人間が互いの価値観を認めて共に生きていく「共生」ということが強調されるようになった。

人間は「十人十色」、もともと異なる性格や価値観を持っているのは当たり前のことである。しかし、近世、近代に至るまで権力を持つものが特定の価値観を非権力者に強要してきた。このような価値観押し付けの構造は世界的に非常に長い歴史を持っている。日本でも戦前までは男はこうあるべきであるとか、女は女らしくなどという一定の価値観が社会的通念になっており、今も保守的な人たちを中心に根強く残っている。だから、「ＬＧＢＴ法案」の成立に対しては保守派を中心に、今も風当たりが強いのである。

かつての専制国家は一人の君主の利害のために成り立っていた。しかし、一人の利益が優先されれば、当然のことながら他のすべての人々の利益はさまざまな形で侵害される。

日本国憲法をはじめ、各国の憲法では言論、集会、結社などの自由を認め、基本的人権の保障を謳っている。しかし、日本国憲法では「公共の福祉に反しない限り」、という但し書きが付いている。「公共の福祉」とは抽象的で分かりにくい表現であるが、要するに他者との対立を避けて互いに認め合うというほどの意味である。

かつて、家父長主義が当たり前だったころの家族では父親の権威が絶大で、父親には絶対に逆らうことができなかった。父親の意志は父親の利害（利益）を優先するのであって、妻子などの利益を圧迫することになる。しかし、戦後の民主化によって見直されると、家族全体の幸せに向かって進むようになった。

新自由主義と迷走する国際社会

近年は地球温暖化、人口の爆発的増加、多発するテロや内戦、ウクライナ紛争やパレスチナ紛争など課題が山積している。一九七〇年代の半ばからはその対応策として先進国首脳会議（サミット）などが開かれ、一九九二年には「環境と開発に関する国連会議（地球サミット）」がブラジルで開催され、九七年には京都議定書が採択されて地球温暖化防止のために温室効果ガス排出量削減の数値目標が設定された。しかし、先進国同士、また、先進国と途上国の利害が対立して進むべき道は容易には決まらない。

一九八〇年代には「新自由主義」が提唱された。これは企業活動には国家の介入をできるだけ抑えて自由な競争に任せた方が国家の発展につながるという考え方である。一八世紀に『国《こく》富論《ふろん》』の著者アダム・スミスが提唱したものと類似した思想で、彼は国家の富は「見えざる手」によって導かれるので、国家の役割は最小限に抑え、精々《せいぜい》、治安維持（夜警）に携わるぐらいにすべきであるとする古典的自由主義をとなえた。

利益の追求を至上命令とする資本主義は、否《いや》が応でも貧富の差を拡大する。ケインズはそのことに警鐘を鳴らし、いわば弱者救済の福祉政策をとなえたのである。しかし、大規模な国家の介入は歳出を増加させ、やがて国家を疲弊させることにもなる。第二次大戦後の冷戦による軍事費の肥大化と福祉政策による歳出の増加で赤字に苦しんでいたアメリカは、小さな政府を標榜《ひょうぼう》する「新自由主義」に飛びついた。

当時から先進諸国はアメリカと同様、財政の悪化に苦しんでおり、アメリカに追随してイギリス、ドイツ、そして、日本の中曽根《なかそね》康弘《やすひろ》も「新自由主義」を採用した。新自由主義は生産性の高い企業を後押しし生産性の低い中小企業などを切り捨てる。その結果、大企業などの優良企業は活況を呈したが中小企業などの業績は悪化し倒産も相次いだ。さらに人件費を圧縮するために正規社員を減らして非正規雇用を増加させた。そのため、正規社員と非正規の社員との間の賃金格差が広がり貧富の差が顕著に現れるようになった。

この政策を強力に推し進めることを支持したのが経済学者を標榜する竹中平蔵《たけなかへいぞう》で、若者に「みなさんには貧しくなる自由がある」と公言して批判を浴びた。この男にとって生産性の上がらない中小企業や作業効率の悪い労働者は、社会に不要な存在と映っただろう。要するに生産性の高い優良企業や有能な人間だけが必要なのであって、そうでないものは低賃金の単純労働に携わって一生、貧しい生活を送らなければならないということである。その結果、現在で